JN193073

「致知」総リード特別篇

人生の法則

藤尾秀昭

致知出版社

人生の法則

「致知」シリーズ特別篇

藤尾秀昭

致知出版社

人は何のために生きるのか。
私たちはどう生きるべきなのか——。
いま、生きる意味を問う
すべての人に贈る。

目次

二〇〇四年

二〇〇五年

二〇〇六年

二〇〇七年

二〇〇八年

二〇〇九年

二〇一〇年

二〇一一年

二〇一二年

二〇一三年

二〇一四年

二〇一五年

二〇一六年

二〇一七年

二〇一八年

装幀・ブックデザイン／フロッグキングスタジオ

二〇〇一年

二月号〜一二月号

一隅を照らす

——二〇〇一年一一月号

「古人言《いわ》く、径寸《けいすん》十枚、これ国宝に非《あら》ず。一隅を照《てら》す、これ則《すなわ》ち国宝なり、と」

伝教大師最澄《でんぎょうだいしさいちょう》『天台法華宗年分学生式《てんだいほっけしゅうねんぶんがくしょうしき》』の冒頭に出てくる言葉である。これは最澄の師、唐の湛然《たんねん》の著『止観輔行伝弘決《しかんぶぎょうでんぐけつ》』にある次の話を踏まえている。

むかし、魏王が言った。「私の国には直径一寸の玉《ぎょく》が十枚あって、車の前後を照らす。これが国の宝だ」。すると、斉王が答えた。「私の国にはそんな玉はない。だが、それぞれの一隅をしっかり守っている人材がいる。それぞれが自分の守る一隅を照らせば、車の前後どころか、千里を照らす。これこそ国の宝だ」と。

この話にこもる真実に深く感応したのが、安岡正篤《まさひろ》師である。爾来《じらい》、安岡師は「一燈照隅」を己の行とし、この一事を呼びかけ続けた。

「賢は賢なりに、愚は愚なりに、一つことを何十年と継続していけば、必ずものになるものだ。別に偉い人になる必要はないではないか。社会のどこにあっても、その立場立場においてなくてはならぬ人になる。その仕事を通じて世のため人のために貢献する。そういう生き方を考えなければならない」

その立場立場においてなくてはならぬ人になる、一隅を照らすとはそのことだ、という安岡師の言葉には、私たちの心を奮起させるものがある。

国も社会も会社も自分の外側にあるもの、向こう側にあるもの、と人はともすれば考えがちである。だが、そうではない。そこに所属する一人ひとりの意識が国の品格を決め、社会の雰囲気を決め、社風を決定する。一人ひとりが国であり社会であり会社なのである。

世界が激しく揺れ動いているいまこそ、一人ひとりに一隅を照らす生き方が求められているのではないだろうか。

発想法

二〇〇一年一二月号

松永安左エ門《まつながやすざえもん》は三十三歳のとき、株に失敗、借金だけを残してスッテンテンになった。

その当時、人生は五十年といわれた。このとき彼は人生五十年なら、まだ十七年もあると考えた。十七年しかないとは考えなかった。そして、十七年もあるなら、しばらく遊ぶのもよかろうと思った。遊ぶとはいっても、酒色や歌舞音曲の類《たぐい》ではない。暮しの些事《さじ》にとらわれるのは煩わしいと、二年分の家賃を工面して神戸の灘《なだ》に家を借り受け、中国古典の勉強に沈耽《ちんたん》したのだ。自分は何のために生まれてきたのか、何のために事業家になったのかを古典を通して追求したのである。

危機に遭遇して人生の原理原則に立ち返る。この発想法こそ「電力の鬼」と称された松永の人格を創《つく》ったのである。

伝記作家の小島直記氏から聞いた話である。

『少女ポリアンナ』という小説がある。

早く母を亡くした少女ポリアンナは、父から「どんな出来事の中にも一つだけよかったと思えるものを見つけなさい」と聞かされて育った。だが、その父にも死なれてしまう。

孤児になったポリアンナ。悲しいこと、辛《つら》いことが次々と起こる。だが、彼女はその悲しみ、辛さの中にも「よかった」と思えるものを見つけようとする。そして彼女のこの姿勢は周りの人びとを変え、彼女の人生を輝かせていく——発想一つで彩りを変える人生をポリアンナは生きたのである。

トインビーは「歴史はチャレンジ・アンド・レスポンス（挑戦と応戦）の繰り返しで進展していく」といった。

世界は絶えず、一方でチャレンジが起こる。そのチャレンジにどうレスポンスするか。そのレスポンスが安定か動乱か、繁栄か荒廃かの分かれ道になる。

何も歴史にとどまらない。我々の人生もまたチャレンジとレスポンスの連続である。さまざまな出来事にいかに対応するか——その発想に成功不成功の人生がかかってくるのだ。

松永安左エ門とポリアンナ。二人の発想法から、私たちが学ぶものは多い。

二〇〇二年

一月号〜一二月号

潑溂颯爽

——二〇〇二年一月号

近所に、それほど大きくはないが、手入れの行き届いた庭を持つ家があった。植木もきれいに手を加えられ、季節の花々がいつも、彩りあざやかに咲き、道行く人の目を楽しませ、心を和ませていた。

ある日突然、その家の主人であった人が亡くなり、若い夫婦が二人、その家に住むようになった。

それから数か月、道行く人の目を楽しませていた庭は、みるみるうちに荒れ果て、無惨《むざん》な姿になった。

同じ庭がこうも変わってしまうのか、一種悲しいような思いで、その庭を道すがら、眺めている。

これは一つの例である。

心の時代、といわれている。しかし、人間の心とはそれほどきれいなものではない。人間の心は宇宙、自然と似ていると、いえなくもない。雑草は放っておいてもまたたく間に繁茂《はんも》する。しかし、美しい花は、水を与え、肥料をやり、虫を除け、丹精込めて育てなければ花開かない。

人間の心も、それと同じである。放っておくと、雑草が生える。

心の花を咲かせるためには、絶えず心を見張り、雑草を抜きとらなければならない。

二宮尊徳は「あらゆる荒廃は人間の心の荒蕪《こうぶ》から起こる」といった。そして、心を荒れ放題にしないためには絶えず、心の田んぼ、つまり心田を耕さなければならないと説いた。

潑剌颯爽《はつらつさっそう》──。いつも気持ちをさわやかにしておく。いつも、さっそうとした気分でいる。潑剌颯爽こそ、心の雑草をとり、心の花を咲かせるために、欠かせない必須の条件である。

人を育てる

二〇〇二年二月号

老人が松の苗木を植えていた。通りがかった君主が老人に年齢を尋ねた。

「八十五になります」

君主は笑った。「その松が立派な木材になっても、自分では使えないだろうに」と。

八十五翁はいった。

「国を治めている人のお言葉とは思えませぬ。私は自分のためではなく、子孫のために植えているのです」

君主は恥じ入るほかはなかった。

江戸中期の儒学者・太宰春台《だざいしゅんだい》の『産語』にある話である。

人を育てるのもまた、かくの如《ごと》しだろう。一人ひとりを丁寧に教育し、根づかせ、成長をうながす。だが、そうして育てた人たちが担う時代の豊かさを、先人が享受《きょうじゅ》することはない。それでも人を育て続けなければならない。それは命を受け継いで後から来る者に対する、先行する者の不可欠の責務なのだ。

話は変わる。

『致知』の取材を通じて数多くの経営者に出会ってきた。企業を測る物差しは売り上げだけではないが、やはり一代で年商何百億円何千億円となると、偉業といわなければならない。そして、そういう経営者には、共通した要因があることに気づくのである。

それは求心性と同時に遠心性を備えていることである。どういうことか。

自分の生き方、リーダーとしてのあり方などについて、これでいいのかという問いを絶えず持ち、自己を掘り下げて磨く。これが求心性である。日本の経営者は真面目《まじめ》である。求心性に欠ける経営者は少ない。

求心性によって体得した心境や世界。それを幹部や部下などに及ぼし、自分のレベルまで引き上げようとする。それが遠心性である。

だが、遠心性を発揮すれば必ず抵抗に出合う。そこで諦《あきら》めてしまえば企業のダイナミズムは失われる。経営者の向かう方向に社員を向かわせる。「自分と一緒に歩んでいこう」と社員に対していえる。求心性と遠心性を併せ備えた経営者が、企業を発展させることができるのだ。そして、それこそが真の意味で人を育てることなのである。

人を育てるとは別の角度からいえば、環境によってつくられるのではなく、環境をつくる人になる、ということだともいえよう。

安岡正篤《まさひろ》師の珠玉の言葉を味わいたい。

「環境が人を作るということに囚《とら》われてしまえば、人は単なる物、単なる機械になってしまう。人は環境を作るからして、そこに人間の人間たる所以《ゆえん》がある。自由がある。即《すなわ》ち主体性、創造性がある。だから、人物が偉大であればある程、立派な環境を作る。人間が出来ないと環境に支配される」

この道を行く

――二〇〇二年三月号

『現代の覚者たち』という本がある。昭和六十三年に小社から刊行され、以来十四年、静かだが根強く版を重ねている。

登場された方々と当時の年齢を紹介すると、

森　信三（哲学者、八十九歳）

鈴木鎮一《しんいち》（才能教育研究会会長、八十九歳）

三宅　廉《れん》（パルモア病院長、八十四歳）

坂村真民（詩人、七十八歳）

関　牧翁《ぼくおう》（天龍寺管長、八十一歳）

松野幸吉（日本ビクター相談役、七十五歳）

平澤　興《こう》（京都大学元総長、八十五歳）

発刊から十四年。現在も元気で活躍されているのは、坂村真民さんただ一人になったが、ここに登場された七氏はそれぞれ、一道を究められた方々ばかりである。

富士山でも登り道は無数にある。しかし、頂上は一つである。ここに登場された方々も歩いた道、選んだ職業も様々である。しかし、その一道を究めた果てに至りついた心境、境地には共通点があることに気づく。

共通点の第一は「楽天的」ということである。楽天的とは単に「物事をよいほうに考える」とか「くよくよしない」ということではない。誰もが絶望するような状況のなかでも一ミリの穴から光が見えれば、その光を信じて進んでいくという強い精神のことである。

第二は「感謝の念が強い」ということだ。自分にプラスになるから感謝するのではない。自分にとってマイナスとみえる出来事にも、これは自分を成長させるために天が自分に与えたものだと感謝するのである。

第三は「感動する」ということ。普通、人は四十、五十になり人生体験を経てくると、物事に感動しなくなる人が多い。しかし、一道を究めた人たちは一様に八十になっても九十になっても感動する心を失っていない。その姿勢はそのまま、人に感動を与える力になる。

最後の共通点は「神を信じている」ということである。特定の神ではない。この世には人智《じんち》をはるかに超えた大いなるものが存在している。そういう大いなるものに対する敬虔《けいけん》の念、畏敬《いけい》の念を生涯持ち続けているということである。

私たちが人生という道を歩む上で大事なものは何かを、この共通点は教えてくれている。

さて、森信三氏は『現代の覚者たち』の中で、「人はこの世に生まれ落ちた瞬間、全員が天から封書をもらって生まれてくる」と言っている。

「その封書を開いたら、あなたはこういう生き方をしなさい、と書いてある。しかし、せっかく天からもらった封書を一回も開かないままで死んでいく人が多い」

この道を行くとは、天からの封書を開くということである。あなたは天からの封書に気づいただろうか。封書を開いた人生を歩んでいるだろうか。

我流古典勉強法

二〇〇二年四月号

数年前、山口県萩《はぎ》に旅し、高杉晋作二十五歳のときの書というのを見た。

墨痕《ぼっこん》鮮やかという言葉が陳腐化してしまうほど、それは雄渾《ゆうこん》な気品と力強い気迫、熟成した風格をもって迫り、二十五歳の青年が書いたものとはとても思えなかった。

朝に武道に励み、夕べに四書五経をはじめとする古典に浸る。幼少期よりの朝鍛夕練《ちょうたんせきれん》の陶冶《とうや》があって、あの書は結実したことは想像に難くない。

江戸期にさかのぼるまでもない。つい三十年ほど前の日本にも、そこに存在するだけで人格的迫力を感じさせる、大人《たいじん》の風格を備えた経営者がたくさんいた。石坂泰三《たいぞう》、土光敏夫、桜田武……。

あの人たちの大きさはどこからきたのか。たとえば石坂泰三の場合である。

石坂は学生時代、シェークスピア、テニスン、エマーソン、カーライル、ゲーテ、シラー、アンデルセンをすべて原書で読み、『古事記』『日本書紀』『祝詞《のりと》』『万葉集』『古今集』を渉猟《しょうりょう》している。

そればかりではない。経団連会長として秒刻みの仕事をこなす中で、昭和三十七年、七十六歳のときにある試みに挑戦した。子どものころに学んだ古典の筆写を始めたのだ。画仙紙《がせんし》を和綴《と》じにした筆写帳に筆で『大学』『中庸《ちゅうよう》』『論語』『菜根譚《さいこんたん》』『古文真宝』、そして『万葉集』『徒然草』を写し終えたのは昭和四十年。石坂は七十九歳になっていた。

石坂は言っている。「僕の場合、古典は年とともに自分の人間形成に欠くべからざるものになった。いろいろな場面で精神生活の大きな拠《よ》り所になった。実社会の生活にも大きく役立った」

幼いころから培《つちか》った古典の教養。実社会の経験を積む中でそれを咀嚼《そしゃく》し、己の実学としていった努力。そのたゆみない蓄積が厚みのある品格となって溢《あふ》れだし、石坂を大きな存在にしたのである。

「最近は年輪を刻むように年を取る人が少なくなった」と言ったのは小林秀雄だが、年輪を刻むどころか、肉体的年齢はおとなだが精神的年齢は子どものままといった人がめっきり増えた。憂うべきことである。

古典に親しみ、古典に心を洗う。その習慣を取り戻さなければならない。熟成したおとなの人格の涵養《かんよう》のために。

このままではいけない

二〇〇二年五月号

時を超え、所を超え、いまに残る言葉がある。

幾時代もの波に洗われ、様ざまな状況や条件にさらされて生き残ってきた言葉には、凝縮された真理が多くの胸に迫る響きとなって轟《とどろ》かずにはいない。


『管子《かんし》』に次のような一句がある。

「国に四維あり。一に曰《いわ》く、義。二に曰く、禮《れい》。三に曰く、廉《れん》。四に曰く、恥《ち》」

国家を維持するには、四つの大きな綱領《こうりょう》がある。それは礼であり、義であり、廉であり、恥である、というのである。いまわが国に礼ありや、義ありや、廉ありや、恥ありやと問うとき、心ある人ならば、暗然とならざるを得ないのではないだろうか。


また、『中庸』ではこうもいう。

「国家将《まさ》に興らんとするや、必ず禎祥《ていしょう》あり。国家将に亡《ほろ》びんとするや、必ず妖孽《ようげつ》あり」

国家が興隆するときは必ず幸福な兆し（禎祥）があり、国家が滅亡するときは必ず災いの兆し（妖孽）があるということである。『大漢和辞典』の編纂《へんさん》などにより、文化勲章を受けた中国哲学者諸橋轍次《もろはしてつじ》博士の解説によると、幸福の兆しとは青年の意気が盛り上がり、人情が厚くなることだという。災いの兆しとは、官吏《かんり》が堕落したり、邪教がはびこったりすることを指すという。

これもまた、いまの日本の現実を鋭く指摘しているようで、慄然《りつぜん》とならざるを得ない。


あるとき、経営の神様松下幸之助氏は若者から「国の政治と会社の経営は同じものか」と問われ、「同じだ」と答え、「業種を問わず、会社経営に成功するには三つの条件がある」と続けた。

一つは絶対条件で、経営理念を確立すること。これができれば経営は五十％は成功したようなものである。

二つは必要条件で、一人ひとりの能力を最大限に生かす環境を作ること。これができれば、経営は八十％成功である。

三つは付帯条件で、戦略戦術を駆使すること。これを満たせば経営は百％成功する。


この条件に照らして考えれば、いま日本という国に最も必要なのは、国家の哲学、理念の確立だろう。「聖域なき構造改革」という二十％の比重しか占めない戦略戦術が、目標のすべてになっているところに、この国の危うさがある。

夢を実現する

二〇〇二年六月号

ある小学六年生の作文がある。

「僕の夢は一流のプロ野球選手になることです。そのためには中学、高校と全国大会に出て活躍しなければなりません。活躍できるようになるためには練習が必要です。僕は三歳の時から練習を始めています。三歳から七歳までは半年くらいやっていましたが、三年生の時から今までは三百六十五日中三百六十日は激しい練習をやっています。

だから、一週間中で友達と遊べる時間は五、六時間です。そんなに練習をやっているのだから、必ずプロ野球の選手になれると思います。そして、その球団は中日ドラゴンズか、西武ライオンズです。ドラフト入団で契約金は一億円以上が目標です。僕が自信のあるのは投手か打撃です。

去年の夏、僕たちは全国大会に行きました。そして、ほとんどの投手を見てきましたが自分が大会ナンバーワン選手と確信でき、打撃では県大会四試合のうちホームラン三本を打ちました。そして、全体を通した打率は五割八分三厘でした。このように自分でも納得のいく成績でした。そして、僕たちは一年間負け知らずで野球ができました。だから、この調子でこれからもがんばります。

そして、僕が一流の選手になって試合に出られるようになったら、お世話になった人に招待券を配って応援してもらうのも夢の一つです。とにかく一番大きな夢は野球選手になることです」

作者は愛知県西春日井郡豊山小学校六年二組鈴木一朗。賢明な読者にはすでにおわかりだろう。いまをときめく大リーガー、イチローの子ども時代の作文である。

イチローの資質は特別、いわば天才という。その通りだろう。しかし、この作文が夢を実現する上で大事なものは何かを語っていることも事実である。

まず、第一に自分の夢に対していささかも迷いがない。夢を素直に信じている。つまり夢に対して本気、本腰である。次に、自らの夢に対して代償を進んで支払おうとする気持ちが強い。三百六十五日中三百六十日激しい練習。友達と遊ぶのは一週間で五、六時間という。そういい切る言葉に少しの悔いも未練もない。「夢をみることは重荷を背負うことだ」と松下幸之助氏はいったそうだが、そのことをすでに体得している感がある。

そして最後に、お世話になった人に対して報いるという報恩の心を持っている。

夢を持ち、その夢を実現すべく燃えることができるのは、全生物のなかでも人間だけである。天から授かったこの能力をフルに発揮する人生を送りたいものである。

鍛練する

二〇〇二年七月号

昨年のことになる。道友のご案内をいただき、肥後の岩戸山に行った。宮本武蔵が独り死の直前まで籠《こ》もり、『五輪書《ごりんのしょ》』を書いた所という。裾地から急斜面を五メートルほどよじ登ると洞窟《どうくつ》に出る。二十畳はあろうか。天井までも数メートル、意外な広がりである。

武蔵は「天道と観世音を鏡として、十月十日の夜寅《とら》の一てんに、筆をとって書初《そ》むるもの也」と書いている。「寅の一てん」は午前四時半である。洞窟から仰げば満天の星。吹きさらしの風は夜気に冷えていたに違いない。『五輪書』に取り組む武蔵の思いの深さが身に沁《し》み、粛然《しゅくぜん》と佇立《ちょりつ》するばかりだった。

鍛練といえば、この一書を思い起こす。鍛練に鍛練を積み重ねたその一生を思う。

武蔵は『五輪書』の「水の巻」の最後でこう言っている。

「千日の稽古《けいこ》を鍛とし、萬日の稽古を練とす」

千日といえば、ざっと三年である。稽古に稽古の三年を費やして、ようやく鍛え上がる。その鍛え上げたものを土台に三十年の稽古を積み重ねて初めて練り上がるというのである。

武蔵はその生涯に六十余度の真剣勝負を行い、一度も負けることがなかった。その人にして初めて言えた言葉ではないだろうか。

「今日は昨日の我に勝ち、明日は下手に勝ち、後は上手に勝つと思い」続けた鍛練が、武蔵を剣聖にした最大のものだった、と思わないわけにはいかない。

だが、鍛練の実例に宮本武蔵を取り上げれば、いささか距離を感じてしまうかもしれない。しかし、そうではない。

たとえば、本誌で馴染《なじ》み深い渡部昇一先生である。渡部先生はどちらかといえば運動はお得意ではない。だが、七十の坂を越えたいま、軽々と三点倒立をやってのけ、前屈すれば胸と顔が楽々両足につく柔軟さである。五十歳のときに真向法《まっこうほう》に出合ったのがきっかけで、自分で練習し続けた成果だという。

プロスキーヤーの三浦敬三氏もそうである。名だたる名峰を征服し、九十七歳のいま、モンブラン大氷河滑降《かっこう》に挑もうという心は、首の運動を前後、左右、回転と各三十回毎日欠かさない鍛練が土台になっている。

首の運動三十回は誰にでもできることである。しかし、それを何十年も続けることはそう簡単ではない。

誰でもができる平凡なことを、一点の疑いも持たず、毎日、黙々と実践してきたところに、この人の偉大さの根源がある。

そして、最後に一番大事なのは心の鍛練だろう。「楽観主義は意志の所産である」というフランスの哲学者アランの言葉をまつまでもなく、人の心は放っておくと、不安、不平、不満、嫉妬《しっと》に陥る。あるいは傲慢《ごうまん》、慢心に染まる。

しかし、見事な人生を生きた人たちは例外なく、「物事を前向きに考える」「感謝の心を忘れない」「愚痴をこぼさない」「明るく謙虚である」という方向に、自分の心を鍛え続けてきた人たちである、ということを忘れてはなるまい。

魅力

二〇〇二年八月号

「そこにあの人がいる。ここにその人が存在する。それだけで人が自《おの》ずと寄り、ことが収束される。むかしはそういう人が必ずいたものだが、最近は見なくなった」

ある財界通が言った。誰をイメージしての言かは知らないが、そのつぶやきに触発されて思い浮かんだいくつかのことがある。

西南の役の折、豊前中津藩からも有志が中津隊を結成して西郷隆盛の軍に参加した。だが戦い利あらず、敗北が決定的になる。隊長の増田宋太郎は隊士に、「われわれ中津隊の役目は終わった。自分は残るが、みんなは故郷に帰れ」と言う。なぜ隊長だけ残るのか、と反問する隊士に、増田はこう答えた。

「吾《われ》、此処《ここ》に来たり、始めて親しく西郷先生に接することを得たり。一日先生に接すれば一日の愛生ず。三日先生に接すれば三日の愛生ず。親愛日に加わり、去るべくもあらず。今は、善も悪も死生を共にせんのみ」

かくて増田は西郷と共に城山に果てた。

これも明治初期の話。山岡鉄舟が清水の俠客《きょうかく》次郎長親分に、「お前にはたくさん子分がいるが、お前のために死ぬ子分は何人いるか」と聞いた。

「私のために死ぬ子分など一人もおりません。だが、子分のためなら私は死ねます」

これが次郎長の答えであった。

その人がいるだけで難事が収まり、大事が解決する。財界に限らない、政界官界、あらゆる分野に以前はそういう重石《おもし》となる存在がいたが、確かに最近は希薄の感を否めない。

重石を重石たらしめていた根本は、結局、人間としての魅力に行き着くのではないか。ここに挙げた二つの挿話が人間的魅力を異なる角度から照射し、そのことを示している。

中国明代末に書かれた『呻吟語《しんぎんご》』という古典がある。著者は呂新吾《りょしんご》。この書には安岡正篤先生も深く傾倒され、『呻吟語を読む』なる一書をものにされている（弊社刊）。

『呻吟語』は冒頭でこう述べる。

「深沈厚重《しんちんこうじゅう》なるは、是《こ》れ第一等の資質。磊落豪雄《らいらくごうゆう》なるは、是れ第二等の資質。聡明《そうめい》才弁なるは、是れ第三等の資質」

要するに、人間的内容がどっしりと落ち着いていることこそ、人間的魅力の最高のものだというのである。あっさりしていて肝っ玉が大きいことがこれに次ぐ魅力で、頭がよくて弁が立つことも魅力には違いないが三番目にすぎない、というわけである。『呻吟語』が千八百四十章の大冊をもって、一貫、繰り返し追究しているのは、深沈厚重という人間としての魅力なのである。

人間的魅力に少しでも近づき、体得するためには、思わずうめき声を発するほどの修養が必要である。呻吟語とはそのうめき声のことにほかならない。

二十一世紀はあらゆる事象に魅力がキーワードになる予感がある。その根本が人間としての魅力であることは言うまでもない。

心耳を澄ます

二〇〇二年九月号

もう何年も前の話である。

「言葉が運命を制する」なる特集を企画した。特集のトップに誰を持ってくるか。企画にふさわしい人物がなかなか決まらず、大いに苦吟《くぎん》していた。

雨降る休日であった。締め切りは数日後に迫っていたが、特集トップはまだ決まらない。窓を叩く雨足が焦燥感をさらにあおり、ただ部屋の中をうろつくほかはなかった。

その時、たまたま一冊の本を手に取り、開いた。森信三『一日一語』である。その時の感動をいまも忘れない。そこには深い人生の真理と哲理が凝縮された言葉がちりばめられていた。寸言《すんげん》は、まさに心にしみた。森信三という人はこんなにも偉い人だったのか。自らの不明を恥じた。

なぜなら、その本を含めて森信三先生の本はすでに何冊か持っており、ページもめくっていたが、それ以前は何の感興を催すこともなかったからである。

日々の営みに追われ、忙殺されている時、人は大事なものを見過ごしてしまうものらしい。多忙な日常がつくり出す騒々しい心、浮ついた心、がさついた心、心がそういう状態にある時、どんな出会いも命を孕《はら》むことなく素通りしてしまう。

心耳《しんじ》を澄まさなければ聞こえてこない世界がある。見えてこない世界がある。この時の体験はそのことを痛いほどに教えてくれた。

諸葛孔明《しょかつこうめい》はわが子を戒めた手紙にこう記している。

「寧静《ねいせい》に非《あら》ずんば以《もっ》て遠きを致《きわ》むるなし」

寧静でなければ遠くまできわめることはできない、遠大な理想を実現することはできない、というのである。

呂新吾《りょしんご》の『呻吟語《しんぎんご》』もこう述べている。

「躁心《そうしん》・浮気・浅衷《せんちゅう》・狭量《きょうりょう》、此八字は、徳に進む者の大忌《たいき》なり。此八字を去るに、只《た》だ一字を用ひ得。曰《い》はく静を主とす」

騒がしい心、浮ついた心、浅薄な心、偏って狭い心では、徳に至ることはできない。徳を身につけようとするなら、ただただ静謐《せいひつ》であれ、ということである。

いま、世情は先行きの見えにくさ、とらえどころのない不安な予感にいたずらに騒ぎ立ち、あるいはそこから目を背けて浮薄《ふはく》に浮き立ち、流されていく気配が濃い。

このような時だからこそ、しばしでいい、足を止め、心耳を澄ます時間を持つことが必要なのではないだろうか。

先達に学ぶ

——二〇〇二年一〇月号

●運命は我より作すもの

中国の明代《みん》に、袁了凡《えんりょうぼん》という人がいた。

袁少年は早く父を失い、母の手ひとつで成長した。代々が医者の家系だったので、彼も医者を目指し、医学の勉強にいそしんでいた。

そんなある日、不思議な老人が袁少年の前に現れ、「お前は役人として成功する相を備えている」と予言する。そして、何歳で科挙の試験に何番目の成績で合格し、何歳でこれだけの俸禄《ほうろく》を手にする身分となり、何歳で地方長官に選ばれる、とたたみかける。

「五十三歳の八月十四日に自分の家の表座敷で死ぬ。残念ながら生涯子どもはできない」

老人はそこまで言い切った。

袁少年は衝撃を受け、同時に感激を覚えた。そして方向を転換し、役人を目指して科挙の勉強を始めるのである。

それからの展開は老人の占い通りであった。老人が予言した年齢に予言通りの成績で科挙に合格し、その後も老人の言った通りになっていく。

以来袁氏は、人間の運命というものはちゃんと決まっていて、人間にはどうすることもできないものなのだ、と思い定めるようになった。すると、諦念《ていねん》が湧《わ》いてきて、ああしたい、こうしたいという欲がすっかりなくなってしまった。

あるとき、袁氏は仕事で南京付近のお寺に滞在した。

その寺の雲谷《うんこく》という禅師がつくづくと彼を見て、感に堪えぬように聞いた。

「あなたはお歳《とし》に似合わずできている。どういう修行をして、そこまでの風格になられたのか」

「いや、特別の修行などしていません。実は少年のときに占いの翁《おきな》に人相を観《み》てもらったことがあって、いろいろと予言をされました。それが一つも狂っていないのです。それからは余計な煩悶《はんもん》やあがきは一切やめました。それだけのことです」

すると、雲谷禅師は大笑いして言い捨てた。

「何だ、そういうことか。それならきみは誠にくだらん人間だ」

　袁氏が驚いて、どういうことかと聞くと、雲谷禅師の答えはこうだった。

「人間の運命が初めから定まっているなら、釈迦《しゃか》や孔子がどうして苦労したのか。偉大な人が大変苦労をして学問修業をしたのは、それによって人間を創《つく》ることができるからだ。

　確かに命《めい》というものは存在する。だが、人間はその命を知り、命を立てることができる。これは他の動物には不可能な、人間だけにできることなのだ。どうすればどうなるかを研究し、それによって自らを創造することができる。宿命や運命を立命に転換していくことができる。人間の万物の霊長たる所以《ゆえん》は、実にそこにある。運命は我より作《な》すものなのだ」

　袁氏は愕然《がくぜん》とし、そして目覚めた。彼は発奮し、禅師の教えに従って、謙虚、積善《せきぜん》、改過（過《あやま》ちを改める）といった道徳的精進を積んでいった。

　するとどうだろう。あの老人の予言がことごとく外れ出したのだ。五十三歳で死ぬはずが七十四歳まで生きた。子に恵まれないはずなのに、一子をもうけることもできた。

●真の学は運命をも変える

　袁氏は雲谷禅師に導かれて、初めて常の人の心、凡を悟った。「悟」と「了」は同義語である。つまり、了したのである。そのときから彼は号を改め、了凡を名乗った。そして一子のために自分の体験を書き残した。それが『陰騭録《いんしつろく》』である。

「陰騭」は『書経』の「惟《こ》れ天下、民を陰騭す」による熟語。「陰」は冥々《めいめい》の作用、「騭」は「定める」の意。冥々《めいめい》の間に定められているものを明らかに定める。言い換えれば、自然が支配する法則を人間の探究によって得た法則によって変化させていく。「陰騭」とはそのことをいう。

　安岡正篤師は生前、よく袁了凡のこの話をされ、『立命の書「陰騭録」を読む』（小社刊）を著されている。

　袁了凡は先達に学ぶことによって運命を変えた。われわれが先達に学ぶ意味もここにある。

　安岡正篤師の次の言葉を噛《か》みしめたいものである。

「人間は学問修業をしないと、宿命論的存在、つまり、動物的、機械的存在になってしまう。よく学問修業すると、自分で自分の運命を創っていくことができる」

人の心に光を灯す

――二〇〇二年一一月号

ラジオで聴いた若いＯＬの話である。

　彼女の生家は代々の農家。もの心つく前に母親を亡くした。だが、寂しくはなかった。父親に可愛《かわい》がられて育てられたからである。

　父は働き者であった。三ヘクタールの水田と二ヘクタールの畑を耕して立ち働いた。村のためにも尽くした。行事や共同作業には骨身を惜しまず、ことがあると、まとめ役に走り回った。

　そんな父を彼女は尊敬していた。父娘二人の暮らしは温かさに満ちていた。

　彼女が高校三年の十二月だった。その朝、彼女はいつものように登校し、それを見送った父はトラクターを運転して野良に出ていった。そこで悲劇は起こった。居眠り運転のトレーラーと衝突したのである。

　彼女は父が収容された病院に駆けつけた。苦しい息の下から父は切れ切れに言った。

「これからはお前一人になる。すまんなぁ……」

　そして、こう続けた。

「いいか、これからは〝おかげさま、おかげさま〟と心で唱えて生きていけ。そうすると必ずみんなが助けてくれる。〝おかげさま〟をお守りにして生きていけ」

　それが父の最期だった。

　父からもらった〝おかげさま〟のお守りは、彼女を裏切らなかった。親切にしてくれる村人に彼女はいつも「おかげさま」と心のなかで手を合わせた。彼女のそんな姿に村人はどこまでも優しかった。その優しさが彼女を助け、支えた。

　父の最期の言葉がＡ子さんの心に光を灯し、その光が村人の心の光となり、さらに照り返して彼女の生きる力になったのだ。

　もう一つ、作家で詩人の高見順の晩年の話である。

　高見順は食道がんの手術を受けて病床に横たわった。ふと窓外《そうがい》を見ると、激しい風雨のなかを少年が新聞を配達している。その姿に胸を揺さぶられ、高見順は一編の詩を書いた。

なにかをおれも配達しているつもりで
今日まで生きてきたのだが
人びとの心になにかを配達するのが
おれの仕事なのだが
この少年のようにひたむきに
おれはなにを配達しているだろうか

ひたむきな新聞配達の少年の姿が晩年の作家魂に光を灯したのである。

　心に光を灯された体験は、誰にもあるのではないだろうか。人の心に光を灯す。それは自分の心に光を灯すことでもあるのだ。

　そういう生き方をしたいものである。

なぜ哲学が必要なのか

――二〇〇二年一二月号

いまから二千年近く前、ローマ帝政期を生きたエピクテトスという哲学者がいた。彼は若いころ奴隷だった。その体験をもとにストア派の哲学を学び、のちに解放されて自由の身になると、ギリシャに移って学校を開いた。彼自身は書物を残さなかったが、弟子の一人が彼の言葉を書き取ったものが『語録』として後世に伝えられた。

エピクテトスの哲学の核心は、自分の意志で自由になる範囲とならない範囲を厳密に認識するところにある。自分の意志の範囲内にあるものには全力を尽くして手を打つ。だが、自分の意志の範囲外にあるもの、例えば天変地異による災害や人が自分をどう評価しているかなどは自分の意志ではどうにもならないものなのだから、そういうものは潔くあきらめて、心を動かさない、と説くのである。その教えは、どのような状況下にあっても人生を主体的肯定的に生きる術《すべ》として、ヒルティをはじめ多くの知性の指針となった。

『学問のすゝめ』は福沢諭吉の代表作としてつとに知られる。だが、その名は聞いていても、手にしたことがなかった。初めて読んだのは数年前。その新鮮さに驚かされた。

この本は明治四年に第一編が書かれ、明治九年までに十七編が刊行された。各編とも二十万部を超える大変な売れ行きで、総計では四百万部に達したという。当時の日本の人口が約三千万人だったことを考えると、想像を絶する大ベストセラーといえよう。

『学問のすゝめ』という書名から堅苦しい内容を予想していたが、まったく違っていた。例えば、第十七編「人望論」を繙《ひもと》いてみよう。そこには「顔つきを明るくすること」という項目があり、こんなことが書かれている。

「人の顔色は、いわば家の門口のようなものだ。広く人に交わって自由に客を招き寄せるには、まず門口を開放して、玄関を掃除し、ともかくも人を来やすくさせることが肝要であろう。人に交わるのに、顔色をやわらげようともせず、かえって偽善者の風を学んで、わざとむずかしい顔つきを見せるのは、家の入口に骸骨《がいこつ》をぶら下げ、門の前に棺桶《かんおけ》をすえつけるようなものだ」

わかりやすい比喩《ひゆ》で、諭吉が体験から会得した生活哲学が丁寧に説かれている。そしてそれは、近代日本を構築した明治という時代の背骨になっていることがわかるのである。

哲学とは、例えれば南十字星のようなものだろう。南十字星さえ見失わなければ、羅針盤がなくても船乗りは航路を誤ることはない。

ひるがえって、いまの日本である。国政を預かる者、経済に携わる者、教育を担う者、さらには国民一人ひとりのあり方に至るまで、いまこそわれわれは哲学を、と思わないわけにはいかない。

二〇〇三年

一月号～一二月号

言葉が運命を拓く

――二〇〇三年一月号

関西師友協会副会長・豊田良平氏が急逝《きゅうせい》された。電話でお元気な声を耳にした数日後の訃報《ふほう》。ただ瞑目《めいもく》して合掌するのみである。

豊田氏が安岡正篤《まさひろ》師に初めて手紙を書いたのは十七歳の時であった。『童心残筆《どうしんざんぴつ》』や『東洋倫理概論』を読んだ感動を直接伝えたかったのである。だが、期待していた安岡師からの返事はなかなか来なかった。あきらめかけた頃に届いた一通の封書。返事の遅れを詫《わ》び、結びにこうしたためられていた。

「求道は一生のことである。そのためには冷に耐え、苦に耐え、煩《はん》に耐え、閑《かん》に耐える。これをもって大事をなす」

十七歳の少年の心に火がついた。豊田氏は安岡教学の研鑽《けんさん》に生涯を懸けることになる。

その三年後の昭和十六年、豊田氏は出征して中国に渡り、戦火の中を転々とする。黄河のほとり、運城《うんじょう》でだった。古本屋で一冊の本を見つける。安岡師の著書『続経世瑣言《けいせいさげん》』である。この本は中支からマレーシアまで六千キロを転戦した豊田氏と行《こう》を共にした。

中で「人物学」の一節が豊田氏をとらえた。

「人物修練の根本的条件は、怯《お》めず臆《おく》せず、勇敢に、而《しこう》して己を空《むな》しうしてあらゆる人生の経験を嘗《な》めつくすことです。人生の辛苦艱難《しんくかんなん》、喜怒哀楽、栄枯盛衰、そういう人生の事実、生活を勇敢に体験することです。その体験の中にその信念を生かして、初めて吾々《われわれ》は知行合一的に自ら人物を練ることができるのです」

ここに豊田氏の生涯のテーマは定まったと言えよう。豊田氏はよく言われたものである。

「古典をどれだけ知っているかではない。いかに人物を練るか。いかに人物となるか。それが安岡教学の神髄だ」

六十歳を過ぎ、豊田氏は元京大総長・平澤興《こう》氏と出会う。「あなたこなたのおかげ」「いまを喜びなさい」「人に希望と喜びを与えるのが最高です」——豊田氏の口からこんな言葉が出るようになったのはそれからである。

「安岡先生との出会いだけだったら、自分は堅苦しい人間で終わっていたろう。平澤先生と出会って、新しい世界が開けた」

豊田氏のしみじみとした述懐を思い出す。

言葉によって運命を拓《ひら》いていった人生。それが豊田氏の生涯であったと言える。

人物とは言葉である。日頃どういう言葉を口にしているか。どういう言葉で人生をとらえ、世界を観《み》ているか。その言葉の量と質が人物を決定し、それにふさわしい運命を招来する。運命を拓く言葉の重さを知らなければならない。

よい言葉に出会い、運命を拓いていく人の陸続《りくぞく》たらんことを願ってやまない。

信念の力

二〇〇三年二月号

四十数年も前のことである。京都で数百人の経営者を前に松下幸之助氏が講演をした。その趣旨は、人材も資金もダムのようにプールしておく経営、つまり余裕を持った経営をしなければならない、ということであった。松下氏の持論であるダム式経営論である。

講演が終わって、聴衆の一人が質問した。ダム式経営をしたいのは山々だが、どうすればできるのか秘訣を教えてくれ、というのである。松下氏はじっと考えてから、「わかりませんな」と答えた。そして、こう続けた。

「一つ確かなことは、まずダム式経営をしようと思うことです」

失笑が会場をおおった。「思うだけでできたら世話はない」「馬鹿にするんじゃない」。そんな声も聞こえた。

だが、その中でただ一人、頬《ほお》を紅潮させて松下氏を見つめる青年がいた。京セラを創業して間もない二十代の稲盛和夫氏である。そうか。まず思うことなのか。稲盛氏は脊髄《せきずい》の奥に火がついたような感動で心を熱くした。その心の火が信念となって凝固した。

信念とは信じ念じることである。稲盛氏はダム式経営を信じ念じ続けた。その信念は京セラの現在に結晶している。

『致知』の取材を通して数多くの経営者に接してきたが、一業を成した人には、突出して二つの共通した要素があるのを感じないわけにはいかない。

一つは、「価値を見出す力」である。自分の置かれた環境、そこに結ばれる縁、たずさわる仕事等々に、多くの人はさしたる感興《かんきょう》も覚えず、それらはたまたまのもの、ありきたりのものと見なしがちである。だが、一業を成した人はそこに独特の強烈な価値を見出すのだ。

もう一つは、価値を「信じる力」である。ふたたび稲盛氏に登場していただく。

京セラの創業時、セラミック製造の作業は埃《ほこり》まみれ泥まみれ、汚い、きつい、厳しいの典型的な3K職場であった。若い社員の顔にはうんざりした色が浮かぶ。

深夜作業を終えると、そんな若い社員と膝《ひざ》を突き合わせてラーメンをすすりながら、稲盛氏は熱っぽく語り続けた。自分たちがやっているのは世界の誰もやっていない仕事なのだ、自分たちは世界の先頭を走っているのだ、と。仕事に見出した価値。それを強烈に信じていたのである。そして、それが京セラのベースをつくったことは言うまでもない。

価値を見出す力。その価値を信じる力。これこそ信念の力である。信じ念じる力が道のないところに道をつくり、人を偉大な高みに押し上げていくのである。

最後に、松下幸之助氏の言葉を掲《かか》げる。

「根無し草に花は咲かない。
信念がなければ人生に花は咲かない」

縁尋機妙

二〇〇三年三月号

先日、まだ直接お目にかかったことのないお二人の読者から、お手紙をいただいた。一人は北海道でラーメン店を営む仲田勝久さん。もう一人は広島県の主婦、田上洋子さんである。

▼NPO・健康環境都市政策センターというのが北海道にできました。健康・環境・福祉・教育でモデルになる街づくりを目指し、その街は日本で一番『致知』読者の多い街にしたいと思っています。TM瞑想普及率の多い街が犯罪率や交通事故、失業率、離婚率などあらゆる面で低いといわれたことがあります。『致知』を学び合っている街がそう言われるようになることを目指して、外側から少しずつ活動を開始しました。

▼NECの方と知り合い、六月に『致知』を渡され、「この本を読んだらいいよ」と言われました。読み始めた時は企業の方の読む本で私には無縁のものと思いましたが、読み終えた時、素直に次が読みたいと思いました。（中略）

　いろんな方の生き方・考え方を読んでいるうち、自分の中にも力がわいてくるようで、人間関係に行き詰まる時読みたいと思う本、それが私にとって『致知』となりました……今、『致知』が目の前にあることに感謝してやみません。

　お手紙を拝読し、『致知』が起点となり、読者の中にも様ざまな縁が発展していることを知り、感無量の思いがある。

「縁尋機妙《えんじんきみょう》」――。安岡正篤師がよく口にされた言葉である。「よい縁がさらによい縁を尋ねていく仕方が実に機妙である」という意味である。

　また、安岡師はこれと対句のように、

「多逢勝因《たほうしょういん》」――という言葉もよく説かれた。「よい人に交わっていると、気づかないうちに、よい結果に恵まれる」ということである。

『致知』は今年の十月号で創刊二十五周年を迎える。決して平坦ではなかったこの二十五年を振り返り、胸中に去来する思いを凝縮すれば、この「縁尋機妙」「多逢勝因」の二語に尽きるのである。

　創刊以来、実に様ざまな人たちとのご縁をいただき、その縁がさらに次へ次へと発展して、それらの無数の縁の中で学び、導かれ、『致知』は今日まで歩ませていただいたという思いを禁じ得ない。

　縁尋機妙、多逢勝因は『致知』の歴史そのものだったといっていい思いがする。本誌だけのことではあるまい。一つの道を夢中に切り開いてきた人は一様に同じ思いを抱かれるのではないだろうか。

　大事なのは与えられた縁をどう受けとめるかである。そして、いかに勝因を創るか、である。良縁を起点とした縁尋機妙、多逢勝因のサイクルを人生に構築していくことこそ要であろう。

　よき人に交わり、よい縁をさらに発展させ、心を養い、真実の学びを学び続けていく人生を心がけたいものである。

人間力を養う

二〇〇三年四月号

「知識ではなく、その人の体全体から滲《にじ》み出る味わいでその人物がわかる。また、そういう人にならなければなりません」

京大元総長・故平澤興《こう》氏は生前、よくこう言われていた。体全体から滲み出る味わい。それこそが人間力のことである。

人間力という言葉は辞書にはない。しかし、その存在自体、人格そのものが大きな力を発しているという人はいるものである。

江戸期の儒学者伊藤仁斎《じんさい》にこんな話がある。仁斎が京の町を歩いていると、向こうから京都所司代《しょしだい》がやって来た。と、所司代はあわてたように馬からおり、深々と頭を下げた。よほど高貴な身分の人と思ったらしい。仁斎には学問で練り上げた人格が高貴な風格となって備わり、光を発していたということである。

戦後の日本を統治した連合国軍最高司令官のマッカーサーはこういう逸話を残している。

マッカーサーは幼い頃、軍人だった祖父から、日清日露を戦った日本のリーダーには畏敬《いけい》すべき立派な人物が多いと聞いて育った。ところが、日本に来てリーダーたちに会ったが、さほどの人物は見当たらない。これはどうしたことかと、時の首相吉田茂に聞いてみた。答えはこうだった。昔のリーダーは東西の古典を読み込み、その英知で人格を陶冶《とうや》していたが、今のリーダーは古典で心を養わないから人物が小さくなったのだ、と。

人間力とは何か。その一端を示唆する二つのエピソードではある。

人間力とは人間の総合的な力のことだろう。知識、技能、教養、人間関係力、実行力、徳性といったもろもろの要素が総合して練り上げられ、発酵し、結晶するもの、それが人間力であろうと思われる。中には金力や財力、地位といったものも人間力の重要な要素、という人もいる。確かに、現実的にはそれも一つの要素には違いない。だが、それらをすべて失っても、なお輝きを失わぬ人格の力こそ人間力というべきだろう。

その人間力を養うには何が必要か。

根本になくてはならないのは、憤《ふん》の一字である。物事に出会い、人物に出会い、発憤《はっぷん》し、感激し、自己の理想に向かって向上心を燃やしていく。そういうものを根本に持っていない人に、人間力はついてこない。

次に大事なのは志である。夢といってもいい。いかなる志、夢を持っているか。その内容が人間力の大小厚薄重軽を決める。

第三は与えられた場で全力を尽くすこと。人生の経験をなめ尽くすことといってもいい。第四はその一貫持続であり、第五はすぐれた古今の人物に学ぶことである。すぐれた人の生き方に学ぼうとしない人に人間的成長はない。

そして最後に大事なのは素直な心だろう。松下幸之助氏は最晩年まで、「素直の十段になりましょう」と言い続けたそうである。素直な心、柔軟心こそ、人間力を高めていく上で欠かせない一念であろうと思われる。

自分の花を咲かせて生きる

——二〇〇三年五月号

心臓の鼓動を聞いたことがあるだろうか。胸に手を当てて聞くあの音ではない。心臓が血液を全身に送り出す源流の音である。

ズビィーン、ズビィーン　とも聞こえる。

あるいは、

ビィーコッ、ビィーコッ　とも聞こえる。

それらを総集したような音である。

ともかく、懸命な音である。ひたすらな音である。心臓は昼夜二十四時間、一瞬の休みもなく、血液を全身に送り出すために、こんなにもひたむきに、真剣に努めているのか……。その命の根源の音を聞いた時、涙があふれた。

生きるとは、ただ生き切るということである。

この地上における生命《いのち》あるものはすべて、ただ生きるという目的に向けて、全力をあげて生きようとしている。

ただ生きる。そのことだけを信じて躍動している。それが生命の本質である。

そして、それが天の意志である。

心臓の鼓動はそのことを教えてくれたように思う。

つまり、生きること、ひたすら生きようとすること。そのこと自体がすでに花であることを命の鼓動は教えてくれたように思う。

昨年、木鶏クラブ全国大会で盛岡に行った帰途、「先人記念館」に足を運んだ。

新渡戸《にとべ》稲造、米内光政《よないみつまさ》、金田一京助、田鎖綱紀《たくさりこうき》ら岩手に生まれた偉人たちを顕彰した記念館である。特に興味をひいたのは次の三氏の書いた色紙の言葉であった。

鉄志玉情――金田一京助（言語学者）

奮志専精――米内光政（海軍大将、政治家）

百折不撓《ひゃくせつふとう》――田鎖綱紀（日本速記術の創始者）

おそらく三氏は自分の人生を振り返り、一番自分にピッタリとくる言葉を色紙にしたのだろう。

この三様の言葉は、人生に花を咲かせるために欠かせないものを示唆し、期せずして見事に一致している。

そういえば、作家の五木寛之さんから聞いた話がある。

朝顔の花は朝の光を受けて咲くのだと思われていた。しかし、ある植物学者が朝顔のつぼみに二十四時間、光を当てていても、花は咲かなかった。朝顔の花が咲くには、朝の光に当たる前に、夜の冷気と闇に包まれる時間が不可欠なのだという。

この話は先の三氏の言葉とも符合《ふごう》し、象徴的である。

私たちは、生きているというだけですでに花は咲いている、と先に言った。それはまぎれもない事実である。しかし、丹精を込めた花がさらに見事に咲くように、私たちも自ら意志することで生命をさらに輝かせ、深い花を咲かせることはできるのだ。

自分の花を咲かせて生きる――。その道をここに探ってみたい。

歴史創新

二〇〇三年六月号

彼は片田舎の丸太小屋で生まれた。学校は貧しさのために断続せざるを得なかった。彼が正規の教育を受けたのは、合計しても一年に満たない。二十代になって事業を起こす。だが、失敗した。その上、恋人の死という悲運に見舞われ、自身は神経衰弱を患う。その中でも彼は独学し続けた。そして二十七歳の時、弁護士の資格を取得する。

労働に明け暮れた経験。弁護士活動で得た見聞。それが止みがたい夢と激しい志を育み、彼を政治へ駆り立てた。

だが、なだらかな道ではなかった。三十代では下院議員選挙に二度、四十代でも上院議員選挙に二度、落選した。四十七歳の時、副大統領選に立候補したが、これも落選した。

しかし、彼は逃げなかった。夢と志が逃げることを許さなかった。そして大統領の座を射止めたのは五十一歳の時だった。彼は南北戦争を戦い抜き、奴隷解放という新しい歴史を切り開いた。

彼の名はアメリカ第十六代大統領エイブラハム・リンカーンである。

十八世紀から十九世紀にかけ、世界に重くのしかかる難問があった。梅毒《ばいどく》の跳梁《ちょうりょう》である。決定的な解決策を見い出せず、密《ひそ》かに人類の滅亡さえ予感された。曙光《しょこう》が射したのは二十世紀に入ってだった。

一九一〇年、梅毒の化学療法剤サルバルサンが発明されたのだ。発明者はコッホ研究所の研究者パウロ・エールリッヒである。

このサルバルサンは別名六百六号と呼ばれる。ヒ素化合物の試作品を次々と作って、六百六番目に初めて得られた目的を達する薬だったからである。つまり、エールリッヒは六百五回失敗を繰り返し、その数だけ失望と苦悩を味わったのである。

研究にとって最も大事なものは何かと問われ、エールリッヒはこう答えた。「忍耐」。

時代の古今、洋の東西、分野の差異を問わず、新しい歴史を切り開いた人たちがいる。それらの人たちに共通する条件を一つだけ挙げれば、こう言えるのではないか。

困難から逃げなかった人たち、困難をくぐり抜けてきた人たち——だと。

新しい時代に適《かな》った夢と志を実現する。「歴史創新」とはこのことである。そして、夢と志を実現しようとする者に、天は課題として困難を与え、試すのではないか。

松下幸之助の言葉が聞こえる。

「百遍倒れたら百遍立ち上がれ。万策尽きたと言うな。策は必ずある」

困難から決して逃げない——私たちの歴史もそこから開けてくるのだと肝に銘じたいものである。

「我流」を行く

二〇〇三年七月号

無名の彫刻家ロダンは孤独の中で黙々と修業を積み、密《ひそ》かな成熟を遂げた。そして一八六四年、二十四歳の時、一つの作品を発表する。『鼻のつぶれた男』である。だが、ロダンの成熟は当時のサロンには理解されなかった。作品は落選した。ロダンはふたたび沈黙する。この沈黙はそれからロダンが若者の像『青銅時代』を発表して世間の注目を集めるまで、実に十三年も続くのである。

二十歳を過ぎたばかりで神経衰弱を病む、これもまた無名だったドイツの詩人リルケが、パリ郊外にロダンを訪ねたのは、ロダンがその地位を確立していた一九〇二年だった。リルケは約二年間を秘書としてロダンのもとで暮らす。

リルケは驚嘆《きょうたん》した。ロダンの生活ぶりに、である。世間の評判などどこ吹く風、ひたすら大理石を刻み、思索にふけり、また鑿《のみ》を振るう。黙々とその研鑽《けんさん》を繰り返す。

その姿に感動して、リルケは言った。

「ここに生き神様がおられる。これだけ我慢でき、これだけ自分の仕事に情熱を注ぎ得る人は神様だ」

ロダンの生活と人格に若い詩人の魂が感応し、リルケもまた詩人として大成していくのである。

後年、リルケはこういう言葉を残している。

「私の課題は私自身を成熟させることだ」

若年期のロダンとの生活の中からこの言葉が生まれたことは想像に難くない。

「我《われ》流」とは、単なるわがままのことではない。単なる気まま、自分勝手のことではない。リルケの言う「自分自身を成熟させる」ことである。大いなる理想に向け自分自身を成熟させていく、そのプロセスの果てに自然に生まれてくる、あるいは形成される、その人なりの流儀——それこそが「我《われ》流」なのである。

「守破離《しゅはり》」という言葉がある。世阿弥《ぜあみ》の『花伝書』に書かれ、また武道などでもいわれる、修業の姿を示す言葉である。厳しく鍛えて基礎を完璧《かんぺき》に自分のものにするのが「守」である。その向こうに創造性が芽生える。「破」である。そして自分のリズムで自在に動く境地が出てくる。それが「離」である。これはそのまま「我《われ》流」の姿でもある、といえるだろう。「離」に至るのは至難の業である。だが、「守」がなければ「破」にも「離」にも至り得ないことを我々は知るべきである。

読者の方からお便りをいただいた。愛媛県の有間重喜さんである。お便りにはこう書かれていた。

「私は九十三歳の老農です。死を直前にして少しでも磨きをかけて旅立ちたいと勉強しています。因《ちな》みに、私は致知創刊十周年記念大会に参加以来の読者です」

「我《われ》流」を行く人がここにもいる。

プロの条件

二〇〇三年八月号

職業のジャンルを問わない。仕事をすることによって報酬を得ている人は、そのことによって、すでにプロである。また、プロでなければならないはずである。

しかし、現実にはプロとしての仕事の仕方をしていない人が相当数いることも事実である。

プロとアマとの違いは何だろうか。それは次の四つに集約されるのではないか。

第一は、プロは「自分で高い目標を立てられる人」だということである。

自分なりにほどほどにやれればいい、この程度でいいだろうと、目標をできるだけ低く設定しようとするのがアマである。プロは違う。プロは自分で高い目標を立て、その目標に責任を持って挑戦していこうとする意欲を持っている。

第二は「約束を守る」ということだ。

約束を守るというのは、成果を出すということである。自分に与えられた報酬にふさわしい成果をきっちりと出せる人、それがプロである。成果を出せなくてもなんの痛痒《つうよう》も感じず、やれなかった弁解を繰り返してやり過ごそうとする者がいる。アマの典型である。

第三は、「準備をする」。

プロは「絶対に成功する」という責任を自分に課している。絶対に成功するためには徹底して準備をする。準備に準備を重ねる。自分を鍛えに鍛える。そうして勝負の場に臨むから、プロは成功するのである。アマは準備らしい準備をほとんどせず、まあ、うまくいけば勝てるだろうと、安易な気持ちで勝負に臨む。この差が勝敗の差となって表れてくるのである。

表現を変えれば、プロは寝てもさめても考えている人である。起きている時間だけではない、寝ても夢の中にまで出てくる。それがプロである。少しは考えるが、すぐに他のことに気をとられて忘れてしまうのがアマの通弊《つうへい》である。

第四は、これこそプロとアマを分ける決定要因である。プロになるためには欠かせない絶対必要条件だといえる。

それはプロは「進んで代償を支払おうという気持ちを持っている」ということだ。

プロであるためには高い能力が不可欠である。その高い能力を獲得するためには、時間とお金と努力を惜しまない。犠牲をいとわない。代償を悔いない。それがプロである。犠牲をけちり代償を渋り、自己投資を怠る人は絶対にプロになれないことは自明の理であろう。

最後に一流といわれるプロに共通した条件をあげる。

それは「神は努力する者に必ず報いる、と心から信じている」ということである。不平や不満はそれにふさわしい現実しか呼び寄せないことを知り、感謝と報恩の心で生きようとする、それが〝一流プロ〟に共通した条件であることを付言しておきたい。

さて、あなたはこれらの条件を満たしているだろうか、満たすべく努力をしているだろうか。

感動・笑・夢

――二〇〇三年九月号

児童文学作家の故・椋鳩十《むくはとじゅう》さんが、こういう話をしておられる。

椋さんの故郷は木曽の伊那谷の小さな村。三十年ぶりに帰省すると、小学校の同窓会が開かれた。禿《は》げ上がったり、皺《しわ》がよったり、初めは誰が誰やら分からなかったが、次第に幼い頃の面影が蘇《よみがえ》ってきた。だが一人だけ、どうしても思い出せない。背が低く色が黒く、威風がある。隣席の人に聞くと、「あんな有名だったやつを忘れたのか。ほら、しらくもだよ」。椋さんは、えっ⁉ となった。


しらくもは頭に白い粉の斑点《はんてん》が出る皮膚病である。それを頭にふき出して嫌われ、勉強はビリでバカにされ、いつも校庭の隅のアオギリの木にポツンともたれていた。ゆったりした風格を滲《にじ》ませてみんなと談笑している男が、あのしらくもとは……。聞けば、伊那谷一、二の農業指導者としてみんなから信頼されているという。

二次会で椋さんは率直に、「あのしらくもがこんな人物になるとは思わなかった。何かあったのか」と聞いた。彼は「誰もがそう言う」と明るく笑い、「あった」と答えた。

惨めで辛かった少年時代。彼はわが子にはこんな思いはさせまい、望むなら田畑を売ってでも上の学校にやろうと考えた。だが、子どもの成績はパッとせず、勉強するふうもない。ところが、高校二年の夏休みに分厚い本を三冊借りてきた。その気になってくれたかと彼は喜んだ。が、一向に読むふうがなく、表紙には埃《ほこり》が積もった。

彼は考えた。子どもに本を読めというなら、まず自分が読まなければ、と。農作業に追われ、本など開いたこともない。最初は投げ出したくなった。それでも読み続けた。引き込まれた。感動がこみ上げた。その感動に突き動かされ、三回も読んだ。その本はロマン・ロランの『ジャン・クリストフ』。聴覚を失ってなお自分の音楽を求め苦悩したベートーヴェンがモデルといわれる名作である。

主人公ジャンの苦悩と運命が、彼にはわがことのように思われたのだ。

だが、ジャンは自分とは違っていた。ジャンはどんな苦しみに落ち込もうが、必ず這《は》い上がってくる。絶望の底に沈んでも、また這い上がってくる。火のように生きている。自分もこのように生きたいと思った。そのためには何か燃える元を持たなければ。自分は農民だ。農業に燃えなくてどうしよう――。

彼は農業の専門書を読みあさり、農業専門委員を訪ねて質問を浴びせ、猛烈に勉強を始めた。斬新《ざんしん》な農業のやり方を試みて成功させ、そして、しらくもはみんなから頼りにされる農業指導者と化した。

この話をされた椋鳩十さんは、終わりに力強くこう言っている。

「感動というやつは、人間を変えちまう。そして奥底に沈んでおる力をぎゅうっと持ち上げてきてくれる」


人間の目は前に向かってついている。前向きに生きるのが人間であることを表象しているかのようである。

感動は人を変える。笑いは人を潤す。夢は人を豊かにする。そして、感動し、笑い、夢を抱くことができるのは、人間だけである。天から授かったこのかけがえのない資質を育《はぐく》み、さらに磨いていくところに、前向きの人生は拓《ひら》けるのではないだろうか。

人生を支えた言葉

——二〇〇三年一〇月号

『致知』は創刊二十五周年を迎えた。一瞬の二十五年だったように思える。一方、よくぞここまで、という感慨も禁じ得ない。

山口県の一読者、Y・Y子さんからお手紙をいただいた。

銀行の待合室で何気なくめくった一冊の雑誌。それが『致知』との出会いだったという。『致知』によって学び、毎日を心豊かに過ごすことができた旨が述べられ、創刊二十五周年を機に『致知』発展のために、百万円を寄進したいと書かれてあった。なぜ、そのようなことを思い立たれたのか。Yさんは肺癌《はいがん》を病んでいらっしゃるのである。

「自己診断ですが、もう残り時間は少ないように思われます。しかし、この年齢まで生かされたことがありがたく、いささかの悔いもございません。『致知』と出会い、最高に幸せな人生を送らせてもらいました。本当に楽しゅうございました」

締め括《くく》りの言葉に胸が震える。

一読、これは天から『致知』に与えられた勲章だと思った。

「こんな堅い雑誌が読まれるわけはない」。創刊時、『致知』を取り囲んだ批評はこれだった。しかし、

「いつの時代にも、仕事にも人生にも真剣に取り組んでいる人たちがいる。そういう人たちの心の糧になる」

という理念を胸に、愚直に『致知』はその姿勢を貫いてきた。そして二十五年。いま全国に共感の輪が広がっている手応えを感じる。Yさんのお手紙はその象徴のように思われる。二十五年を頑張ってきて本当に良かったと素直に受け止め、Yさんのお気持ちをいまはただありがたく押しいただくばかりである。

思えば、『致知』の二十五年は言葉に支えられた歴史であった。折節に多くの方々から珠玉のような言葉をいただいた。

「一つの雑誌をものにするのは、男子一生の仕事に値する」――ある人のこの言葉に『致知』に携わる若い魂は感奮興起した。

「志ある者は事ついに成る」「最後まで耐え忍ぶ者は救われる」――初めての取材の時、渡部昇一先生が自ら心の支えとしてきた言葉だと教えてくれた箴言《しんげん》に、本誌もまた大きな勇気を得た。

「『致知』は単なる雑誌ではない。人づくりの雑誌だ。人づくりの雑誌ということは国づくりの雑誌だ」――『致知』が未曾有《みぞう》の苦難に直面した時、道標を与えてくださったのは、政治評論家の故伊藤昌哉《まさや》先生だった。

ほかに多くの方々からいただき、力となった言葉は、とてもここに収まりきるものではない。改めて振り返れば、「おかげさま」の一語に集約される二十五年であった。

人間はそれほど強いものではない。逆境に沈めば悩み苦しみ、順境に立てば得意が慢心に流れ、つい傲慢《ごうまん》に陥る。

まったき生き方を貫くには、人は人生を支える言葉、人生に口ずさむ言葉を持つべきである。

あなたの人生を支える言葉、口ずさむ言葉は何だろうか。

仕事と人生

二〇〇三年一一月号

「こんな熱気に満ちた会は初めて。参加者一人ひとりの『致知』に対する愛情がこの熱気を生み出したのだろう」――盛況裡《り》に幕を閉じた『致知』創刊二十五周年記念大会。講師を務めていただいた牛尾治朗氏は感に堪えない様子でこう漏らされた。

　会場を埋め尽くした一千人を超す人たちの熱気に、『致知』の使命を改めて教えられた思いがする。同時に、「持続すること」の大切さを胸に刻んだことだった。

　この二十五年、二つのことを仕事の信条としてきた。

　一つは、「仕事は自分がしているのではない」ということである。いろいろな縁の中でたまたま自分がさせてもらっているのだ。自分ではなく他の人でもよかった仕事を、めぐり合わせの中で自分がさせてもらっているのだ。この仕事をさせていただいていることに感謝し、もっと自分を磨き、高める努力を惜しんではならない――そう自分に言い聞かせてきた。

　もう一つは、能力が乏しいだけに、させてもらう仕事に一所懸命に、一心不乱に打ち込まなければならない、ということである。それによって、天地からたくさんの褒美《ほうび》をもらった、という思いがする。

　中途半端な姿勢でやっていたら、何十年やろうと、人はその仕事から何も得ることはできない、と思う。

　先人たちも同じような言葉を残している。

「どんな仕事でも、それに徹すれば、その仕事を中心に、無限といっていいほど広がっていくものだ」――松下幸之助

「ある一事を通してものの深さを知ることができれば、その目、その頭で万事を考えるようになる。そして、その真実に近づけるのである」――平澤　興《こう》

「どんな一事、一物からでも、それを究尽すれば、必ず真理に近づいていき、ついには宇宙、天、神という問題にぶつかるものだ」
――安岡正篤《まさひろ》

　表現こそ違え、三者の言は通底している。

「仕事に決して手を抜いてはならない」「人生は投じたものしか返ってこない」「成功不成功は能力ではなく、真剣如何《いかん》である」――二十五年、一筋に愚直に仕事に打ち込んできた本誌の実感である。

　仕事と人生は別のものではない。一対である。充実した仕事が充実した人生をつくるのである。仕事を通じて得た悟りは人生を深める道でもあることを、多くの先人の人生は教えてくれている。

　福沢諭吉の言葉が想い起こされる。

「世の中で一番楽しく立派なことは一生涯を貫く仕事を持つことです」

「世の中で一番さびしいことはする仕事がないことです」

読書力

二〇〇三年一二月号

宋学の大儒者・程伊川《ていいせん》にこういう逸話がある。

伊川は讒言《ざんげん》に遭って島流しにされた。十年くらい経《た》って都に帰ってきたが、威風堂々として周囲を圧するような迫力に溢《あふ》れている。

弟子が、「十年も島流しになると普通は憔悴《しょうすい》して見る影もないのに、先生はどうしてそんなに堂々として活力に溢れているのですか」と訊《き》くと、伊川は、「自分はこの十年、真剣に骨身を削って勉強し、『易経』やその他の聖賢の教えに通暁《つうぎょう》した。その学の力だ」――と答えた。

こういう話もある。

西郷隆盛が二度目の島流しで、沖永良部島《おきのえらぶじま》に流された時、西郷は三個の行李《こうり》を持っていった。その中には八百冊の本が入っていた。わずか二、三畳の吹きさらしの獄の中で、西郷はひたすら『言志四録』や『伝習録』などを読み、心魂を練った。

吉田松陰も同様である。松陰は萩の野山獄《のやまごく》に送られた時、在獄一年二か月ほどの間に六百十八冊も本を読み、杉家に移され幽閉された後も、安政三年に五百五冊、翌四年には十一月までに四百九十二冊の聖賢の書を読破している。すさまじいまでの読書である。

彼らは、知識を増やすために本を読んだのではない。心を鍛え、人物を練り上げるために読書したのである。

真剣な読書に沈潜《ちんせん》することがいかに人間に大きな力をもたらすかを、三人の先哲の生き方が例証している。

哲学者の森信三氏は、

「読書は心の食物。肉体を養うために毎日の食事が欠かせないように、心を豊かに養う滋養分として読書は欠かせない」

と常々言っていた。また、

「真の読書は、人がこれまで体験してきた人生体験の内容と意味を照らし出し、統一する光です。私達は平生《へいぜい》読書を怠らぬことによって、常に自分に対する問題を深め、それによって正しい実践のできる人間になることが何より肝要です。

言い換えれば、読書、内観、実践という段階の繰り返しは、人間が進歩、深められてゆくプロセスとも言えます」

碩学《せきがく》・安岡正篤《まさひろ》氏は「人物」を磨くための条件として、次の二つを挙げている。

一、すぐれた人物に私淑《ししゅく》すること。

一、魂のこもったすぐれた書物を読むこと。

いま、子どものみならず大人も本を読まなくなった、と言われている。しかし、読書力の低下はそのまま人間力の低下につながり、国の衰退になりかねないことを私たちは肝に銘じ、その復興に努めなければならない。

「七歳の児童たちの読書量が、将来の世界における英国の位置そのものである」

イギリスのブレア首相の言と聞く。卓見である。

二〇〇四年

一月号～一二月号

人生のテーマ

――二〇〇四年一月号

忘れられない詩がある。十五歳の重度脳性マヒの少年が、その短い生涯の中でたった一篇、命を絞るようにして書き残した詩である。

ごめんなさいね　おかあさん
ごめんなさいね　おかあさん
ぼくが生まれて　ごめんなさい
ぼくを背負う　かあさんの
細いうなじに　ぼくはいう
ぼくさえ　生まれなかったら
かあさんの　しらがもなかったろうね
大きくなった　このぼくを
背負って歩く　悲しさも
「かたわな子だね」とふりかえる
つめたい視線に　泣くことも
ぼくさえ　生まれなかったら

ありがとう　おかあさん
ありがとう　おかあさん
おかあさんが　いるかぎり
ぼくは生きていくのです
脳性マヒを　生きていく
やさしさこそが　大切で
悲しさこそが　美しい
そんな　人の生き方を
教えてくれた　おかあさん
おかあさん
あなたがそこに　いるかぎり

本誌二〇〇二年九月号で向野幾世《こうのいくよ》さんが紹介した詩である。作者は山田康文《やすふみ》くん。生まれた時から全身が不自由、口も利けない。通称やっちゃん。そのやっちゃんを養護学校の先生であった向野さんが抱きしめ、彼の言葉を全身で聞く。向野さんがいう言葉がやっちゃんのいいたい言葉だったら、やっちゃんがウインクでイエスのサイン。ノーの時は舌を出す。気の遠くなるような作業を経て、この詩は生まれた。そしてその二か月後、少年は亡くなった。

自分を生み育ててくれた母親に報いたい。その思いがこの少年の人生のテーマだったといえる。短い生涯ながら少年は見事にそのテーマを生ききり、それを一篇の詩に結晶させて、逝《い》った。

生前、ひと言の言葉も発し得なかった少年が、生涯を懸けてうたいあげた命の絶唱。この詩が私たちに突きつけてくるものは重い。

人は皆、一個の天真《てんしん》を宿してこの世に生まれてくる、という。その一個の天真を深く掘り下げ、高め、仕上げていくことこそ、各人が果たすべき人生のテーマといえるのではないか。

「我行精進《がぎょうしょうじん》、忍終不悔《にんじゅうふげ》」——わが行《ぎょう》は精進《しょうじん》して忍《しの》んで終《つい》に悔《く》いない。『大無量壽経《むりょうじゅきょう》』の言葉である。永遠の人生のテーマがここにある。

一道を行く
―坂村真民の世界―

二〇〇四年二月号

坂村真民先生に「延命の願《がん》」と題する詩がある。

私は延命の願をしました
まず初めは啄木《たくぼく》の年を越えることでした
それを越えることができた時
第二の願をしました
それは子規《しき》の年を越えることでした
それを越えた時
第三の願をしました
お父さん
あなたの年齢を越えることでした
それはわたしの必死の願いでした
ところがそれも越えることができたのです
では第四の願は？
それはお母さん
あなたのお年に達することです
もしそれも越えることができたら
最後の願をしたいのです
それは世尊《せそん》と同じ齢《よわい》まで生きたいことです
これ以上決して願はかけませんから
お守り下さい

啄木二十七、子規三十六、父四十二、母七十二、世尊八十。

小さい時から体が弱く、とても長生きは無理といわれていただけに、「生きる」ことは痛切な先生の願いだった。その最後の願いを遙《はる》かに越え、先生はこの一月六日で九十五歳になられた。

一遍《いっぺん》上人の衣鉢《いはつ》を継ぎ、昭和三十七年、五十三歳から発刊された賦算《ふさん》詩誌『詩国』は、この二月一日号で五百号を数える。

「花は一瞬にして咲かない。大木も一瞬にして大きくはならない。一日一夜の積み重ねの上にその栄光を示すのである」

先生の言葉通り、一歩一歩、一作一作積み重ねた上に咲いた花であり、結んだ実であろう。

この人に詩魂が宿ったのは八歳の時である。

四十二歳の厄を越えられず、小学校校長であった父親が急逝。長男の真民先生を含め五人の幼子を抱え、三十六歳の母親はどん底の生活を余儀なくされた。下二人だけを残し、上三人の子どもは里子に出すようにという祖母の勧めに、母はついに首を縦に振らなかった。その様子を八歳の真民先生は息を詰めてうかがっていた。

極貧の日々の中で、「苦しい辛い」と愚痴をいう代わりに母親がお経のように唱えた言葉――。

「念ずれば花ひらく」

それが先生の背骨となり、一生を貫くテーマになった。

真民先生は〝行〟の人である。九十五歳のいまも起床は午前零時。星の光を浴び、深更《しんこう》の冷気を吸引して詩を書く。

「僕が一番好きなのは午前二時頃。宇宙のあらゆる神さま、善神も悪神も妖神も混沌《こんとん》となって、その時一番エネルギーが強い」

午前三時半、小鳥がチチッと鳴く時間、先生は外に出る。行く先は近くを流れる重信川《しげのぶ》。そこで暁天《ぎょうてん》の祈りをする。

この〝行〟のような生活を九十歳を越すまで、雨の日も風の日も一日も欠かさずに続けてきた。重信川に行くことを除いて、この生活はいまも変わらない。

人は何に命を懸けるかが大事、と真民先生はいう。

「この重信川は昔はよく氾濫《はんらん》して農民を苦しめた。この川の改修に一生を捧《ささ》げたのが足立重信。人は何に命を懸けるか。足立重信は農民を苦しめる川の改修に命を捧げた。自分は人々の心に光を灯《とも》す詩を書くことに一生を捧げる」

真民先生には幾度となく取材させていただいた。あれは先生が間もなく八十歳という頃ではなかったかと思う。取材を終えて雑談に移った時だった。先生がつぶやくようにいわれたのである。

「老人は朝が早いという。あれは嘘《うそ》です。誰だっていくつになろうとゆっくり寝ていたい。だが、安逸《あんいつ》に眠りをむさぼって、人々の心に光を灯す詩が書けますか。創造する人間は絶えず危機の中に身を置いていなければならない」

頭部に一撃を食らったような衝撃を覚えた。

『致知』は創刊の困難を乗り越え、創刊十周年を迎え、目標としていた発行部数を達成した時期であった。切迫した思いに張り詰め、己を鞭《むち》打ち、追い立ててきた日々。だが、それも段落がついた感じで、そろそろリラックスしてもいいか、といった気持ちが兆していた時だったのである。

それだけに真民先生の言葉は脳天に響いた。一瞬に迷妄《めいもう》が吹き払われた。「創造する人間は絶えず危機の中に身を置いていなければならない」――この一語は、以来『致知』を支える〝誌魂〟となった。

「すべてのものは移りゆく。怠らず努めよ」――釈迦《しゃか》の残したこの言葉をそのまま真民先生は歩まれた。その求道の一生、一道精進の人生から私たちが学ぶものは多い。

年頭にふさわしい真民先生の言葉がある。

「新しい年を迎えるには新しい心構えがなくてはならぬ。決して、ただ漫然《まんぜん》と迎えてはならぬ。そして、その心構えは年相応のものでなくてはならぬ。五十代には五十代の心構え、七十代には七十代の心構えが大切である。還暦になったんだから、古《こ》稀《き》になったんだからという妥協は自己を深淵《しんえん》に落ち込ませるだけである」

壁を越える

——二〇〇四年三月号

この人ほど人生の辛酸《しんさん》をなめた人はいまい、と思われる一人に二宮尊徳（幼名金次郎）がいる。

天明七（一七八七）年、相模国栢山村《さがみのくにかやま》（現・神奈川県小田原市）に中農の子として金次郎は生まれた。平穏な暮らしが一変したのは四歳の時だった。関東一円を襲った大暴風雨で酒匂川《さかわ》が氾濫《はんらん》、父の田畑は荒れ地と化し、一家は貧窮《ひんきゅう》のどん底に落ちてしまう。

災難はさらに続いた。その荒れ地開墾《かいこん》の無理がたたり、父は四十七歳で他界した。金次郎、十三歳の時である。そして、その二年後、父の後を追うように、母が急逝する。三十五歳の若さだった。母の死後、弟二人は母の実家へ、金次郎自身は父方の伯父の家へと、一家は離散を余儀なくされる。

伯父の家の野良仕事で働きずくめの毎日。だが注目されるのは、金次郎が学ぶのをやめなかったことである。柴刈りの山への往復さえ『大学』を手放さずに読み続けた。しかし、「百姓に学問は要らない」と伯父は勉学を嫌った。それでも金次郎は深夜に夜着をかぶって行燈《あんどん》の灯を隠し、本を読み続ける。だがそれも見つかって、「油がもったいない」と叱られた。金次郎は友人から借りた一握りの菜種を川土手に蒔《ま》き、収穫した菜種を油に変え、学び続けた。

金次郎が捨てられた稲苗を拾ったのは十六歳の時。それを荒れ地に植えた。秋、一俵の籾《もみ》が穫《と》れた。翌年、一俵の籾は五俵になった。

自然の恵みに人間の勤労を加える営みをこつこつ積み重ねると、大きな成果になる。金次郎は「積小致大」の哲理を貧窮との闘いから会得する。それは至誠、勤労、分度《ぶんど》、推譲《すいじょう》という実践哲学に発展し、金次郎を多くの農民を救う指導者に成長させていった。

立ちはだかった貧窮の壁。それを乗り越えようとする苦闘の中で二宮尊徳という人格は育《はぐく》まれたのである。

形こそ違え、人生の壁は誰の人生にも訪れてくる。

ただ、壁が前に立ちはだかった時に、人が辿《たど》る道は二つに分かれる。一つは壁に敢然と挑み、なんとしても乗り越えていこうとする道、もう一つは壁に圧倒され、萎縮《いしゅく》し、逃避する道である。

この二十五年、『致知』の取材を通して感受したことがある。

それは壁に苦しみ、悩み、傷つき、苦悶《くもん》し、格闘する中で、人は人格を成長させていくということである。壁はその人の能力をさらに高め、魂を磨き、本物の人物にするために、天が与えてくれる試練だということである。

壁に対し、逃げてはならない。壁は私たちが何かを学ぶために、私たちの目の前に現れてくるのだ。そのことを肝に銘じておきたい。

松下幸之助氏の言葉がある。

「人間は自らの一念が後退する時、前に立ちはだかる障害物がものすごく大きく見える。それは動かすことのできない現実と思う……そう思うところに敗北の要因がある」

一念を堅持し続けることである。

修養する

二〇〇四年四月号

中国の古典『大学』は、

修身（身を修める）　斉家（家を斉《ととの》える）

治国（国を治める）　平天下（天下を平らかにする）

を説き、「修身」こそすべての本《もと》であって、その本が乱れては「末《すえ》治まるものはあらず」と断言する。斉家も治国も平天下もすべては修身――自分を作ることが根本である、と教えている。

自分を作る営み。それこそ「修養」にほかならない。

「修養」という言葉を聞いて、本誌がすぐに連想するのは、昨年末に亡くなられた新井正明氏のことである。その生涯は修養の一語に集約される、ということができる。

新井正明氏は大正元年の十二月一日、山口三郎平、たつの五男として群馬県に生まれた。小学六年の時に縁あって南画家新井洞巌の養子となり上京する。一高、東大を経て住友生命に入社したのは昭和十二年。だが、入社九か月で召集を受けソ満国境に出征、ノモンハン事件の戦闘で砲弾をあび、右脚をつけ根のところから切断。以後、隻脚《せっきゃく》の人生を送ることになった。二十六歳で隻脚の身となった新井氏の心中は、なまじの想像など遠く及ばない壮絶なものであったに違いない。

しかし、新井氏の人格陶冶《とうや》の人生はここから始まるのである。

進んで安岡正篤師に親炙《しんしゃ》し、古典の教え、先哲の言葉を心の糧、人生の指針とし、自分を作っていったのだ。新井氏がいかに自己を練ることに腐心したか、その足跡は氏の著『古教、心を照らす』（小社刊）に如実である。

新井氏が生涯愛した言葉がある。

「耳中《じちゅう》、常に耳に逆《さか》うの言を聞き、心中、常に心に払《もと》るの事あれば、わずかにこれ徳に進み、行を修むるの砥石《しせき》なり。もし、言々耳を悦《よろこ》ばし、事々心に快《こころよ》ければ、すなわち此の生を把《と》って鴆毒《ちんどく》の中に埋在《まいざい》せん」

（耳には耳の痛いことばかり、胸には無念なことばかり。それがわが玉を磨く石となる。おだてられたり、いいことばかりではわれとわが身に毒を盛るようなものだ）

この『菜根譚《さいこんたん》』の一節は新井正明氏の人格を研《と》ぐ原石となった。

最後に、新井氏が自らの経営の根幹としていた言葉を紹介したい。

「徳は事業の基《もとい》なり。未《いま》だ基固まらずして、棟宇《とうう》の堅久《けんきゅう》なる者有らず」

（その人の徳は、事業を興し発展させる基礎である。それはたとえば、まだその基礎が固まらないのに、その家屋が堅固で長持ちすることはないようなものである）

徳は天性ではない。修養の中で育《はぐく》まれ培われてくるものであることを、私たちは忘れてはならない。

人間の詩

二〇〇四年五月号

二年前の六月、心臓の手術をした。

ＡＳＤ（心房中隔欠損症）の手術である。手術中数時間、自分の心臓を止めて、人工の心臓で血液を送る。百％生きて帰れる保証はない。手術は成功して、いま、ここにいる。

術後の衰弱した体をベッドに横たえながら思ったことがある。一つは、長い休み、本を読めることを楽しみにたくさんの本を持っていったが、一冊の本も読むことはできなかった。読書するというのはものすごくエネルギーのいることであり、衰弱した体で活字をたどるのは不可能だと、その時、初めて知った。

二つ目は、人間は誰でも、その生涯を通して一篇の詩を書くために生きているのではないか、ということである。理屈などない。ふと、そう思ったのである。

人間は生涯を通して一篇の詩を書くために生きている。逆にいえば、人間は一篇の詩となるような人生を生きなければならない。

死生の淵《ふち》に立った時の実感である。

安岡正篤氏がよくされた話がある。

戦場で第一線から遠ざかった場所では人はつまらない雑誌か小説を読んでいるが、だんだん戦線に近づいてくると、そういう本はバカらしくて読めなくなる。真剣に精神的な書物を読むようになる。本当に生命に響くものを求めるようになる。

「つまり、人間は真剣になると、くだらないもの、浅はかなものは嫌になるのです。本当に命のこもった尊い本でなければ身にこたえない」

人がその「人間の詩《うた》」をうたい始める事情も、このことと無縁ではない。

日常生活のあわただしさに翻弄《ほんろう》されている中で、詩は生まれない。深い人生の喜び、悲しみ、喜怒哀楽のたぎった時に、土中にある種が芽をふくように、詩は心の底から生まれてくるのである。

この二十数年、『致知』のインタビューを通して、感じたことがある。それは、

「人生で真剣勝負した人の言葉は詩人の言葉のように光る」

ということである。人生で真剣勝負をした人の言葉は、その人が詩人でなくとも、その真剣な人生体験に深く根ざした言葉は詩人の言葉のように光り、人々の心を打つのである。

人はその人生を通じて、さまざまな詩をうたっているといった。

あなたはあなたの人生を通じて、どういう詩をうたっているのだろうか。また、どういう詩をうたいたいのだろうか。

たった一人の、たった一度の人生――それにふさわしい面目ある詩を書きたいものである。

進化する

——二〇〇四年六月号

宇宙は百億くらいある。そう聞いて驚いたことがある。われわれの地球があるのはその中の一つ、銀河系という宇宙である。さらに驚くのは、銀河系には太陽が二十億もあるのだという。想像を絶する世界である。

宇宙がビッグバンによってできたと説いたのは、理論物理学者のスティーブン・ホーキング博士である。

「宇宙の一部に無限大の質量と超高温度を持った特異点と呼ばれる点があった。約百五十億年前にこの特異点が爆発を起こした。爆発は偶発的な無秩序のものではなく、高度のソフトとプログラムを持った宇宙意識によって精密な計算と設計によって実行された。爆発によって光子、電子、ニュートリノ、陽子、中性子が生まれ、陽子、中性子、電子から水素、ヘリウム、リチウムなどの単純な構造の原子が作られた。これから約五十億年かかって現在の九十六種の原子ができあがった。原子の組み合わせで分子が作られ、それから約百億年後に恒星、惑星など物質宇宙が完成した。これが宇宙創成の歴史である」

この事実が示すのは、宇宙はその起源からさまざまな異質のものを組み合わせ、絶えざる創造進化を繰り返して今日に至っている、いや、いまなおその過程の中にある、ということである。

宇宙は生きている。宇宙は巨大な生命体なのだ。そう思わないわけにはいかない。

生命は生命を生み出す。宇宙が生み出したあらゆる生命は、進化することを根本原理として、その生命活動を続けているのだ。

進化することこそが生命の本質——宇宙創成の歴史は、そのことを私たちに教えてくれている。

話は変わる。

先日、論語普及会の伊與田覺《いよたさとる》氏から、人間学には三つの学が必要、と聞いた。

「小学」は小人《しょうじん》の学。一般の人が弁《わきま》えておく基本的なこと。「大学」は大人《たいじん》の学。他に影響を及ぼすべき立場の人が学ぶべきこと。

この二者はよく知られているが、もう一つ大事なものに「中学」（『中庸』の学）があるという。中学の「中」には、違ったものを結び合わせるという意味がある。違ったものを結び合わせるところから新しいものを創る——これが「中学」の根本だというのである。

わが意を得た思いがした。「中学」はまさに人間進化の学である。

同質のものを結びつけても進化は起こらない。異質のものを結びつけてこそ進化は起こる。異質の人、異質の体験、異質の環境との出会いによって、人はその人間進化を深めていくことができる。

殷《いん》の湯王《とうおう》の自銘がある。

「苟《まこと》に日に新たに、日々に新たに、又日に新たなり」

日々心を新たに、旧来の陋習《ろうしゅう》を去り、進化していくことは、個人にも組織にも必須の課題である。

熱意・誠意・創意

——二〇〇四年七月号

人が仕事を成就するために欠かせないもの、それが熱意であり、誠意であり、創意である。

熱意のないところには何物も生まれない。熱意、情熱こそ創造の源泉である。物事を創業、創始した人はすべて、ただならぬ情熱の持ち主である。情熱の権化である。例外はない。

松下幸之助氏がこんなことを言っている。

「二階にのぼりたいなあではまだまだだめである。なんとしても二階にのぼりたい。そんな熱意がはしごを生み出す」

「二階にのぼりたいなあ」とは誰もが思う。しかし、その程度の思いでは二階にのぼることはできない。「なんとしても」という熱い思い、たぎるような思いがあって初めて、二階にのぼるためにはこうしたらどうだ、ああしたらどうだと昼も夜も考え詰めることができ、「はしご」という手段、方法に思い至るのである。

この熱意と車の両輪をなすもの、それが誠意である。

人間、情熱だけで突っ走っても、それなりにうまくいくものである。しかし、それはあくまでも一時期である。人間としての誠実さを欠くと、必ずどこかで崩れる。歪《ゆが》んだ結果しか手にできない人生になってしまう。

「誠は扇の要《かなめ》」という。小さな要があることで扇はその形を保つことができる。要を外せばバラバラになってしまう。どんな才能、才覚、情熱があっても、誠実という要がなかったら、その人生は真の結実に至ることはできない。

また、「至誠神の如《ごと》し」ともいう。誠心誠意を尽くす時、人間業《わざ》とは思えない、さながら神の仕業のようなことが出現するというのである。胸に刻むべき人生の法則である。

そして、創意である。絶えず創意工夫する。昨日よりは今日、今日よりは明日と常に前進するために、ああしよう、こうしようと考え続ける。そこに仕事の飛躍が生まれる。

創意のもとになるのは教養である。そこに人が勉強し、幅広い人間的教養を積んでいく意義と必要性があるのである。

数年前になる。長野県小布施の北斎美術館で葛飾北斎《かつしかほくさい》のこんな言葉を見つけた。

「己《おのれ》六才より物の形状を写《うつす》の癖《へき》ありて、
半百の比《ころ》より数々《しばしば》画図を顕《あらわ》すといえども、
七十年前画《えが》く所は実に取《とる》に足《たる》ものなし。
七十三才にして稍《やや》禽獣虫魚《きんじゅうちゅうぎょ》の骨格草木の出生を悟し得たり。
故に八十才にして益々進み、
九十才にして猶《なお》其《その》奥意《おうい》を極め、
一百歳にして正に神妙ならん歟《か》。
百有十歳にして一点一格にして生《いけ》るがごとくならん」

晩年、名を画狂老人卍《まんじ》と改めた達人の人生はそのまま、熱意、誠意、創意の人生であったことをうかがい知るのである。

何のために生きるのか

――二〇〇四年八月号

近江聖人と謳《うた》われる中江藤樹《とうじゅ》にこんな逸話がある。藤樹十一歳の時である。『大学』を読み進み、次の一句に出合った。

「天子より庶人に至るまで、壱是《いっし》に皆《みな》身を脩《おき》むるを以《もっ》て本《もと》と為《な》す」

身を修めることこそ人生の根本――藤樹はこの言葉に深い感動を覚えて涙を流し、衣の袖を濡《ぬ》らしたという。藤樹、十一歳にして「何のために生きるのか」の命題に開眼した瞬間である。


「闘病、投獄、倒産のいずれかを体験しなければ、人間、真の大成は期し難い」――電力の鬼といわれた松永安左エ門の言葉である。人生のギリギリのところを通らなければ、「何のために生きるのか」の解答を骨身に沁《し》みて摑《つか》むことはできない、ということだろう。


本誌に馴染《なじ》みの深い九十五歳になる詩人・坂村真民さんは、

「詩を書くことで自分をつくり上げる」

「人々の心に光を灯《とも》す詩を書く」

ことを自分の「人生の命題」「人生の目的」にしている。


宋の儒学者・張横渠《ちょうおうきょ》にこういう言葉がある。

天地のために心を立つ
生民《せいみん》のために道を立つ
去聖《きょせい》のために絶学《ぜつがく》を継ぐ
万世《ばんせい》のために太平《たいへい》を開く

安岡正篤《まさひろ》氏もお話の中でこの言葉をしばしば紹介されている。

雲霧朦朧《うんむもうろう》たる天地開闢《かいびゃく》の時代から、はかり知れない創造の歩みを続けて、地球が誕生したのが四十五億年前である。そしてなぜか、その地球にだけ水が生まれた。その後十億年を経て、水は地球上に単細胞生命をもたらし、やがて生命は、甲殻《こうかく》類、爬虫《はちゅう》類、哺乳《ほにゅう》類と多彩な展開を遂げていく。その多彩な生命の中で、天は人間にだけ心という世界をひらいた。

その心には厳粛《げんしゅく》、深遠な法則がある。「天地のために心を立つ」とは、天地が創《つく》った心の法則を明らかにするということである。

しかし、多くの人は心に法則があるなどとは知らない。運命のままに生きている。そういう民衆のために心にはこういう法則がある、だから人間はこう生きなければならないということを知らしめていく――それが「生民のために道を立つ」である。

この心の法則を説くのが聖人の学だが、多くはそれを学ぼうとしないから、ともすれば聖人の学は途絶えやすい。途絶えれば人間は堕落する。そうならないよう、「去聖のために絶学を継ぐ」――昔の聖人の学を絶やさぬよう継いでいこう。そして、「万世のために太平を開く」――永遠の平和を実現しよう。

これは横渠自身の人生の命題であると同時に、多くの人にかく人生を生きてもらいたいという願いを込めた言葉でもあろう。

何のために生きるのか。自らに一度は問うておくべき課題である。

恕

二〇〇四年九月号

『論語』は激動する春秋時代末期を生きた孔子と弟子たちの言行録である。約二千五百年を経たいま、『論語』は色褪《あ》せるどころか輝きを増し、人びとを魅了して止まない。人間の本質を鋭く衝《つ》き、生きるべき道を指し示してくれるからにほかならない。

弟子の一人・子貢《しこう》は聡明《そうめい》で才長《た》け、明朗な性格だった。『論語』に頻繁《ひんぱん》に登場し、三十一歳年長の師・孔子に闊達《かったつ》な質問を投げている。孔子もそんな子貢を愛し、「賜《し》（子貢の名）や達なり」とその人物を高く評価していた。弁才豊かな子貢は魯《ろ》や衛《えい》で外交を担い、理財の才もあって晩年の孔子の財政を助けてもいたようである。

孔子が七十四歳で没すると、弟子たちは三年の喪に服した。だが、子貢は喪が明けてもさらに三年、孔子の墓守《はかもり》を続けた。子貢の人柄が窺《うかが》えると同時に、孔子への敬愛の深さが偲《しの》ばれよう。

その子貢がある時、孔子に質問した。

《子貢問ひて曰く、一言《いちげん》にして以て終身之を行ふ可《べ》き者有りやと。子曰く、其《そ》れ恕《じょ》か。己の欲せざる所は、人に施すこと勿《な》かれと》

元京都大学総長の故平澤興《こう》さんはこの一節がお好きだったようで、著作や講演によく引用されている。以下、平澤さんの解釈に従う。

子貢は聞いた。「先生、たった一語で、一生それを守っておれば間違いのない人生が送れる、そういう言葉がありますか」。孔子は「それは恕かな—其恕可《それじょか》」と答える。孔子が「恕なり—其恕也《それじょなり》」と断定せず、「恕か」と曖昧《あいまい》に答えたところに、なんとも味わい深い孔子の人柄を感じる、と平澤さんは述べておられる。

自分がされたくないことは人にしてはならない、それが恕だ、と孔子は説いた。つまりは思いやりということである。

他を受け容れ、認め、許し、その気持ちを思いやる。自分のことと同じように人のことを考える。そのことこそ、人生で一番大切なことだと孔子は教えたのである。

天文十八（一五四九）年、キリスト教伝道のために鹿児島に上陸したフランシスコ・ザビエルは、「真に優れた人たちに初めて出会った」と本国のイエズス会に報告書を送った。

明治二十三（一八九〇）年、民族学研究のため来日、松江中学の英語教師になったラフカディオ・ハーンは、朝日を礼拝する庶民の姿に感動し、「こんな素晴らしい民族はない」と日本人小泉八雲になることを決意した。

遥《はる》かな国からやってきた人たちの心を揺さぶった当時の日本人の姿には、根底に温かい「恕」があったからではなかろうか。

「もの盛んなれば心失う」という。いま、人間の欲望享楽《きょうらく》を満たす手段はかつてないほどに繁栄した。それに比例するように、自分さえよければいい、いまさえよければいいという風潮が世に蔓延《まんえん》しつつある。

私たちはいまこそ、かつての日本人が備えていた美質を努めて涵養《かんよう》していかなければならない。豊かな後世のために——。

わが心の先師先賢――二〇〇四年一〇月号

吉田良次さんは兵庫・伊丹《いたみ》の農家の後継ぎに生まれた。

安岡正篤《まさひろ》師に出会ったのは昭和二十四年、十八歳の時である。

「自分の人生は一介の農民としてこのまま終わっていいのか」

――その煩悶《はんもん》が師の門を叩《たた》かせたのである。

以来、吉田さんは農業に勤《いそ》しむかたわら安岡師に親炙《しんしゃ》し、古今の聖賢の教えを学ぶ道に入った。

吉田さんの非凡な点は、その学びをわが身のみに止《とど》めなかったところにある。自分が培ったものを少しでも後世にと、自宅の納屋を改築し、「丹養《たんよう》塾幼児園」という保育園を開設、古典の徹底した素読《そどく》教育を実践したのである。

二歳から六歳まで、園児は常時二十人ほど。吉田さんは自分が感動をもって学んだ古典の言葉をそのまま教えた。

子どもたちの一日は、朝三十分の〝勤行《ごんぎょう》〟から始まる。「禊祓詞《みそぎはらいのことば》」「修証義《しゅしょうぎ》第四章・発願利生《ほつがんりしょう》」「般若心経《はんにゃしんぎょう》」、それに本居宣長などの「和歌」、三輪執斎《しっさい》の「憤」などを唱和するのである。

意味を教えたりはしない。解説を加えることもない。吉田さんが先頭に立ってとにかく朗誦《ろうしょう》する。子どもたちが後について和する。

この繰り返しが驚くべき力を発揮した。一年もしないうちにどの子も古今の名言をすらすらと朗誦するようになったのだ。それだけではない。新しく入ってきた子は年上の子に倣《なら》って朗誦するようになる。そして、いつか漢字まじりの原文を読み、書き、意味を理解するようになっていくのだ。

平成十五年十一月二十日、吉田さんは亡くなられた。

葬儀では園児を代表して六歳の吉田歩未《あゆみ》ちゃんが「お別れの言葉」を読んだ。

その原文がある。筆跡は六歳児らしくたどたどしい。だが、漢字仮名まじりで書かれたその文章は、誰に教えられたのでもない。紛れもなく六歳の子どもが自分で考え、自分の手で書いたものなのだ。

そのまま引用する。

お別れの言葉

園長先生、歩未の声が聞こえますか。

二歳十か月の時、丹養塾幼児園に入園してから、漢字、算盤《そろばん》、諺《ことわざ》、俳句、花園文庫、伝記、少年日本史朗誦選集など、園長先生には沢山の事を教へて頂きました。毎日一所懸命勉強して南宋の文天祥《ぶんてんしょう》の正氣歌《せいきのうた》を暗誦できるやうになった時も、算盤の大会でトロフィーを貰《もら》って来た時も、園長先生はとても喜んで褒《ほ》めて下さいました。

それから園長先生は色々な所に連れて行って下さいました。北海道巡歴研修でクラーク博士の像の前で「青年と大志」を朗誦した事、青森駅のデパートの軒先で野宿をした事、北陸巡歴研修で、永平寺で座禅をした事、橋本左内の銅像の前で啓発録《けいはつろく》を読んだ事、沢山の楽しい思ひ出があります。他にも、親子教室甲山の遠足、運動会、お餅搗《つ》き、立志集、卒園式、小音楽会、桃太郎の劇など園長先生に教へて頂いた素晴らしい思ひ出が沢山出来ました。

これから園長先生は天国へ行って、私達の事を見守っていて下さい。私達は、園長先生に教へて頂いた事をいつまでも忘れず深くさぐって強く引き出す人になります。天から受けたものを天にむくゆる人になります。そして、この世に役立つ人になります。園長先生、ありがとうございました。

平成十五年十一月二十三日

園児代表　吉田　歩未

吉田良次さんにとって、安岡正篤師はまたとない「わが心の先師先賢」であった。同時に園児たちにとって吉田さんは、かけがえのない先師先賢であったのである。この歩未ちゃんの六歳児とはとても信じられないような格調高い一文が、余すところなくそのことを示している。

良き師を得、良き先達にめぐり会い、学び得た者の豊饒《ほうじょう》をここに見る思いがする。

『荀子《じゅんし》』はいう。

人に三不祥《ふしょう》あり。
幼にして長に事《つか》ふるを肯《がえ》んぜず。
賤《せん》にして貴に事ふるを肯んぜず。
不肖にして賢に事ふるを肯んぜず。

（人に三つのよくないことがある。幼いのに年長の人につかえようとせず、卑賤《ひせん》なのに貴い人につかえようとせず、愚かなのに賢者につかえようとしない。）

仰ぐべき師を持たぬ人生は大きな不幸であることを、先哲の言葉は教えている。

先師先賢に学ぶ道を歩みたいものである。

喜怒哀楽の人間学

——二〇〇四年一一月号

少年は両親の愛情をいっぱいに受けて育てられた。殊《こと》に母親の溺《でき》愛《あい》は近所の物笑いの種になるほどだった。

その母親が姿を消した。庭に造られた粗末な離れ。そこに籠《こ》もったのである。結核を病んだのだった。近寄るなと周りは注意したが、母恋しさに少年は離れに近寄らずにはいられなかった。

しかし、母親は一変していた。少年を見ると、ありったけの罵声《ばせい》を浴びせた。コップ、お盆、手鏡と手当たり次第に投げつける。青ざめた顔。長く乱れた髪。荒れ狂う姿は鬼だった。少年は次第に母を憎悪するようになった。哀《かな》しみに彩られた憎悪だった。

少年六歳の誕生日に母は逝《い》った。「お母さんにお花を」と勧める家政婦のオバサンに、少年は全身で逆らい、決して柩《ひつぎ》の中を見ようとはしなかった。

父は再婚した。少年は新しい母に愛されようとした。だが、だめだった。父と義母の間に子どもが生まれ、少年はのけ者になる。

少年が九歳になって程なく、父が亡くなった。やはり結核だった。その頃から少年の家出が始まる。公園やお寺が寝場所だった。公衆電話のボックスで体を二つ折りにして寝たこともある。そのたびに警察に保護された。何度目かの家出の時、義母は父が残したものを処分し、家をたたんで蒸発した。

それからの少年は施設を転々とするようになる。

十三歳の時だった。少年は知多半島の少年院にいた。もういっぱしの「札付き」だった。

ある日、少年に奇蹟《きせき》の面会者が現れた。泣いて少年に柩の中の母を見せようとしたあの家政婦のオバサンだった。オバサンはなぜ母が鬼になったのかを話した。死の床で母はオバサンに言ったのだ。

「私は間もなく死にます。あの子は母親を失うのです。幼い子が母と別れて悲しむのは、優しく愛された記憶があるからです。憎らしい母なら死んでも悲しまないでしょう。あの子が新しいお母さんに可愛《かわい》がってもらうためには、死んだ母親なんか憎ませておいたほうがいいのです。そのほうがあの子は幸せになれるのです」

少年は話を聞いて呆然《ぼうぜん》とした。自分はこんなに愛されていたのか。涙がとめどもなくこぼれ落ちた。札付きが立ち直ったのはそれからである。

作家・西村滋《しげる》さんの少年期の話である。

喜怒哀楽に満ちているのが人生である。喜怒哀楽に彩られたことが次々に起こるのが人生である。だが、その表面だけを掬《すく》い取り、手放しで受け止めてはなるまい。喜怒哀楽の向こうにあるものに思いを馳《は》せつつ、人生を歩みたいものである。その時、人生は一層の深みを増すだろう。われわれが人間学を学ぶ所以《ゆえん》もそこにある。

中江藤樹《とうじゅ》の言葉がある。

「順境に居ても安んじ、逆境に居《い》ても安んじ、常に担蕩々《たんとうとう》として苦しめる処《ところ》なし。これを真楽《しんらく》というなり。萬《よろず》の苦を離れてこの真楽を得るを学問のめあてとす」

徳をつくる

二〇〇四年一二月号

こういう話を聞いて慄然《りつぜん》としたことがある。アメリカの家系調査報告に残る記録である。

ジュークは一七二〇年ニューヨーク州に生まれた。怠惰な無頼漢であった。一八七七年の調査では、彼の家系は六代を経る中で約千二百人の怠け者、背徳漢、漁色《ぎょしょく》、貧窮、病弱、知的障害、精神病者、犯罪者が生まれた。この間、三百人が嬰児《えいじ》期に死亡、四百四十人が病的な行為で肉体的に破滅、前科者は百三十人で、六十人が窃盗、七人が殺人。手に職をつけたのはわずか二十人だった。

ジュークと同年代に生まれたJ・エドワードは代表的清教徒で神学者。一九〇〇年に彼の家系は千三百九十四人を数えた。そのうち三人が大学総長、六十五人が大学教授および学校長、百人以上が牧師や神学者、七十五人が陸海軍将校、法律家は百人以上、公職についた八十人の中には副大統領が一人、上院議員が三人、ほかに知事、下院議員、市長、公使などがいる。十五の鉄道、多数の銀行、保険会社、産業会社などがこの家系の人々によって運営されていた。

一人の人間の徳の有無がいかに大きな影響を及ぼすか。私たちは胆《きも》に銘じなければならない。

安岡正篤《まさひろ》師はその著書『人物を修める』で、人間を人間たらしめる要素には本質的要素と付属的要素がある、と説いている。本質的要素とは徳性であり、徳性とは明るさ、清さ、人を愛する、尽くす、恩に報いる、誠実、正直、勤勉、などの貴《とうと》い心の働きのことである。それに対して、知識、知能、技能などは徳性の発露を助ける付属的要素である。しかし、徳の本質的要素が欠如したり希薄に傾けば、付属的要素は偽や奸《かん》や邪《じゃ》に陥る、と教えている。

天地の大徳を生という、と『易経』はいう。人は天から徳を授かってこの世に生まれる。人は誰でも有徳の子なのである。だが、耕されない沃野《よくや》が荒野と化すように、陶冶《とうや》がなければ徳は乾涸《ひから》び、涵養《かんよう》されない。常につくり続けなければ、徳は育たないのだ。

では、いかにして徳をつくるか。

田舞徳太郎氏がその近著『人財育成のすすめ』で三項目を挙げている。①熱意（自分を磨こう、人の役に立とう、立派な会社をつくろう、といった熱い意志）、②知識（いくら熱意があっても知識を磨かない者は仕事を全うすることも人間的に成長することもできない）、③場を生かす（与えられた場でベストを尽くす）がそれである。この三項目の実践によって徳はつくられる、というのだ。至言であろう。

これにあえて付言すれば、「倹以《もっ》て徳を養う」の一語だろうか。「倹」は単にムダ使いをしないということのみではない。慎むということだ。「倹」は「謙」である。傲慢《ごうまん》こそは徳を害《そこな》う最大なるものであることを私たちは忘れてはならない。

二〇〇五年

一月号〜一二月号

過去が咲いている今　未来の蕾で一杯な今——

二〇〇五年一月号

青年は地方から東京の大学の英文科に入った。同級生の誰よりも貧しかった。アルバイトも考えたが、本を読み、語学をマスターする時間が惜しくてアルバイトをする気にはならなかった。

残された道は徹底的に節約して、育英会の奨学金のみで生活すること。煙草は吸わない。喫茶店には入らない。映画は見ない。靴はバザーで中古を一足だけ買った。教授の家を訪問する時のためである。普段はもっぱら運動靴。靴下も一足のみ。運動靴の時は靴下を履かなかった――このようにして一足の靴と靴下を四年もたせ、卒業生総代の答辞を読んだ。

渡部昇一氏の若かりし頃の姿である。その「過去」が渡部氏のその時その時の「今」となって咲いた。「過去」の結晶である「今」が「未来」に向かっての蕾《つぼみ》となり、さらに花開いていったのだ。

話は飛ぶ。つい最近のことである。

電車でひと組の父子と乗り合わせた。父親は四十歳ぐらい。気のよさそうなサラリーマン風。子どもは小学五、六年生といったところか。父親は本を見せながら、しきりに子どもに話しかけていた。一見、仲睦《むつ》まじい親子に見えた。しかし、何気なくその子どもの顔を見て愕然《がくぜん》とした。不貞腐《ふて》れたような、父親を侮蔑《ぶべつ》したような、なんとも形容し難い目で父親に対していた。

それでも父親は微笑《ほほえ》みながら本を指差し、話しかけていた。すると、子どもが「もう死んだ!」と吐き捨てるように言ったのである。

自分はもう死んだのだから話しかけるな、黙っていろ、ということらしい。こちらの胸まで凍りつくようなひと言だった。さすがに父親も青ざめ、押し黙った。

この父子にも子が父を慕い、父が子をあやす微笑ましい時期があっただろう。その関係が一体いつ壊れたのか……。母親の父親に対する態度をそのまま子どもは受け継ぐという。もしそうなら、この子の父親への態度には母親のそれが投影しているのかもしれない。

いずれにしても、この父子の関係は一朝一夕にできたものではない。長い年月を経て、徐々に形成されたことは確かである。

過去が咲いている今
未来の蕾で一杯な今

陶芸家・河井寛次郎の言葉である。

なんと美しい言葉だろう。なんと人に勇気と希望を与える言葉だろう。しかし、この言葉は「いまをどう生きているか」について、私たちに内省を促す言葉であることも見逃してはならない。

いみじくも、二人の聖人の言葉がある。

いまのあなたがいまのあなたの運命にふさわしい――釈迦《しゃか》

あなたの行動はあなたの未来の予言者――キリスト

あなたはいま何を考え、どういう習慣を持ち、どういう行動をしているか――その「今」を自らに問うていきたい。

創業の精神

二〇〇五年二月号

一つの事業を起こす。創業という。

一つの道を切り開く。創始という。

「創」には「傷をつける」という意味がある。辛苦、辛酸なくして創業は成し得ないということである。


創業の精神とは何か。本誌が取材を通して出会った人たちの姿から三つの要素が浮かんでくる。

その第一は「必死」の精神である。死に物狂いである。寝ても覚めても考えるのは仕事。仕事と心中するくらいの愛情と努力を仕事に注ぐ。必死に努力することを厭《いと》わない。楽しむ。いや、楽しむ気持ちを超えている。没我である。仕事と一体になっている。そういう日々の繰り返しの中で何かを会得し、創業者魂を鍛えていく。


京セラを創業したばかりの頃、稲盛和夫氏は若い社員たちと、京都一、いや日本一の会社にしようという目標を立て、会社に泊まり込みで仕事をした。全員が燃えていた。だが、一か月もすると社員が、「稲盛さん、こんなことを続けていたら体がへばってしまう。そろそろペースダウンしましょう」と言ってきた。当時、稲盛氏は二十七、八歳。氏は同調しそうになる自分を励まして言った。

「みんな、エネルギー転位の法則を知っているか。エネルギーは一定のところでは安定している。だが、一つ上の段階にいくには、ものすごいエネルギーが要るんだ。ボロ会社が立派な会社になるには並《なみ》のエネルギーではだめなんだ。ペースダウンしたらボロ会社のままだ。な、だから頑張ろう」

稲盛氏は社員を鼓舞し、先頭に立って走り続けた。以来四十五年、その姿勢は習い性となり、京セラのDNAとなって定着した。


第二の要素は、危機感、緊張感を失わないことである。危機感、緊張感をなくした時、あらゆる生命は弛緩《しかん》し、油断を生じ、衰退に向かう。企業もまた同じである。すぐれたリーダーはどんな好調時にも危機感、緊張感を失わない人である。

「すべての仕事において、創業期の精神が失《う》せてしまうことがもっとも危険である。創業の精神とは緊張の精神である」――花王の基礎を築いた二代目社長、長瀬富郎《とみろう》氏の名言である。花王の二十三期連続増益の実績は、この言葉が体質になって生まれたのだろう。


第三の要素は、先祖への感謝である。自分を生み出したもの、縁を紡ぎしものへの感謝を忘れない。この心を失った時、天は大きなしっぺ返しを下すことを、真のリーダーは本能的に知っている。

晩年の松下幸之助氏は、「感謝と畏《おそ》れを忘れるな」とよく言ったという。

人生には人知をはるかに超えた働きがある。その目に見えないものに対する畏敬《いけい》の念を失った時、何が起こるか。その恐ろしさを熟知した人ならではの、人生の急所を衝《つ》いた言葉である。

運命をひらく

二〇〇五年三月号

過日、古い友人に頼まれ、ある大学で学生に話す機会があった。教授に伴われて教室に入った途端、唖然《あぜん》とした。百人ほど入れる教室。前方はほとんど空席で、五十人ほどが後方に固まっている。それもジュースを飲んだり食べ物を頬張《ほおば》ったり。教授の姿を認めても様子に変化はない。挨拶するでなし、私語がとめどもない。

正直、これが大学生かと思った。そこには授業に向かう緊張感も講義に対する好奇心も、いささかも感じられない。どんよりした倦《けん》怠《たい》感が漂うばかりである。

まず前方の席に詰めてもらった。きびきび移る学生は一人もいない。口にこそ出さないが、迷惑げな気配がありありである。若者たちがよく口にする「かったるい」とはこのことかと思った。

その時点で、準備していったすべてを話すことは放棄した。話題を絞り、質問を発し、感想文を書いてもらい、拙《つたな》いなりに関心を引くように努めて一時間半の責任を果たした。

帰途、電車の中で彼らの感想文を読んだ。おや、と思った。当方の伝えたかったことをそれぞれが真剣に受け止めていた。教室をおおっていた倦怠感とこの感想文の落差は意外だった。

思うに、彼らも立派な感受性を備えているのだと思う。ただ、心をコップに例えれば、心のコップがきちんと立っていないのだ。心のコップが倒れたり引っくり返ったりしていては、いくら水を注いでもこぼれるばかりである。彼らは心のコップが立たないまま、二十歳近くまで人生を歩んでしまったのではないか。焦点の定まらない生き方を心から惜しいと思った。

運命とは定まっているものではない。自ら運び、ひらいていくものである。そのためには心のコップを立てなければならない。それをなすのが教育である。教育は心のコップを立てることから始まるといっても過言ではない。

まず心のコップを立てる——運命をひらく第一条件である。

第二の条件は、決意すること。小さなことでいい。小さなよきことを決意する。そこから運命の歯車は回転していく。

そして決意したら、それを持続すること。花は一瞬にして咲かない。木も瞬時には実を結ばない。自明の理である。

次に、「敬するもの」を持つこと。「敬するもの」とは人が心の中に持った太陽である。すべての生命は太陽に向かって成長する。心もまた敬するものを持つ時、それに向かって成長する。

最後に、「縁」を大事にすること。縁を疎《おろそ》かにして大成した人は一人もいない。

「不幸の三定義」というのがある。脳力開発の第一人者・西田文郎氏から聞いた。

一、決して素直に「ありがとう」といわない人
一、「ありがとう」といっても、恩返しをしない人
一、「ありがとう」と唱えただけで恩返しはできたと思っている人

縁のある人に、この逆のことを心がけていくところに、運命をひらく道がある。心したいことである。

極める

二〇〇五年四月号

「苦抜け法」と題された一文がある。

「およそ事にあたりて苦しく思ふは下手の証拠なり。度重なる毎《ごと》に苦次第にぬけさり、面白味忽然《こつぜん》と湧《わ》かむ、是上手《これじょうず》になりし証拠なり。故に苦、いよいよ激しくなる時は大願成就《たいがんじょうじゅ》、時節到来《じせつとうらい》の数分前なる事を知り、大死一番勇を鼓《こ》して進め。苦とは何ぞ、来《きた》れ汝《なんじ》に告げむ。苦とは外にあらずして内にあり。自ら苦しと思ふが苦なり。
面白味でてこそものも上手なれ　働いてみよ苦にならぬまで」

出典は分からない。若い頃心に残り、メモしておいたものだ。江戸末期か明治期のものと思われるが、一つの域を極めた人の腰の据わった心境が、ずしりとした手応えとなって伝わってくる言葉である。「極める」を手もとの辞書で引くと、「果てまで行く」「極限に達する」などとある。

山を極める人がいる。道を極める人がいる。人間を、人生を極める人がいる。極める人は一様にこの「苦抜け法」を体得した人といえるかもしれない。

折しも去る二月十三日、昇地《しょうち》三郎さんが「100歳児世界一周出発記念講演会」なる催しを福岡で開催した。約一時間余、昇地さんは朗々としたお声でわが人生、わが哲学を語り、満席の会場を感動の渦に巻き込んだ。

昇地さんにお会いして驚くのは、どこまでも突き抜けた楽天性でありユーモア精神である。しかし、この人の人生は、決して平坦《へいたん》なものではなかった。

昭和九年に結婚された昇地さんは、二人の男児と一人の女児に恵まれた。だが、二人の男のお子さんは脳性小児麻痺《まひ》の障害を背負う身だった。そのことが昇地さんの方向を定める。知的障害児の施設「しいのみ学園」を開設、特殊教育に挺身《ていしん》するのである。

しかし、老年に至って悲しみが次々と襲いかかる。ご長男が亡くなられたのは七十歳の時。その後、平成九年、九十一歳で夫人を、九十六歳でご次男を、さらにしいのみ学園の事務方を担い、昇地さんが片腕と頼りにされていたご長女を九十七歳で失われる。打ちひしがれ、すべてを断念したとしても不思議はない。

だが、百歳を迎える今、昇地さんは自分の下着は自分で洗濯され、寝室の壁に掲げた亡きご家族の遺影の前に一枚一枚干しながら、呼びかけるのである。「お父さんはきょうも元気だぞ」と。そして、現役でしいのみ学園長を務め、著作『ただいま100歳――今からでも遅くはない』を出版、世界一周の講演旅行に旅立とうとされている。昇地さんはまさに人間を、人生を極めた人である。

その昇地さんの各世代に贈る言葉がいい。特に七十代以降の人へのメッセージには、目をみはる。

七十代＝屈してはならない
八十代＝駄目だと思ったら駄目になる
九十代＝今からでも遅くはない
百代＝Go ahead!　前進せよ

極めた人の言葉をわが人生の糧としたい。

母の力

二〇〇五年五月号

大正から昭和にかけ、熱烈な説教講演で多くの信奉者を集めた真宗大谷派の僧・暁烏敏《あけがらすはや》の短歌がある。

十億の人に十億の母あらむも
　わが母にまさる母ありなむや

十億の人に十億の母がいる。中には立派な母、優れた母もたくさんいるだろう。だが、自分にとっては自分の母こそが最高の母だ、というのである。
この素朴な母への讃美《さんび》には、共感を覚える人が多いに違いない。

生後小児麻痺《まひ》を患い、不自由な身体になった詩画家のはらみちをさんは、母に背負われて小学校を卒業した。そのはらさんの作品の一つに、「どしゃぶりの中を」と題する詩がある。

どしゃぶりの中を
母は僕を背負って走った
母の乳房がゆれ
僕は背中でバウンドした

どしゃぶりの中を
母は僕を背負って走った
母の白いうなじに雨と
僕の泪《なみだ》が流れた

どしゃぶりの中を
母は僕を背負って走った
いくら走っても遠いのに
僕はぬれたって平気なのに

どしゃぶりの中を
母は僕を背負って走った
火を吐く山の機関車のように
母の力がばくはつした

もう一つ、詩を掲げる。サトウハチローの「母の日記をよみました」である。

母の日記をよみました
——悲しきことのみ多かりき
　されど　よろこびの日もありき——

そのよろこびの日もありきという文字が
太く強くしるされているのが
かえってボクには
かなしくて　かなしくて……

多言は要すまい。子を思う母の力強い愛。その愛を感じ、母の喜怒哀楽に触れて人は人生を確立していく。

母に愛された記憶こそ、一人ひとりの生きる力の根源である。その母の力こそ、ひいては日本という国を支えた根本である。そう思わないわけにはいかない。

近年、母の力の衰えが感じられてならない。虐待、養育放棄、果ては子殺し。頻出する事件はその突出した表れのようである。かつて児童福祉施設は親を失い、寄る辺ない子どものための施設だった。だがいまでは、虐待する親から子どもを引き離し、守るための施設と化しているという現実が、母の力の衰えを端的に示している。

規範を失い、混乱する現代の世相の根本にあるものは、母の力の衰弱と無関係ではない。母の力の覚《かく》醒《せい》が求められてならない。

十三歳の愛娘めぐみさんを北朝鮮に拉致されて二十八年、その奪還《だっかん》に奔走《ほんそう》する横田早紀江《さきえ》さんに特集にご登場いただいた。

「めぐみは必ず取り戻します。そして、日本を凛《りん》とした国にします。私はそれに命を懸けているのです」

毅然《きぜん》とした声が耳元に響いている。母の力は死んではいない。

活力を創る

二〇〇五年六月号

過日、村井勉《つとむ》さんの米寿《べいじゅ》を祝う会があった。危機に瀕《ひん》した企業を見事再建した経営者として、村井さんを知る人は少なくないだろう。

村井さんが住友銀行常務から東洋工業（現マツダ）副社長に転じたのは昭和五十一年、五十七歳の時だった。初めて出社した村井さんを迎えたのは、約一万人の労組員が叫ぶ「銀行屋が何しにきた」「帰れ！」のシュプレヒコールだったという。村井さんは現場主義である。現場を回って虚心に従業員と話し合い、人心掌握《しょうあく》に努めた。製造部門の五千人をセールスに回すという改革も断行した。その中から醸成された社員のやる気が、ファミリアというヒットの誕生に結びついた。東洋工業が甦《よみがえ》ったのは四年後のことである。

その二年後の昭和五十七年、今度はアサヒビール社長に就任する。当時のアサヒビールは三十六％あったシェアを十％近くまで落とし、どん底にあった。開発は営業の努力不足を、営業は開発の商品開発力のなさを互いに責めなじり合う空気が蔓延《まんえん》していた。

ここでも村井さんは現場主義を貫く。約八百店ある特約店を残らず訪問した。社内では開発と営業の垣根を取り払って開発プロジェクトを結成。またミドルクラスの社員を対象に読書会を開いた。そこで村井さんが説き続けたのは、「企業は常勝集団たれ」「情熱を持ち続けよ」「努力は必ず誰かが見ている」の三点だった。

感奮した社員の活力が空前のヒットとなるアサヒスーパードライを生み出す。だが、開発済みのこの商品を村井さんは、後を継いだ同じ住友銀行出身の樋口廣太郎《ひぐちこうたろう》さんの登場に合わせて発売、新社長誕生と共に上昇の軌道に乗せる路線を敷いたのである。

その二か月後の昭和六十二年、村井さんは民営化したばかりのJR西日本会長に就く。ここでも現場主義だった。駅々を巡り、汚れたトイレや接客業とは思えない駅員の態度など旧弊《きゅうへい》に染まった状態に接し、村井さんは「私たち全員が新入社員である。過去を断ち切って新しい社風をつくろう」と全社に呼びかけ、企業理念の策定に全力を傾ける。「運輸業ではなく総合サービス業」「お客様と感動を共有する企業」への脱皮である。ここでもミドルクラスを対象に読書会を開き、それを軸に企業理念の浸透を図る。数字に表れる業績の向上に社内は活力に溢《あふ》れていった。

企業再建を果たした名経営者は多い。しかし三社ともなると、稀《け》有《う》と言う外はない。村井さんは活力づくりの名手というべきだろう。

①起業家精神を持たせる。②情報に対する鋭い感性を涵養《かんよう》する。③自分は企業躍進の原動力という自覚を持たせる。この三点を核にして三十五歳を中心としたミドルクラスをチェンジリーダーへ変えていくのが活性化のポイントだった、と村井さんは言う。

同時に、自らに向かって問い続けたともいう。

「いまという環境をあなたは一所懸命に生きているか」

「あなたはどれだけの情熱を持って生きているか」――と。

このシンプルな言葉にこそ、活力創造の源泉があることを私たちは胆《きも》に銘じなければならない。

教育維新

二〇〇五年七月号

二十数年前、政治評論家の故藤原弘達《ひろたつ》さんが言っていた言葉を、最近よく思い出す。それは「このままいったら、日本はアメリカ合衆国の州の一つになってしまう」という言葉である。当時は何気なく聞いていたが、いまその言葉は、切実な実感をもって迫ってくる。

万延元（一八六〇）年、徳川幕府は日米修好通商条約批准のため、約八十名の武士を使節団としてアメリカに派遣した。一行はワシントンで大統領に謁見《えっけん》した後、ニューヨークのブロードウェイを行進した。見物に集まった群衆の中に詩人のホイットマンがいた。彼はこみ上げる興奮を抑えかね、一編の詩を書き綴《つづ》った。

西の海を越えて遙《はる》か日本から渡来した、
頬《ほお》が日焼けし、刀を二本手挟《たばさ》んだ礼儀正しい使節たち、
無蓋《むがい》の馬車に身をゆだね、無帽のまま、動ずることなく、
きょうマンハッタンの街頭をゆく。

立ち居振る舞いだけで詩人の魂を感動に揺さぶらずにはおかない、毅然《きぜん》とした威厳、気品が当時の日本人にはあったのである。

大正十二（一九二三）年、招かれて来日したアインシュタインは、四十三日間滞在し各地を回った。そしてこの偉大な科学者は日本文明に深く感動し、次の言葉を残したと伝えられる。

「近代日本の発展ほど世界を驚かせたものはない。一系の天皇を戴《いただ》いていることが今日の日本をあらしめたのである。私はこのような尊い国が世界に一か所ぐらいなくてはならないと考えていた。世界の未来は進むだけ進み、その間幾度か争いが繰り返されて、最後は戦いに疲れるときが来る。そのとき人類は、真の平和を求めて、世界的な盟主をあげねばならない。この世界の盟主は武力や金力ではなく、あらゆる国の歴史を抜きこえた最も古くてまた尊い家柄でなくてはならぬ。世界の文化はアジアに始まってアジアに帰る。それにはアジアの高峰、日本に立ち戻らねばならない。我々は神に感謝する。我々に日本という尊い国をつくっておいてくれたことを」

かつて日本は東洋の君子国と言われた。そのことを彷彿《ほうふつ》させる二人の言葉であり、事例である。

その日本がいま危機に瀕《ひん》している。その最大の要因は教育の荒廃にある。教育を早急に立て直さなければならない。

吉田松陰は「それ学は、人の人たる所以《ゆえん》を学ぶ」と言った。人の人たる所以は徳性と知識技能に集約される。徳性を修めるのが人間学であり、知識技能を身につけるのが時務《じむ》の学である。

ものには本末がある。木は根が本であり、幹や枝が末である。人間の本は徳性であり、末が知識技能である。徳を修めるのを本学といい、知識技能を学ぶのを末学というのは、このことを示している。

敗戦後六十年、日本人は本学を忘れ、末学一辺倒で走ってきたのではなかったか。その禍根がいま如実に表れているというべきだろう。末学は大事である。だが、本学あっての末学であることを知らなければならない――教育を維新する時はきた。

※当時、アインシュタインのものと考えられていた言葉は、現在ではドイツの国法学者・シュタインの言葉といわれているが、本書の性質上、原文のままで収録した。

彊めて息まず

——二〇〇五年八月号

オーストラリアのエアーズロックは高さ三百四十八メートル、周囲九・四キロの巨大な一枚岩でできており、朝に夕に色合いを変える神秘的な景観は広く知られている。

十年以上も前になる。このエアーズロックに登った。その折受けた鮮烈な印象が、いまも胸の奥に焼き付いている。

岩につけられた道を辿《たど》って登る途中だった。ふと見ると、傍《かたわ》らに小さな花が一輪、咲いていたのである。美しかった。なんという花なのかは知らない。種が鳥に運ばれたものか、風に乗ってきたものか、僅《わず》か二、三ミリの岩の割れ目から細い茎を懸命に伸ばし、小さな花弁を精一杯広げていた。

あたりは乾燥地帯で空気は乾ききっている。かんかん照りの日差しが容赦《ようしゃ》なく降り注ぐ。そして岩の地肌。植物の生育にこれ以上の悪環境はあるまい。たとえ小さくともか細くとも、そこに花が咲いていること自体が奇跡的である。

もっといい環境で、肥沃《ひよく》な土壌に根を下ろし、湿り気をたっぷり吸収して育ちたかった――この花はそんなふうに思ったことがあるだろうか、と考えた。だが、花は答えてくれない。環境がよかろうが悪かろうが、与えられた条件を最大限に生かし、ただただ懸命に茎を伸ばし、精一杯に花弁を咲かせて、自分に与えられた命をひたすら謳歌《おうか》していた。

与えられた環境の中でひたすら生きるものは美しい。私は命の本質に触れた気がして、こみ上げる感動にしばしわれを忘れた。

『易経』にいう。

「天行は健なり
君子は自ら彊《つと》めて息《や》まず」

天の運行は一瞬も休まず、止まることがない。日月の運動も春夏秋冬のめぐりも、すべてそうである。気分が乗るとか乗らないとか、暑いとか寒いとか、都合があるとかないとかで滞ったりはしない。粛々《しゅくしゅく》とただひたすらに運行する。

この天地の大徳の現れである人間もまた、そうでなければならない。環境がどうだろうと条件がなんだろうと、天の運行のように、自ら彊めて息まず与えられた命をひたすらに生きる。それが命の本質であり、命を躍動させて生ききることなのである。

これは天が人間に託した根源的メッセージであると思う。

エアーズロックのかすかな岩の隙間《すきま》にしがみつくように咲いていた名もない小さな花。あの花は天の心そのままを具現していたから、あんなにも美しかったのだ。

自ら彊めて息まず――古来、多くの人がこの言葉に発憤し、自己研鑽《けんさん》の道に勤《いそ》しみ、命を躍動させた。私たちも天真を発揮させるべく、人生を突き進んでいきたいものである。

心の力

二〇〇五年九月号

新渡戸《にとべ》稲造博士は三十五歳の時、七、八年は仕事ができないという大病に罹《かか》った。積年の疲労が原因だった。「折角《せっかく》苦しんで学んだことを国家のご用に立てたいと思うていたに、実に残念でならない」とその時の心境を述べている。

これは大変な悩みだったようで、人びとが忙しげに往来する様子を病床で感じながら、「急ぎ行く足に踏まるる露の珠」と詠んだ。だが博士はやがて、焦るだけではだめだ、これをいいほうに使わなくてはならないと考えるようになった。そして詠んだ一句。

「なかば来て高根ながめの一休《ひとやすみ》」

これは先の嘆きの句とは逆の心境である。このように心の持ち方を切り替えたら、病気は思ったより早く治ったという。

渡部昇一著『心を高めて生きる』にある話である。

心如工画師　画種種五陰　一切世界中　無法而不造

（心は工画師の如《ごと》く種々の五陰《ごおん》を画《えが》き、一切世界の中に法として造らざるは無し――心は巧みな画師のようにさまざまな世界を描き出す。この世の中で心の働きによって造り出されないものはない）

『華厳経《けごんきょう》』の言葉である。人間の運命のみならず、この現実世界のすべてを創《つく》り出しているのは人間の心だと教えているのである。

「怖《おそ》れるな。怖れることは怖れることを引き寄せる」とキリストは言った。人間の心はその波長に合ったものを引き寄せるようにできているらしい。怖れは怖れを、不安は不安を、怒りは怒りを、引き寄せる。人を妬《ねた》み恨む心、驕《おご》り慢心する心は、それにふさわしい事象を引き寄せる。逆もまた真である。常に心を善意で満たしている人は善意を引き寄せ、人に親切にしている人には親切が、感謝している人には感謝が返ってくる。

心には力がある。その力はプラスにもマイナスにも働く。それ故、古《いにしえ》の聖賢は心を鍛え、調《ととの》えることの必要を教えた。

仏教は人間の心を十段階に分ける。地獄（幸福を感じることのできない世界）餓鬼《がき》（欲望の世界）畜生《ちくしょう》（倫理のない世界）修羅《しゅら》（闘争を好む弱肉強食の世界）人間（精神的なものを求めるが、まだ物欲の強い世界）天上（人間以上に精神的なものを求めるが、油断すると地獄に落ちる世界）声聞《しょうもん》（いい人の教えを聞いて近づこうとする世界）縁覚《えんがく》（何かの機縁で自分から悟る世界）菩薩《ぼさつ》（自分が悟り、人をよくしていこうとする世界）、そして仏の十段階である。

この十の世界は別々にあるのではない。一人の人間の中にいろいろな心の動きがあるということである。そして人は、その心の状態に合わせた人生を生きる。畏《おそ》るべきことである。心を調え、高めなければならない理由がここにある。

最後に、釈迦《しゃか》が晩年に残したという言葉を紹介したい。

「心の師となれ。心を師とせざれ」――。

幸福論

二〇〇五年一〇月号

禅の研究と著述に九十六年の生涯を傾注《けいちゅう》された鈴木大拙《だいせつ》博士が、こういう言葉を残されている。

「人間は偉くならなくとも一個の正直な人間となって信用できるものになれば、それでけっこうだ。真っ黒になって黙々として一日働き、時期が来れば〝さよなら〟で消えていく。このような人を偉い人と自分はいいたい」

平明、しかし深遠な一つの幸福論である。

幸福論の言葉で真っ先に思い出す人に、作家の故三浦綾子さんがいる。

三浦さんの人生は難病の連続だった。二十四歳で突然高熱に倒れたのが発端である。それがその後、十三年に及ぶ肺結核との闘病の始まりだった。当時、肺結核は死に至る病だった。入退院の繰り返しの中で、三浦さんは自殺未遂も起こしている。

さらに悲惨《ひさん》が重なる。脊椎《せきつい》カリエスを併発。ギプスベッドに固定され、動かせるのは首だけで寝返りもできず、来る日も来る日も天井を目にするのみ。排泄《はいせつ》も一人ではできず、すべての世話はお母さんがした。そんな生活が四年も続いたとは想像を超える。

そこに一人の男性が現れて結婚を申し込む。光世さんである。その日から薄皮を剥《は》ぐように快方に向かい、二人は結婚する。綾子さん三十七歳、光世さん三十五歳だった。そして綾子さんの書いた小説『氷点』が新聞社の懸賞小説に当選、作家への道が開ける。

しかし、その後も病魔はこの人を襲い続けた。紫斑病《しはんびょう》。喉頭《こうとう》がん。三大痛い病といわれる帯状疱疹《たいじょうほうしん》が顔に斜めに発症、鼻がつぶれる。それが治ったと思ったら大腸がん。そしてパーキンソン病。この二つを併発している時に、本誌は初めてお会いしたのだった。

次々と襲いかかる難病。それだけで絶望し、人生を呪っても不思議はない。だが三浦さんは常に明るく、ユーモアに溢《あふ》れていた。

「これだけ難病に押しかけられたら、普通の人なら精神的に参ってしまいますね」という本誌の質問に三浦さんは笑顔で答えた。

「神様が何か思《おぼ》し召しがあって私を病気にしたんだと思っています。神様にひいきにされていると思うこともあります。特別に目をかけられ、特別に任務を与えられたと……。いい気なもんですねえ（笑）」

誰の人生にも絶望的な状況はある。だが、心が受け入れない限り、絶望はない。同様に、誰の人生にも不幸な状況はある。しかし、心が受け入れない限り、不幸はない。三浦さんの生き方はそのことを教えてくれているように思う。

その三浦さんがこんな言葉を残している。

「九つまで満ち足りていて、十のうち一つだけしか不満がない時でさえ、人間はまずその不満を真っ先に口から出し、文句をいいつづけるものなのだ。自分を顧みてつくづくそう思う。なぜわたしたちは不満を後まわしにし、感謝すべきことを先に言わないのだろう」

幸福な人生をどう生きるか。各界先達の英知に学びたい。

開発力

二〇〇五年一一月号

人生を、仕事を発展させていく上で欠かせない能力。それが開発力である。開発力なしに会社の成長はあり得ない。人生も生気溢《あふ》れたものにはならない。

それでは開発力を促す要素とは何か。

第一に「根気」である。何があっても止《や》めずに続ける。開発には必ず困難や障害が立ちはだかる。それでもいやにならずにコツコツと努力することを止めない。「根気」こそ開発力に不可欠の第一条件である。

本居宣長は松坂《まつさか》の木綿《もめん》問屋に生まれた。聡明で学を好んだが、商人の子は商人が当時の仕来《しきた》り。十六歳で江戸の木綿商に見習いに行く。だが、一年ともたずに帰ってきた。心配した母親はなんとか身が立つようにと、十九歳の時に伊勢の紙問屋に養子に出す。しかし、これも二年後には離縁になった。次は京都に出て医学を学んだ。商人は向かないと見た母の勧めである。これはどうにか馴染《なじ》んだようで、その後の宣長は二十八歳で松阪に戻り、生涯を一医師として過ごした。なかなか足元が定まらなかった人生。だが、その陰で宣長が根気よく努力し続けたものがあった。国学の研究である。そして、三十五年間の努力の末に完成したのが、『古事記伝』四十四巻である。それはいま、国学の金字塔として私たちに遺《のこ》されている。

第二は「根気」と対《つい》をなすものだが、「熱中」である。損得を忘れて仕事に熱中する。寝ても覚めてもそのことの中に生きる。「熱中」こそ開発力を芽吹かせる唯一のものである。

第三に「祈り」である。

折しも五木寛之・稲盛和夫両氏の対談『何のために生きるのか』が十一月に出版される。それぞれの道を極めたお二人の対談は人生を説き来たり説き去って滋味《じみ》深い。その中で稲盛氏が語っている。

昭和四十一年、京セラが年商五億円だった頃である。IBMから一億五千万円の仕事を受注した。稲盛氏は金額もさることながら、世界のIBMが中小企業に過ぎない京セラの技術力を評価してくれたことに感激し、奮い立った。だが、求められる技術水準は高く、難しい仕事だった。いくらやってもうまくいかない。技術陣は徹夜の作業を続けたが、成功しない。ある深夜、稲盛氏は激励に工場を回った。すると、一人の若い技術者が「きょうもうまくいきませんでした」と泣いていた。稲盛氏は言ったという。「神に祈ったか」。

とことん人事を尽くし、どうにもならない限界に追い込まれる。そういう自力だけではどうにもならない限界を超えるのに神に祈るような敬虔《けいけん》な気持ちを持ったのか——そういう意味で言ったという。

人力の限りを尽くしたあとは祈るしかない。そしてそういう状態になった時に、天地は不思議な力を与えてくれる。困難な仕事を成し遂げた人には共通して思い当たる体験であろう。

「祈り」こそ開発力の極みである。

縁を生かす

二〇〇五年一二月号

その先生が五年生の担任になった時、一人、服装が不潔でだらしなく、どうしても好きになれない少年がいた。中間記録に先生は少年の悪いところばかりを記入するようになっていた。

ある時、少年の一年生からの記録が目に止まった。「朗らかで、友達が好きで、人にも親切。勉強もよくでき、将来が楽しみ」とある。間違いだ。他の子の記録に違いない。先生はそう思った。

二年生になると、「母親が病気で世話をしなければならず、時々遅刻する」と書かれていた。三年生では「母親の病気が悪くなり、疲れていて、教室で居眠りする」。後半の記録には「母親が死亡。希望を失い、悲しんでいる」とあり、四年生になると「父は生きる意欲を失い、アルコール依存症となり、子どもに暴力をふるう」。

先生の胸に激しい痛みが走った。ダメと決めつけていた子が突然、深い悲しみを生き抜いている生身の人間として自分の前に立ち現れてきたのだ。先生にとって目を開かれた瞬間であった。

放課後、先生は少年に声をかけた。「先生は夕方まで教室で仕事をするから、あなたも勉強していかない？　分からないところは教えてあげるから」。少年は初めて笑顔を見せた。

それから毎日、少年は教室の自分の机で予習復習を熱心に続けた。授業で少年が初めて手をあげた時、先生に大きな喜びがわき起こった。少年は自信を持ち始めていた。

クリスマスの午後だった。少年が小さな包みを先生の胸に押しつけてきた。あとで開けてみると、香水の瓶だった。亡くなったお母さんが使っていたものに違いない。先生はその一滴をつけ、夕暮れに少年の家を訪ねた。雑然とした部屋で独り本を読んでいた少年は、気がつくと飛んできて、先生の胸に顔を埋めて叫んだ。「ああ、お母さんの匂《にお》い！　きょうはすてきなクリスマスだ」

六年生では先生は少年の担任ではなくなった。卒業の時、先生に少年から一枚のカードが届いた。「先生は僕のお母さんのようです。そして、いままで出会った中で一番すばらしい先生でした」

それから六年。またカードが届いた。「明日は高校の卒業式です。僕は五年生で先生に担当してもらって、とても幸せでした。おかげで奨学金をもらって医学部に進学することができます」。十年を経て、またカードがきた。そこには先生と出会えたことへの感謝と父親に叩《たた》かれた体験があるから患者の痛みが分かる医者になれると記され、こう締めくくられていた。「僕はよく五年生の時の先生を思い出します。あのままだめになってしまう僕を救ってくださった先生を、神様のように感じます。大人になり、医者になった僕にとって最高の先生は、五年生の時に担任してくださった先生です」

そして一年。届いたカードは結婚式の招待状だった。「母の席に座ってください」と一行、書き添えられていた。

本誌連載にご登場の鈴木秀子先生に教わった話である。

たった一年間の担任の先生との縁。その縁に少年は無限の光を見出し、それを拠《よ》り所として、それからの人生を生きた。ここにこの少年の素晴らしさがある。

人は誰でも無数の縁の中に生きている。無数の縁に育《はぐく》まれ、人はその人生を開花させていく。大事なのは、与えられた縁をどう生かすかである。

二〇〇六年

一月号～一二月号

立志立命

二〇〇六年一月号

心は常に乱れる。その心の焦点を一つに定める。立志である。言い換えれば、立志とは人生に対する覚悟を決めることだと言えよう。

人生劈頭《へきとう》一個の事あり。立志是《こ》れなり——幕末の儒学者、春日潜庵《かすがせんあん》の言葉である。人生を始めるに当たり欠かすことができないもの、それが立志だという。古今に不変の原理であろう。

古《いにしえ》の偉人たちは等しく立志の時が早い。

吾《われ》十有五にして学に志す——孔子は十五歳で学に志した。この学は現代の学校教育の教科のことではない。修養し、君子として自己を確立すべく学び続けようと、十五歳で覚悟を決めたのである。

吉田松陰と並び称せられる幕末の志士橋本左内は、十五歳の時に『啓発録《けいはつろく》』を書いた。その中で自戒すべき五項目を挙げている。

一、稚心《ちしん》を去れ（子どもっぽい、甘ったれた心を去れ）
一、気を振《ふる》え（元気を出せ）
一、志を立てよ
一、学を勉《つと》めよ
一、交友を択《えら》べ

見事な決意である。さらに続けて、こうも書く。

「余《われ》、厳父《げんぷ》に教えを受け、常に書史に渉《わた》り候《そうろう》ところ、性質疎直にして柔慢なる故《ゆえ》、遂に進学の期なき様に存じ、毎夜臥衾《がきん》中にて涕泗《ていし》にむせび……」

父親から経書や史書を教えられたが、性質がぐうたらで学問も進歩するあてがないような気がして、毎晩寝床《ねどこ》の中で泣いたというのである。志を抱き、その志に至らない自分に歯ぎしりする姿が尊い。

本誌に馴染《なじ》みの深い平澤興《こう》氏（元京大総長、故人）は、二十歳の元旦未明に起き、天地神明を拝して以下のような座右銘を墨書した。

「常に人たることを忘るること勿《なか》れ。他の風俗に倣《なら》うの要なし。人格をはなれて人なし。ただ人格のみ、永久の生命を有す。（略）

常に高く遠き処に着目せよ。汝若《なんじも》し常に小なる自己一身の利害、目前の小成にのみ心を用いなば、必ずや困難失敗にあいて失望することあらん。然《しか》れども汝もし常に真によく真理を愛し、学界進歩のため、人類幸福のため、全く小我をすててあくまでも奮闘し、努力するの勇を有さば、如何《いか》なる困難も、如何なる窮乏《きゅうぼう》も、汝をして失望せしむるが如《ごと》きことなからん。真の大事、真に生命ある事業はここに至ってはじめて正しき出発点を見出したりというべし。

進むべき　道は一筋、世のために
いそぐべからず　誤魔《ごま》かすべからず」

人間はどういう志を持っているかによって決まる。志の高低がその人の人生を決定するのである。

志は若者の専売特許ではない。三十代には三十代の、五十代は五十代の、七十代は七十代の立志がある。

宇宙が目に見えない力によって調和ある活動を保つように、人間も志を持つことによって調和ある人生を全《まっと》うできるのである。

感謝報恩

――二〇〇六年二月号

宇宙は百億くらいある。その百億の宇宙の一つがわが地球の属する銀河系宇宙だということは以前、この欄で書いた。

銀河系宇宙の大きさはほぼ分かっている。楕円形《だえんけい》で、光の速度で直径が十万年、厚さが一番厚いところで一万五千年かかる距離だという。あまりのスケールに言葉もない。

その宇宙の中で地球だけに生命が宿されている。宇宙から見た地球はものすごく美しいと宇宙飛行士たちは口を揃《そろ》える。地球に住む生命体が発するオーラが、地球を美しく輝かせているのに違いない。

その地球に住む生命体に宇宙は等しく天敵を与えた。天敵がいなければあらゆる生命は増長し、蔓延《まんえん》、跋扈《ばっこ》する。それは調和を愛する宇宙の心に反するということだろう。

ただ、限りない生命体の中で人間にだけ天敵がいない。なぜか。長い間の疑問だったが、ある時思い至った。人間の天敵は外ではなく、心の中にいるのだ、と。

人間を襲い、蝕《むしば》む天敵。それは心の中に巣くう不平不満である。事あるごとに湧き起こってくる不平、不満、愚痴こそ、人間を滅ぼす天敵である。

歌人の生方《うぶかた》たつゑの母は、少女の頃、ともすれば不満顔をするたつゑに、

「不満を持つ間は、人は幸せからはじき返されますのや」

とよく言ったという。人生を知り尽くした人の英知の言葉であろう。

人間を損なう天敵の対極にあるもの、それが感謝である。心が感謝の思いに満ち溢《あふ》れた時、あらゆる不平不満は一気に消え去る。感謝こそ人間という生命体を健やかに成長させる根幹である。

話は飛ぶ。昨年、東京で開かれた「人体の不思議展」を見た時、人間の生命に畏怖《いふ》に近い感動を覚えた。殊《こと》に全身に行き渡った血管網と神経細胞の標本は、人知をはるかに超えていた。身体の隅々に至るまで、微妙かつ精巧に、そして見事な調和の中に、一点のねじれもつれもなく配列されたそのさまは、神の領域そのものだった。しかもその一本一本がそれぞれの役割を与えられ、その役割を果たして全体を構成している。全知全能の神でなければ創造し得ない世界がそこにあった。

人間はすでに奇蹟《きせき》のような生命をいただいて生きている。「生きて」いるのではなく、限りない恩の中に「生かされて」いる。理屈なしに、そう直感するしかない世界が、そこにあった。

「恩」という字は「口」と「大」と「心」から成っている。「口」は環境、「大」は人が手足を伸ばしている姿である。何のおかげでこのように手足を伸ばしておられるのか、と思う心が〝恩を知る〟ということである。

安岡正篤《まさひろ》師の言がある。

「我々は天地の恩、人間の恩、道の恩、教えの恩など、あらゆる〝恩〟の中にあります。これに絶えず報いていくのが生活であります」

感謝報恩の人生を歩みたいものである。

道をひらく

二〇〇六年三月号

「道は、心を定めて希望を持って歩む時、ひらかれる」

数年前になる。仕事で不快なことがあり、鬱々《うつうつ》とした気分に沈んでいた時期があった。そんな時にある人から松下幸之助氏の言葉を教えられた。それが前掲の一行である。

ストンと心に落ちてくるものがあった。雲間から差し込む一条の光に照らされたような喜びがこみ上げてきた。思い定めたものを見据えていけばいいのだ。その確信がずしりと居座るのを覚えた。

言葉としては平凡である。だが、道をひらいた人の思いが凝縮した力強さがある。道をひらく原点はここにある。

アメリカに禅の教えを広める——若き日の嶋野榮道《しまのえいどう》老師が渡米したのは昭和四十年。警策《きょうさく》一本、仏像一体、スーツケース一個、それに一ドル三百六十円時代の現金五ドル。これが持ち物のすべてだった。

ニューヨークに小さなアパートを借りた。ところが、布教どころではない。家賃が払えなくて大家から追い立てを食う。食事にありつくのに腐心《ふしん》する。早々と生活苦が襲ってきたのだ。それでも布教の拠点となる禅寺を建てるのだと歯を食いしばる嶋野さんを、周りのアメリカ人は口々にいさめた。「ハドソン河の水が澄むことはあっても、ニューヨークに仏教のお寺が建つことはない」と。

苦しい日々にホームシックが忍び寄る。ひとまず日本に帰って計画を練り直そうと思った。だが、帰国しようにも旅費がない。とにかく仕事を探さなければならない。あちこち当たったが、次々と断られる。ようやく一つだけ、銀行の運転手のクチが見つかった。

就職が決まった帰途、ふと耳に聞こえてきたものがあった。教えを受けた中川宋淵《そうえん》老師が英語で語ってくれた言葉である。「If you give yourself to the Dharma, the Dharma will give itself to you.」（もし本当に法のために心身を捧《ささ》げるなら、法のほうからやってくる）

嶋野さんは愕然《がくぜん》となった。自分は本当に法のために心身を捧げていたか……。嶋野さんは就職を断り、どんなに苦しくとも部屋を掃き清め、ひたすら坐禅を組み、一心の読経《どきょう》を欠かさなくなった。すると、どうだろう。いつか人が集まってきたのである。食事を提供したり、家賃を払ってくれたりする人も出てきた。

渡米して三年が過ぎた頃である。夫婦で参禅している物理学者が一枚の小切手を差し出して言った。「あなたは日本からやってきてアメリカに坐禅を教えているのに、アメリカはあなたに何もしていない。それでは申し訳ない。これをぜひ禅の普及に役立ててほしい」

小切手に記されていたのは、嶋野さんには目が眩《くら》むような額だった。この拠金《きょきん》をもとにニューヨーク禅堂正法寺が建立《こんりゅう》されたのは、昭和四十三年九月だった。

道をひらいた嶋野榮道老師の言葉は力強く、さわやかである。

「〝自力〟と言っても違う。〝他力〟と言っても正しくない。自分に嘘《うそ》のない日々をコツコツ生きていたら、不思議と計らいを超えた力が、そっと後ろから押してくれた。温かく、そして力強く。怖《おそ》れをなくし、身をその力に委《ゆだ》ね切ることができた時、道はおのずから開けてきた。そこから喜びに満ちた精進が始まった……」

根を養う

二〇〇六年四月号

根は大事である。

植物が生き生きと生育していくのに欠かせないのが根である。土中の目に見えない働きがあって花は咲き、葉は生《お》い茂る。

人間も然《しか》りである。人が人生という時間軸の中で自らの花を咲かせていくには、根がなければならない。根を養っていない人はいささかの風にも傾き、倒れる。

植物も人間も自然の摂理の前には等しく、平等である。

「八風吹《はっぷうふ》けども動《どう》ぜず天辺《てんぺん》の月」

という禅の言葉がある。八風とは人心を動揺させる八つの障害のことである。

利《り》・衰《すい》（利益を得る・失う）

毀《き》・誉《よ》（陰で誹《そし》る・ほめる）

称《しょう》・譏《き》（面前でほめる・悪口をいう）

苦《く》・楽《らく》（心身を悩ませる・喜ばせる）

心の根をしっかり養っておくことの大事さを、強風の中でも微動だにしない天の月に譬《たと》えて、禅者は見事に詠《えい》じている。

では、人間の根はどうしたら養えるのだろうか。

釈迦《しゃか》は人間を悟りに導く方法として、六波羅蜜《ろくはらみつ》を説いた。

布施《ふせ》（与える）。持戒《じかい》（自ら戒めるものを持つ）。忍辱《にんにく》（苦難やいやなことを耐え忍ぶ）。精進《しょうじん》（仕事に一所懸命打ち込む）。禅定《ぜんじょう》（心を落ち着かせる）。智慧《ちえ》（以上の五つの修養に努めていると生まれる）。これが六波羅蜜である。これはそのまま、心の根を養う実践徳目であろう。

中でも特に根を養うのに大事なものは、忍辱ではないだろうか。人生の艱難《かんなん》辛苦に耐え忍ぶ。植物が厳しい風雪や干天《かんてん》にさらされるほど強く根を張るように、人間の根もそこに養われるのである。

書の世界に独自の境地を開いた相田みつを氏にこういう詩がある。

いのちの根

なみだをこらえて
かなしみにたえるとき
ぐちをいわずに
くるしみにたえるとき
いいわけをしないで
だまって批判にたえるとき
いかりをおさえて
じっと屈辱にたえるとき
あなたの眼のいろが
ふかくなり
いのちの根が
ふかくなる

『にんげんだもの』（文化出版局刊）

長い苦節に耐え、深く静かに自らの根を養ってきた人の言葉は重い。

節を越える

——二〇〇六年五月号

誰の人生にも節《ふし》はある。

小節、中節、大節――人は皆、その人生行路で様ざまな節に出会う。

それらの節を一つひとつ乗り越えることで、人はさらにたくましさを加え、成長していく。節を乗り越えられずに道半ばで倒れ、命《めい》を全《まっと》うできない人も少なくない。

天の命之《めいこれ》を性という――と中国の古典『中庸』はいう。性は天が命じたもの、定めたもの、というのである。

植物性という性がある。

動物性という性がある。

人間性という性がある。男性、女性という性もある。

これらは天の命じたもの、定めたものであって、何者もこれをどうすることもできない。

さらに人には個性という性もある。個性もまた、その人だけに天が命じたものだが、個性という性がその真性を発揮するには、二つの条件が必要なのではないか。

一つは「教え」である。どういう教えに出合うかによって、個性は様ざまに磨き出される。それが個性のあり方を決定する。

もう一つは「節」である。

どういう節に出合い、それをどう乗り越えるか。あるいは乗り越えないか。それが個性を発揮できるかできないかの分岐点になる。

節は人間の個性を発揮させるために、欠かせない要因といえる。

最近、ロマン・ロランの『ベートーヴェンの生涯』を読み返した。

ベートーヴェンの聾疾《ろうしつ》は二十五歳から始まったという。作品第一番（三つの三重奏）を除いた全作品は聾者になってからのものであることを改めて知った。

音が生命である音楽家でありながら、耳が聞こえない。それがどれほどの絶望と苦悩をもたらしたか。常人には計り知れない。

耳が聞こえなくなっていく圧倒的な現実を前に、二十五歳のベートーヴェンは自らを鼓舞すべく、手帳にこんな言葉を記している。

「勇気を出せ。たとえ肉体に、いかなる欠点があろうとも、わが魂は、これに打ち勝たねばならない。二十五歳、そうだ、もう二十五歳になったのだ。今年こそ、男一匹、ほんものになる覚悟をせねばならない」

聾疾という節にひるむことなく、全情熱、全生命を音楽に捧《ささ》げ尽くしたところに、ベートーヴェンという人の偉大さがある。

もう一つ、松下幸之助氏の言葉を紹介したい。

「困難に直面し、身を切られるような思いに悩みつつ、勇気を鼓舞してやってきた。崩れそうになる自分を自分で叱《しか》りつつ、必死で頑張るうちに、知恵才覚というものが必ず、浮かんできた」

平坦な人生を歩んでいる人は一人もいない。経営の神様といわれた人の人生もまた節の連続だったことをうかがい知るのである。

節を越える要訣《ようけつ》もここにある。

開物成務

二〇〇六年六月号

年末年始、弊社では五日間の休みがある。私事で恐縮だが、この五日間は無上の喜びの時である。約束は一切入れない。かかってくる電話もほとんどない。たっぷりいただいた豊穣《ほうじょう》の時間に自分の意識と心をたゆたわせるがごとく、五日間を過ごす。本を読み、様ざまに思いをめぐらし、時に歩き、時に眠る。至福のひとときである。

今年の年末年始もそうして過ごした。その折、たまたま手にした本にこの言葉はあった。

「開物成務《かいぶつせいむ》」――深く心に響くものがあった。

『易経』の言葉である。物を開き、務めを成す。「ものを開発し、すべての仕事を成し遂げさせる」意と解説にある。

安岡正篤《まさひろ》氏はこう説明している。

「放置しておけば宿命的になってしまう問題を豁然《かつぜん》として新生命を開かせる」

環境、状況、事柄、人事――自分の周囲にある「物」を開いて、すなわち開発し、あるいは変革し、あるいは打破して、自己の成すべき務めを果たしていく。さらに言えば、自分の運命を完成させていく。それが人生を生きる秘訣《ひけつ》であることを、この四文字熟語は教えている。

戦前、森信三氏は建国大学で教鞭《きょうべん》を執っておられた。その学生だった野尻武敏氏は、森氏がよく語られた言葉を耳に焼き付けている。

「時処位《じしょい》の自己限定」

人は誰でも一つの時代に一つの処《ところ》で一つの位（立場、役割）を得て、生きている。この与えられた時、処、位の中で、運命に対して不満を言わず、最善最高の努力を傾注していけ、という教えである。

開物成務の要諦《ようてい》を示した言葉と受け止めることができる。

そういえば、作者は不明だがこういう詩がある。ここにも開物成務の心得が説かれている。

生涯の旅路

私は私の一生の旅路において
今日というこの道を再び通ることはない
二度と通ることはない
二度と通らぬ今日というこの道
どうしてうかうか通ってなろう
笑って通ろう歌って過ごそう
二度と通らぬ今日というこの道
嘲笑《ちょうしょう》されてそこで反省するのだよ
叱《しか》られてそこで賢くなるのだよ
叩《たた》かれてそこで強くなるのだよ
一輪の花でさえ風雨をしのいでこそ
美しく咲いて薫るのだ
侮辱《ぶじょく》されても笑ってうけ流せ
蹴《け》倒されても歯をくいしばって忍べ
苦しいだろうくやしいだろう
しかし君、この道は尊いといわれた人たちが
必ず一度は通った道なんだ

人学ばざれば道を知らず

――二〇〇六年七月号

この春、十八歳の少年がわが社を訪ねてきた。K・S君という。

彼は奈良の高校を卒業し、京都大学総合人間学部に合格したばかり。入学前の休みを利用してぜひ致知出版社を訪ねたいという。

「あの素晴らしい『致知』は一体どういうところで作られているのか。その会社を見てみたい」との申し出である。一も二もなく快諾した。

三月二十七日、彼はやってきた。初めての上京にもかかわらずお台場やディズニーランドなどの観光スポットには目もくれず、一路当社を目指してやってきた。初めて社屋を見た時、胸が高鳴った、という。その純一《じゅんいつ》無雑《むざつ》な姿に、深い感動を覚えた。


S君との出会いは大越俊夫塾長が主宰する師友塾で話をしたことがきっかけである。師友塾は不登校になった高校生の学び舎《や》で、彼らを対象に人間学の話をしてほしいという依頼を塾長より受けた。高校生、それも不登校の生徒が人間学の話に耳を傾けるだろうかと思ったが、ぜひにというので止むなく引き受けて、話をして驚いた。二百名を超す高校生たちが砂が水を吸い込むように言葉を受け止めるのである。これほどすぐれた聴衆は屈指に入ると、正直唸《うな》った。

終了後なぜあの子どもたちはあんなに素晴らしい感性を持っているのかと聞いた時、大越塾長は、「私の塾では、人間いかに生きるべきかに重点を置いた授業をしているからです」と答えた。

S君は不登校ではないが、その講演会がオープンだったので参加したのである。翌日、彼からメールが届いた。「話に勇気を得た」とあり、「僕は『致知』の愛読者です」とあった。高校生の読者は意外だったので問い合わせると、小学生の頃に母親が読み始めて馴《な》染《じ》むようになり、特に高校一年の時に停学処分を受け、その時に読んだ『致知』に大きな感銘を受け、以来熱心に読んでいるという。結びにこうある。

「『致知』には苦難を乗り越える時に勇気づけていただいたり、立派な方々の生きざまを読ませていただくことで非常に勉強させていただいています。本当に『致知』は僕のバイブルです。常に自分の志を支えてもらい、自らを高めよと教え諭してくださる書です」

玉、琢《みが》かざれば器《き》を成さず
人、学ばざれば道を知らず

『礼記《らいき》』の言葉である。玉は磨かなければ立派な器にはならない。人も学ばなければ立派な道を知ることはできない。換言すれば、人は学ぶことでどこまでも魂を高めていくことができる。

少年は〝いまどき〟の風潮に少しも染まらず、人生の劈頭《へきとう》に立っている。人間学の学びがいかに大事か。しかも十代でそれに親しむことがいかに大事か。それを例証してくれているS君に拍手を送りたい。

人は陶冶《とうや》次第である。心ある人は後世に向け、人間学の学びの重要性を発信していかなければならない、この国の健《すこ》やかならんためにも。

悲しみの底に光るもの——

二〇〇六年八月号

悲しみは突然やってくる。そして、悲しみの姿はいろいろである。

哲学者の森信三さんは七十七歳でご長男（四十一歳）を亡くされた。元京大総長の平澤興さんは六十歳でまだ大学二年生だったご次男を失われた。冷酷な現実をくぐり抜けたお二人は、期せずして同じようなことを言われている。子を亡くした人の気持ちが分かるようになった、と。お二人が悲しみの底で見つけた光であろう。

先日、一人の青年をテレビが映していた。彼は昨年四月にJR福知山線で脱線事故を起こした電車に偶然乗り合わせた。事故の瞬間に気を失い、意識が戻ったのは数日後の病院のベッドの上だったという。現実感が戻るにつれ、何か様子がおかしい。そのはずである。両脚が切断されていたのだ。見舞いに来た友人知人の「助かってよかったじゃないか」という慰めの言葉に、いいようのない憤りを覚えたという。そして一年。「前向きに生きなければ」と、彼は義足と闘っている。青春の日に突然失われた両脚。その悲しみの深さにはかける言葉もない。だが、悲しみの底にかすかな光でも見つけ出してほしいと願わずにはいられない。

法華経『如来壽量品《にょらいじゅりょうぼん》』に「良医の比喩《ひゆ》」という話がある。

子沢山《だくさん》の良医がいた。良医が旅に出た留守に、子供たちが毒薬を飲んでしまった。折しも帰宅した良医は良薬を調合し、飲ませた。判断の転倒しなかった子はそれを飲み、治った。だが、判断の転倒してしまっている子供は飲もうとしない。良医である父は、「毒のために素直な心を失ってしまったのだ」と考え、「治りたかったらこれを飲みなさい」と良薬を残してふたたび旅に出、旅先から「父は死んだ」という知らせを送った。子供は深く嘆き悲しんだ。深い悲しみの中で判断力が目覚め、良薬を飲んで恢復《かいふく》することができた。

この最後のくだりを学僧鳩摩羅什《くまらじゅう》は梵語《ぼんご》の原典からこう漢訳した。「常懐悲感《じゅうえひかん》、心遂醒悟《しんすいしょうご》」（常に悲しみを懐《いだ》いて、心遂《つい》に醒悟す）

悲しみをじっと大事に抱いていく時、人の心は悟りに至る、という教えである。仏教学者の紀野一義氏は言う。

「悲しみを愚痴にしてこぼしたり、憎しみに変えたりせず、悲しみを大事にする人は、なかなか抜け出すことのできない病の中から、ついに抜け出すことができる」

坂村真民さんの詩が思い出される。

かなしみは　みんな書いてはならない
かなしみは　みんな話してはならない
かなしみは　わたしたちを強くする根
かなしみは　わたしたちを支えている幹
かなしみは　わたしたちを美しくする花
かなしみは　いつも枯らしてはならない
かなしみは　いつも湛《たた》えていなくてはならない
かなしみは　いつも噛《か》みしめていなくてはならない

上に立つ者の人間学

——二〇〇六年九月号

組織の長《ちょう》だけではない。人の子の親も「上に立つ者」である。人が人の間で生きる限り、そこには必ず長幼《ちょうよう》の序《じょ》が生まれる。上に立つ者の人間学が重大な所以《ゆえん》である。

では、上に立つ者に求められる条件とは何か。本誌の数多い取材の経験を通して、次のようなことが言えるのではないか、と考える。

中国の古典『列子』にこういう話がある。

楚《そ》の荘王が賢人の詹何《せんが》に国を治める方法を尋ねた。

「私は身を治めることは知っていますが、国を治めることはよく存じません」と詹何は答えた。

「私は君主となったので、国を守る方法を学びたい」と荘王は言う。詹何が言う。

「私は君主が身治まって国乱れたのを聞いたことがありません。また君主が身乱れて国治まったのも聞いたことがありません。本《もと》は身にあります。ですから、お答え申し上げるのに、末梢《まっしょう》を以《もっ》てすることはいたしません」

「よし、わかった」と荘王は言ったという。

修身こそ上に立つ者の根本条件、とは古来教えるところである。これこそ現代にも不変の第一条件であろう。

第二条件は実力である。実力とは実行力のことだと故豊田良平氏（元関西師友協会副会長）は喝破《かっぱ》されたが、実（行）力のない人を上に得た組織ほど不幸なものはない。

第三条件は感化力である。人を巻き込んでいく力、人の意識をかき立てていく力である。よき感化を与えないと、組織は病む。

さらに言えば、上に立つ者に私心ある限り真の感化力は生まれない。長の私心は組織に紊乱《びんらん》をもたらす。無私と感化力は一対である。

第四条件は勇猛心である。自己と組織の向上のために、いかなる困難にも臆《おく》せず、奮い立っていく心、小成に安んじず、未知の世界に立ち向かって努力精進する心である。

第五条件はロマンである。方向を示す力といってもいい。

そして、何より大事なのは「人を思いやる心」であろう。

「大きなことをするのではなく、人に思いやりを持つ人は神仏が大きな目で見ている」——一燈園《いっとうえん》創始者、西田天香《てんこう》氏の言葉である。

一国は一人を以て興り、一人を以て亡ぶ、という。

小は家庭から大は国家まで、人間が集うあらゆる組織の盛衰は、上に立つ者のいかんで決まる。上に立つ者の責任は大である。

最後に、明代の哲人、呂新吾《りょしんご》の言葉を紹介したい。

「寛厚深沈《かんこうしんちん》、遠識兼照《えんしきけんしょう》、福を無形に造し、禍《か》を未然に消し、智名勇功なくして、天下陰にその賜《たまもの》を受く」

どっしりと落ち着いていて、広い見識があり、人の知らない間に福を造り、禍は未然に消す。そして誇らない——そういう人物こそ「上に立つ者」の至れる姿だというのである。

いまここにある日本の危機

――二〇〇六年一〇月号

松原泰道老師はこの十一月で数え百歳になられる。その松原老師から、出典は不詳だがこんな禅語がある、と伺ったことがある。

「家貧にして未《いま》だこれ貧ならず
道貧にして人を愁殺《しゅうさつ》す」

家が貧しいのはまだ本当の貧しさではない。道を求める心がなくなった時が本当に愁《うれ》うべき貧しさであり、その時に人は滅ぶということだろう。

思わず、どきりとさせられる言葉ではないか。日本の現状を活写したような言葉である。

イギリスの歴史学者アーノルド・トインビーにもこういう趣旨の言葉があると聞いた。

「一つの国が滅びるのは戦争によってではない。天変地異でもなければ、経済的破綻《はたん》によってでもない。国民の道徳心が失われた時、その国は滅びる」――『歴史の研究』全二十五巻を著した歴史家の透徹《とうてつ》した眼は、国家興亡の原理を衝《つ》いて鋭い。

この国は一体どうなってしまったのか。連日のニュースにその思いを強くする。三十年を一世代というそうだが、一世代前には想像だにできなかったような事件のオンパレードである。まさに日本は崩壊の危機に瀕《ひん》している、と思わざるを得ない。

いまここにある日本の危機を直視し、それに対処する方途を探っていかなければならない。

折《おり》しも、弊社刊行の『安岡正篤《まさひろ》一日一言』が八重洲ブックセンターで六週連続総合一位の記録をマーク、現在も健闘している（八月十九日現在総合一位）。日本はこのままではいけない。多くの人がそう思い始めたことが、この動向に現れていると信じたい。

その『一日一言』に「萬燈行《まんとうぎょう》」と題する一文がある。

内外の状況を深思《しんし》しましょう
このまま往《い》けば、日本は自滅するほかはありません
我々はこれをどうすることも出来ないのでしょうか
我々が何もしなければ、誰がどうしてくれましょうか
我々が何とかするほか無いのです
我々は日本を易《か》えることが出来ます
暗黒を嘆くより、一燈《いっとう》を點《つ》けましょう
我々はまず我々の周囲の暗《やみ》を照す一燈になりましょう
手のとどく限り、至る所に燈明《とうみょう》を供えましょう
一人一燈なれば、萬人萬燈《まんにんまんとう》です
日本はたちまち明るくなりましょう
これ我々の萬燈行であります
互《たがい》に真剣にこの世直し行を励もうではありませんか

安岡師のひたすらなメッセージである。『致知』に人間学を学ぶ者は、まず自ら一燈を点じたいと思うのである。

言葉の力

——二〇〇六年一一月号

画家の中川一政《かずまさ》氏が、友人の石井鶴三《つるぞう》氏の話として、次のようなことを書いていた。

「昔、美術院の会合で大観さん（横山大観）が挨拶して、画というものは難しいといった。数年たって同じ会合で、今度はSさんが同じ言葉で挨拶した。同じ言葉でありながら、大観さんの言葉は重くこたえた」

一道にどれほど命を懸けているか。その懸命さ、燃焼の度合が言葉の軽重を決めるのだろう。言葉の力は命の真剣さと均質である。

最近、二人の話をうかがって深い感動を覚えた。

一人は石川洋《よう》氏である。石川氏は一年半ほど大病を患い、生死の境をさ迷った。ようやく元気になられ、それを祝って開かれた新生の会での講話である。西田天香《てんこう》師は石川さんに、「やさしいだけではだめだ。やさしさのために人を迷わす」と言ったという。

「やさしいから仏性ではない。強かろうと思ってなれないやさしさは、情魔《じょうま》を含んでいる。では、どうしたらよいか。与えられたことはどんな苦しい、意に添わないことでもめげちゃいけない。焼け火箸《ひばし》を握りしめて離さない稽古《けいこ》をすること。それが生きることだ」

石川さんの声は澄んでいた。しかし、雷鳴のような力で胸に響いた。新しい命を生きんとする決意に満ちていた。

もう一人は鍵山秀三郎《かぎやまひでさぶろう》さん。弊社主催「経営と人生・問答塾」の最終講での話である。

「会社を永続するには、人から感心されるような程度のことをやっていてはだめ。人から感動される人間にならなければだめ。どうしたらなれるか。自分にとって割の合わないことを笑顔ですすんで引き受けていく、それを続けていくこと。その時、人はよくあそこまでやったなと感動してくれる」

「割に合わないことほど、将来よいことが起こる種まきになる。逆に都合のいいこと、利益が出ることをやって、人からうまいことをやっているなあと思われるようなことをしていると、長い目で見ると、いいことが起きない。逆にマイナスのことが次々と起きてくる」

四十余年下坐行《げざぎょう》に徹してきた人の言葉は、心に深く染み入った。

また、鍵山さんはご自身が感銘を受けた言葉も紹介された。

「困難と失敗を同一視することほど危険なものはない。いまはまだ困難なだけで失敗ではない」

困難なことが起こると、普通、人はそれを失敗と思ってしまうが、そうではない——実践者の苦闘から生まれた叡智《えいち》の結晶のような言葉である。

鍵山さんは最後の言葉をこう締めくくられた。

「どんなにいい教えを受けても、どんなにいい話を聞いても、その受け止め方、それを自分の人生、事業にどう生かしていくか、その差は天と地ほどの開きがある」

言葉の力は、発する者、受ける者の力量の相乗によって導き出されることを私たちは知らなければならない。

自らに勝つ者は強し

——二〇〇六年一二月号

①あまえ②うぬぼれ③おごり④マンネリ⑤やっかみ――経営者はこの五つの心の病気に必ず罹《かか》る、とユニ・チャーム創業者の高原慶一朗《けいいちろう》氏が言っている。徒手空拳《としゅくうけん》で起業し二千億円企業にする過程で、何回か、いずれかの病気に罹り、その度に会社がおかしくなった、と率直に吐露《とろ》されている。

経営者だけではあるまい。人は誰しも、その人生の途上でこの五つの病に侵されるのではないだろうか。

この心の病に勝つこと。それこそが自らに勝つということである。

常岡一郎という人がいた。明治三十二年生まれ。慶應義塾大学在学中に結核になり、学業を捨て闘病、求道の生活に入った。

「すべてのものには中心がある。その中心からずれたとき、人間は、家庭は、個人は、集団は、企業は、国家は、人類は、みんな苦しむ。課されていることを中心にするのだ」

この真理を体得し、月刊誌『中心』を発行。主幹として五十年間、毎号執筆。また中心同志会を結成し、毎月全国主要都市で講演会を開催し続けた。そういう人である。この常岡氏に次の言がある。

「勝つ。この勝ち方にもいろいろある。喧嘩《けんか》に勝つ。やせがまんや屁理屈《へりくつ》で勝つ。それに勝っても他人は喜ばない。人を苦しめることになる。これでは人の心も天の心も暗くなる。天、人、我、共に喜ぶ。そんな勝ち方は〝われに勝つ〟ことである。（中略）

この場合のわれとは何であろうか。それは自己の我執《がしゅう》である。わがままである。きままである。朝寝、無精、屁理屈……である。これに打ち克《か》って朝も早く起きる。人のいやがることを、いそいそと果たす。わがままを捨てて勤めきり、つくしきる。そうして人を喜ばせる。これが〝われに勝つ〟ことである」

常岡氏は昭和六十四年、九十歳で亡くなられたが、人の悩みを救うべく生涯を捧げた人の言葉は平易明快、力強い。

「人に勝つ者は力有り。自らに勝つ者は強し」

と『老子』（第三十三章）は言う。

他人と争ってこれを打ち負かす者は力があると言えるが、本当の強者ではない。私欲私情を克服できる者、すなわち私心に打ち勝つことができる者こそ、真の強者である、ということである。

王陽明《おうようめい》もまた、同じようなことを言っている。

「山中の賊《ぞく》を破るは易《やす》く、心中の賊を破るは難《かた》し」

克己は古来、聖賢が等しく目指した道である。思えば、天は人間にだけ克己という心を発達させた。その心があることによって、人間の進歩向上はある。そのことを我々は肝に銘じたいものである。

最後に、新井正明氏（住友生命保険元名誉会長）の言葉を紹介する。

「暗いところばかり見つめている人間は、暗い運命を招き寄せることになるし、いつも明るく明るくと考えている人間はおそらく運命からも愛され、明るく幸せな人生を送ることができるだろう」

「自らに勝つ」ことに腐心《ふしん》してきた人の尊い言葉である。

二〇〇七年

一月号〜一二月号

心を養い生を養う——

二〇〇七年一月号

「心志《しんし》を養《よう》うは養の最《さい》なり
体軀《たいく》を養うは養の中なり
口腹《こうふく》を養うは養の下なり」

幕末の大儒学者、佐藤一斎の『言志耋録《げんしてつろく》』にある言葉である。

佐藤一斎は徳川幕府唯一の大学であった昌平坂《しょうへいざか》学問所を主宰した人。当時、全国に二百三十余の藩校があったが、各藩は成績優秀な俊英《しゅんえい》を選《よ》りすぐって昌平坂学問所に送り、一斎の薫陶《くんとう》を仰いだ。その門に学んだ者、三千人に及ぶ。中から佐久間象山《しょうざん》、山田方谷《ほうこく》、河井継之助など、幕末期の日本を動かした逸材が巣立った。

西郷隆盛も佐藤一斎に深く傾倒した。沖永良部島《おきのえらぶじま》に流された時、その著作『言志四録《げんししろく》』を貪《むさぼ》り読み、中から百一条を抜き出して『手抄言志録』を編纂《へんさん》、自己錬成の糧《かて》としている。

『言志四録』は、言志録（二百四十六章）、言志後録（二百五十五章）、言志晩録（二百九十二章）、言志耋録（三百四十章）の四篇から成る。総計千百三十三章に及ぶ中で言われていることは、極論を恐れずに言えば、二つのことに収斂《しゅうれん》するように思われる。

一つは、人生に対して覚悟を決めよ、ということである。

二つは、敬の心を忘れるな、ということである。

覚悟を決めない人生は、空々漠々《くうくうばくばく》たるものに終わる。覚悟を決めても「敬」の心を失う人は傲慢《ごうまん》になり、人生を誤る。そのことを繰り返し説いている。換言すれば、一斎が千百三十三章を費やして説いているのは、「心を養え」ということである。心を養うことが自らの生を養い、豊かにする唯一の道である、ということである。

『言志四録』は味わい深い言葉に溢《あふ》れている。二つだけ引用する。

「閑想客感《かんそうきゃくかん》は志の立たざるによる。一志すでに立ちなば、百邪退《ひゃくじゃたい》聴《ちょう》す」――つまらないことを考えたり、心を奪われるのは、志が立っていないからだ。一つの志がしっかり立っていれば、もろもろの邪念は退散してしまう。

「人の一生には順境あり、逆境あり。（中略）宜《よろ》しくその逆に処して敢《あ》えて易心《いしん》を生ぜず、その順に居りて敢えて惰心を作《おこ》さざるべし。ただ一の敬の字、もって逆順を貫けば可なり」――人の一生は順境もあれば、逆境もある。（中略）逆境に処してはやけにならず、順境にあっては怠け心を起こしてはならない。ただ敬の一字をもって順境逆境を一貫して貫けばよい。

昭和の碩学《せきがく》、安岡正篤《まさひろ》師もまた、「養心養生《ようしんようじょう》」の大事を説いた人であった。その語録『一日一言』に「養寿規」と題する一文がある。

「一、早起き、静坐、梅茶を服す
一、家人に対し、温言和容《おんげんわよう》を失わず
一、養心の書を読み、養生の道を学ぶ
一、老壮の良友に交わり、内外の時勢に通ず
一、凡《すべ》て宿滞《しゅくたい》を除き、陰徳《いんとく》を施す」

明快な実践指標を範に、人生を全うしたい。

一《いち》貫《つらぬく》

――二〇〇七年二月号

坂村真民先生が亡くなられた。十二月十一日早朝四時四十分。一月六日、満九十八歳の誕生日を間近に迎えられての死であった。

先生と初めてお会いしたのは二十年前である。ありがたい師縁に感謝するばかりである。以来、先生の詩魂は本誌の誌魂となった。

先生はまさに一貫《いちつらぬ》いた人生を生きた人であった。一つの詩がある。

一道を行く者は孤独だ
だが前から呼んで下さる方があり
後から押して下さる方がある

詩道一筋を貫いた人ならではの言葉である。一つの道を懸命に歩む人ならば、等しく共感する言葉であろう。本誌もまたこの言葉に深く共鳴するものである。

坂村真民先生は明治四十二(一九〇九)年に生まれた。満八歳で父親が急逝。三十六歳の母親は乳呑《ちの》み児を抱え、五人の子どもを女手一つで育てなければならなくなった。どん底の生活だったという。

先生自身、自分の履《は》くわら草履《ぞうり》は自分で作り、学用品を買うお金を得るべく石炭俵を編《あ》む内職もした。母は山畑を借り開墾《かいこん》し、そばやいもを作った。そういう苦しい生活の中で、愚痴をいう代わりに母がいつも唱えていた言葉「念ずれば花ひらく」。この言葉が真民先生の詩魂に火をつけ、詩道一筋の人生を歩む原点となった。

詩壇には目を向けず、「自分という人間を創り上げるために、そして人々の心に光を灯すために」苦しみから立ち上がる詩を書き続けた。孤独の一本道。だが、コツコツと希望を持って歩いていくと、前から光が差し、後ろから差しのべられる手があったのだ。そういう不思議を何度も味わった。その実感がこの三行詩に凝縮している。

昨年春から編纂《へんさん》を進めてきた『坂村真民一日一言』がこのほど出版された。先生の最後の書となったこの一冊には、一貫かんと己を叱咤《しった》、鼓舞勉励《こぶべんれい》する言葉が溢《あふ》れている。

◆こつこつ/こつこつ/書いてゆこう

◆この痩《や》せた体をただ一つのことに費やしたい/多くのことはできないから/一つのことでこの世を終わろう

◆よわねをはくな/くよくよするな/なきごというな/うしろをむくな/ひとつをねがい/ひとつをしとげ/はなをさかせよ/よいみをむすべ

◆いつも嵐が吹いている/それが詩人というものだ

一貫く人の生き方は厳しい。真民先生の胸にもいつも嵐が吹いていたのだろう。しかしそれ故《ゆえ》に、一貫く人の生き方は美しい。

十二月三十一日、締め括《くく》りの言葉はこうである。

よい本を読め
よい本を読んで己《おの》れを作れ
心に美しい火を燃やし
人生は尊かったと叫ばしめよ

貫くものを持ち、心に美しい火を燃やし、尊い人生を生きよと教えた人のご冥福を心から祈りたい。

命の炎を燃やして生きる——

——二〇〇七年三月号

「足なし禅師」と呼ばれた禅僧がいた。

小沢道雄《どうゆう》師。大正九年生まれ。幼年期、曹洞《そうとう》宗の専門道場で修行。二十歳で召集を受け満洲《まんしゅう》へ。昭和二十年、二十五歳で敗戦。シベリアに抑留され強制労働。だが、肩に受けた銃創《じゅうそう》が悪化し、役立たずは不要とばかり無蓋《むがい》の貨車で牡丹江《ぼたんこう》の旧日本陸軍病院に護送される。氷点下四、五十度の酷寒《こっかん》に夏服のままで、支給された食料は黒パン一個、飲み水もままならず、三日間を費やした行程で死者が続出した。小沢師は死こそ免れたが、両足が凍傷に冒された。

膝《ひざ》から切断しなければ助からない。その手術の担当軍医は内科医で外科手術はそれが初めて。麻酔薬もない。メスを執った軍医がしばらく祈るように目を閉じた姿を見て、小沢師はこの軍医に切られるなら本望だと思い定めた。

想像を絶する激痛。歯がギリギリ嚙《か》み合い、全身がギシッと軋《きし》んで硬直した。すさまじい痛みは一か月余続いた。

八月に突然の帰国命令。歩けない者は担架に担がれ、牡丹江からハルピン、奉天《ほうてん》を経て胡盧島《ころとう》まで、千五百キロを徒歩で行くことになった。だが、出発して三日目の朝、目を覚ますと周りには誰もいなかった。満洲の荒野に置き去りにされたのだ。あらん限りの大声で叫んだ。折よく通りかかった北満から引き揚げ途中の開拓団に救われたのは、僥倖《ぎょうこう》というほかはなかった。

崖《がけ》っぷちを辿《たど》るようにして奇跡的に帰国した小沢師は、福岡で再手術を受け、故郷相模原《さがみはら》の病院に送られた。母と弟が面会に来た。

「こんな体になって帰ってきました。いっそのこと死のうと思いましたが、帰ってきました」

言うと、母は膝までの包帯に包まれた脚を撫《な》で、小さく言った。

「よう帰ってきたなあ」

母と弟が帰ったあと、小沢師は毛布をかぶり、声を殺して泣いた。

懊悩《おうのう》の日は続いた。気持ちはどうしても死に傾く。その果てに湧き上がってきた思いがあった。

比べるから苦しむのだ。比べる元は二十七年前に生まれたことにある。二十七年前に生まれたことを止《や》めて、今日生まれたことにしよう。両足切断の姿で今日生まれたのだ。そうだ、本日たったいま誕生したのだ。足がどんなに痛く、足がなく動けなくとも、痛いまんま、足がないまんま、動けないまんま、生まれてきたのだから、何も言うことなし。本日ただいま誕生！

深い深い覚悟である。

一、微笑《ほほえ》みを絶やさない　一、人の話を素直に聞こう

一、親切にしよう　一、絶対に怒らない

小沢師はこの四つを心に決め、五十八年の生涯を貫いた。命の炎を燃やして生き抜いた足なし禅師の人生だった。

「主」という字の「丶」はロウソクの炎。「王」は台のこと。自分のいる環境を照らして生きる人のことを、主という。

命の炎を燃やして生きるとは、自分が自分の人生の主人公となって生きることである。

人生に誓うものを持つ

——二〇〇七年四月号

昭和の初め、岩波英和辞典を編纂《へんさん》、英語学者として名をなした田中菊雄という人がいた。学歴は高等小学校中退。国鉄の客車給仕係をしながら刻苦勉励《こっくべんれい》、十八歳で小学校の代用教員になる。さらに旧制の中学、高校の教員資格を取り、後年は山形大学の教授を務めた。明治二十三年に生まれ、昭和五十年、八十二歳で生涯を閉じている。

渡部昇一氏は同郷の立志伝中のこの人を深く尊敬し、「少年時代、田中菊雄先生は私の心の中の英雄であった」と語られている。

その田中菊雄氏にこんな話がある（『知的人生に贈る』三笠書房）。

私は小学校を出ると（いやまだ出ないうちに）すぐ鉄道の列車給仕になった。

辞令を受けて帰って、神棚に捧《ささ》げた時の気持ちは、いまでも忘れられない。そしてその辞令をいまでも大切に保存している。

「ほかの少年は親から充分費用を出してもらって学校へ通える。しかし、私はあすから働いて父母の生活の重荷の一端をになわしてもらえるのだ。私の働いて得たお金で父母を助け、また私の修養のための本も買えるのだ。私は本当の学校、社会という大学校へ、こんなに幼くて入学を許されたのだ。ありがたい。本当によい給仕として働こう」。こう思うと熱い涙がほおを伝わって流れたのである。

十三、四歳の少年が初めて仕事に就いた時、心に誓った決意である。なんと立派な決意だろうか。少年期より人生に誓うものを持つことによって、氏は自らを修養し、人生を構築していくのである。

話は飛ぶ。最近、出張するたびに目にする光景がある。駅のホームで、あるいは街の路上で、制服のスカートをたくし上げ、あぐらをかいて地べたに座り込む女子高校生たちの姿である。全国どこへ行っても、である。その姿はまさに異様である。少女に本来備わっている清楚《せいそ》さや恥じらいは微塵《みじん》もない。彼女たちの表情も体全体から受ける雰囲気もどんよりと澱《よど》んでいる。

一人で悪くなる子はいない。幼少期からの躾《しつけ》、良習慣、陶冶《とうや》があってこそ人格は形成される。彼女たちはその機会を失したまま今日に至ってしまったのだ。胸が痛む。

「人間は、必ず一人には一人の光がある」とある先達《せんだつ》は言った。しかし、一人の光が真に光を放つには、それなりの条件が要る。そしてその根本になるのが、人生に誓うものを持つということではないか、と思うのである。

山本有三《ゆうぞう》作『路傍《ろぼう》の石』の中で次野先生が少年吾一に語る言葉が思い出される。

たったひとりしかない自分を
たった一度しかない一生を
ほんとうに生かさなかったら
人間、生まれてきたかいがないじゃないか

この言葉に感応し、誓いを持って人生を歩み出す若い魂の一人でも多からんことを願わずにはいられない。

場を高める

――二〇〇七年五月号

三月初旬、萩の松陰神社を訪ねた。上田俊成《とししげ》宮司と『吉田松陰一日一言』を編纂《へんさん》した川口雅昭氏の対談のためである。対談の後、松陰の墓と生家跡に足を延ばした。神社から車で五分ほどである。

「松陰二十一回猛士《もうし》墓」――墓石にはそう刻まれていた。

「二十一回猛士」は安政元（一八五四）年十一月二日に野山獄《のやまごく》で松陰が自らにつけた号である。その謂《いわ》れを松陰はこう記している。

「吾《わ》れ、庚寅《こういん》の年を以《もっ》て杉家に生まれ、已《すで》に長じて吉田家を嗣《つ》ぐ。甲寅《こういん》の年、罪ありて獄に下る。夢に神人《しんじん》あり。与ふるに一刺《いっし》を以てす。文に曰《いわ》く、二十一回猛士と。忽《たちま》ち覚《さ》む。因《よ》って思ふに、杉の字二十一の象《かたち》あり、吉田の字もまた二十一回の象あり。吾が名は寅《とら》、寅は虎に属す。虎の徳は猛なり。吾れ、卑微《ひび》にして孱弱《せんじゃく》。虎の猛を以て師と為《な》すに非《あら》ずんば、安《いず》くんぞ士たるを得ん」

〔私は庚寅の年に杉家に生まれ、成長して吉田家を継いだ。甲寅の年（嘉永七年）に海外渡航計画の罪で入獄した。その時、夢に神人が現れて、一枚の紙を与えられた。それには二十一回猛士と書かれていた。目覚めて考えてみると、杉の字は二十一の形（十と八と三）で、吉田の字もまた二十一回の形をしている。私の名は寅次郎で、寅は虎の仲間。虎の備えている徳は勇猛な点である。私は力が弱いので、虎の勇猛さを師としなければ、立派な人物にはなれない〕

獄にあってなお、停滞と怠惰を自らに許さなかった松陰らしい夢であり、覚悟である。実際、松陰はこの獄中一年二か月間に六百十八冊の本を読破、獄を囚人の教育の場と化した。

続けて言う。「自分は勇猛心を用いて事に臨んだことが三回ある。だが、勇猛心を用いて事に当たらねばならないことがまだ十八回残っている」と。「二十一回猛士墓」の墓碑銘を見ていると、松陰の気迫が伝わってくるような思いがする。

松陰の生家は墓から数十メートル奥に入ったところにあった。手入れされた更地に住まいの跡が仕切られていた。六畳二間と三畳二間の質素な住まいである。すぐ横に厩《うまや》がある。佇《たたず》んで往時を偲《しの》んでいると、松陰の時代に立ち返ったような錯覚を覚えた。

眼下には萩の街が広がっている。遥《はる》か前方は萩城である。指月《しづき》山と果てしない海原。この豊かな風光の中で松陰は幼少期を過ごしたのだ。それが松陰の精神形成に及ぼした影響は計り知れない。

二度目の野山獄下獄の時、松陰は村塾の壁にこの言葉を記した。「松下陋村《しょうかろうそん》と雖《いえど》も誓って神国の幹《みき》とならん」――松本村はひなびた寒村ではあるが、必ずや日本の背骨となろう。

松陰は塾生たちに、その場で励めばそこが華になると教えた。その精神を結晶させたような言葉である。

いま、私たちが松陰に学ぶものは、この気概ではないか。人にはそれぞれ与えられた場がある。その場がたとえどんなにささやかであっても、その場を少しでも高める。そこに集う人々の心も高める。そのことに心して、日々精励したいものである。

あなたはあなたのいる場を高めているだろうか。

切に生きる

——二〇〇七年六月号

ある時、弟子が師の道元に聞いた。

「人間は皆仏性《ぶっしょう》を持って生まれていると教えられたが、仏性を持っているはずの人間になぜ成功する人としない人がいるのですか」

「教えてもよいが、一度自分でよく考えなさい」

道元の答えに弟子は一晩考えたが、よく分からない。

翌朝、弟子は師を訪ね、ふたたび聞いた。

「昨晩考えましたが、やはり分かりません。教えてください」

「それなら教えてやろう。成功する人は努力する。成功しない人は努力しない。その差だ」

弟子は、ああ、そうか、と大喜びした。だがその晩、疑問が湧いた。仏性を持っている人間に、どうして努力する人、しない人が出てくるのだろうか。翌日、弟子はまた師の前に出て聞いた。

「昨日は分かったつもりになって帰りましたが、仏性を有する人間に、どうして努力する人、しない人がいるのでしょうか」

「努力する人間には志がある。しない人間には志がない。その差だ」

道元の答えに弟子は大いに肯《うなず》き、欣喜雀躍《きんきじゃくやく》家路につく。しかしその晩、またまた疑問が湧いた。仏性のある人間にどうして志がある人とない人が生じるのか。

弟子は四度師の前に出て、そのことを問うた。道元は言う。

「志のある人は、人間は必ず死ぬということを知っている。志のない人は、人間が必ず死ぬということを本当の意味で知らない。その差だ」

道元の逸話である。この逸話を彷彿《ほうふつ》とさせる道元の言葉が、『正《しょう》法眼蔵随聞記《ほうげんぞうずいもんき》』にある。

「道《どう》を得ることは、根《こん》の利鈍《りどん》にはよらず、人々《にんにん》皆、法を悟るべきなり。精進と懈怠《けたい》とによりて、得道の遅速あり。

進怠の不同は、志の至ると至らざるとなり。志の至らざることは、無常を思わざる故なり。念々に死去す。畢竟《ひっきょう》じて且《しばら》くも留まらず。暫《しばら》く存ぜる間、時光を空《むな》しくすごすことなかれ」

（道を得るかどうかは生まれつきの利発さや愚かさによるものではない。修行する人は皆必ず悟りに達することができる。

ただ一所懸命になって精進する人と、怠けてやる人との間には当然早い遅いの差が生じる。精進するか怠けるかは志が切実かどうかの違いによる。志が切実でないのは、無常を思わないからだ。人は刻々と死につつある。こうして生きている時間を大切にして、自分を磨いていかなければならない）

切に生きるとは、ひたすらに生きるということである。いまここの一瞬一瞬をひたむきに生きるということである。小我を忘れ、何かに懸命に打ち込むことである。その時、生は本然《ほんぜん》の輝きを放つ。

是の処は即《すなわ》ち是れ道場——苦しい死の床にあるこの場所も自分を高めていく道場。道元はこの言葉を唱えながら亡くなったという。

「はかない人生を送ってはならない。切に生きよ」——道元が死の床で私たちに残した最期のメッセージをかみしめたいものである。

機を活かす

――二〇〇七年七月号

元禄《げんろく》歌舞伎を隆盛に導いた初代澤村宗十郎にこういう逸話がある。宗十郎の引退興行の時のこと。名優最後の花道というので、座員一同、随分緊張したものらしい。

「申し上げます。申し上げます。申し……」

芝居の一場面で役者の一人が科白《せりふ》をここまで言って、しどろもどろになってしまった。あ、忘れたな、と気づいた宗十郎は咄嗟《とっさ》に、

「よほどの密事と心得たり。近う、近う」

と手招きした。座員はにじり寄って小声で、

「すみません。忘れました」

宗十郎は自分の耳に手をやって聞き届け、次は口元に手を添えて、

「もうここらでよかろう。ではご免、と言って下がれ」

座員は声を張って「ではご免」と引き下がり、ことなきを得た。

機を転じて活かした宗十郎の咄嗟の対応に感嘆する。長年の修練と人間的度量のなせる業だろう。

先頃亡くなられた平岩外四《ひらいわがいし》氏（東京電力元社長・会長）は若い頃、当時の社長木川田一隆《きかわだかずたか》氏の秘書を務めた。その頃、木川田社長が自分に顔を向けた瞬間、社長が何を言いたいか、何をしてほしいかが分かったという。常に社長の思いと心を一つにし、社長と共有の時間を生きているからこそ、そういう不思議を可能にすることができたのだろう。

「幾《き》を知るはそれ神《しん》か」と『易経』は言う。「幾」は「機」である。ものごとのきざしを見ていち早く事件が起こるのを察知するのは、神というべきだろうか、というのである。また、「幾を見て作《た》ち、日を終うるを俟《ま》たず」――機を知ったらすぐに実行せよ、とも教える。

それでは、機を活かすにはどうすればいいのだろうか。その要件を四つにまとめることができるのではないかと思う。

まずは「至誠」である。誠心誠意取り組むことである。至誠天に通ずというが、至誠は神のような働きをする。古来、真剣に生きた人の一様に説くところである。

次に「敏」である。ピンとくる。そのためには前向きの緊張感を持ち続けることである。安岡正篤《まさひろ》師の言葉がある。

「自分の人生を美しくするために、仕事のために、友人のために、世の中のために、できるだけ気をつけよう、役にたとう、まめにつくそうと心身を働かすことが敏の本義である。ひらたくいえば、いつも怠りをしないでいつもきびきびしている。その代わり世間のくだらんことにはずいぶんと怠けてもよろしい」

第三は「徹」。徹することである。意外にこれができない。『書経』にも、「恤《うれ》いを知るものは鮮《すくな》いかな」――人にはそれぞれに重大な任務があるが、その任務に心を砕いている人は昔から多くはない、と言っている。ほとんどの人が中途半端で終わる。だが、徹する人のみが至り得る境地がある。

最後は「勇」。積極一貫。躊躇逡巡《ちゅうちょしゅんじゅん》する者に機は活かせない。

人は教えによりて人となる

——二〇〇七年八月号

最近カンボジアで、九歳の時に水牛の世話をしていて行方不明になった少女が、十八年ぶりに発見され保護されたというニュースがあった。二十七歳になっている彼女はジャングルで暮らしていたらしく、言葉を理解せず、服は破り捨て、四つん這《ば》いで歩き、すっかり野生化しているという。

人は人に生まれるのではない、人になるのだ、ということを思い起こさせる話である。では、人は何によって人になるのか。

名君として知られる水戸藩主徳川光圀《みつくに》は、家康の第十一子頼房《よりふさ》の三男。才気煥発《かんぱつ》だったが、若い頃は常軌逸脱《じょうきいつだつ》、傍若無人《ぼうじゃくぶじん》、側近が「不品行」と記すほどの不良だった。だが、頼房は光圀の器量を見抜いていたのだろう。世継ぎは光圀と決めていた。もっとも周りには温厚な長男頼重《よりしげ》のほうが評判よく、光圀は「言語道断の歌舞伎者」「行く末笑止千万」と見られていた。そんな光圀が十八歳で『史記』の「伯夷《はくい》伝」を読み、生き方が一変する。

「伯夷伝」はいう。伯夷と叔斉《しゅくせい》は小国の君主の子。父は末弟の叔斉を跡継ぎに指名し世を去った。だが、叔斉は兄の伯夷に譲ろうとする。伯夷は「父の遺志に背く」と受けず、国を去った。叔斉も兄の後を追う。伯夷と叔斉は周の文王を頼ったが、文王は亡くなり、子の武王が嗣《つ》いで、殷《いん》を伐《う》とうとしていた。二人は「父の文王の葬礼も済まないのに殷を伐つのは孝に悖《もと》る。殷は周の主君で、臣が主を伐つのは仁に悖る」と諫《いさ》めるが、逆に警護の者に殺されそうになる。「二人は義人だ」と命を救ったのは、武王の軍師だった。

やがて周は殷を平定、天下をものにする。すべてが周になびく中、伯夷と叔斉は義に背く周の俸禄《ほうろく》は受けられないと山に隠れ、餓死した。あくまでも信義を貫いたのである。

――これを読んだ十八歳の光圀は大きな衝撃を受けた。器量は自分が上、世継ぎは当然と決め込んで、兄頼重の気持ちをいささかでも思いやったことがあるだろうか……。伯夷と叔斉の義を貫く見事さが、自分には爪の垢《あか》ほどでもあるだろうか……。

その時から光圀は変わる。書斎を日新斎と名づけ、古典を読みふける。その中から古人の事蹟《じせき》を知るには史書《ししょ》でなければならないと痛感し、『大日本史』の編纂《へんさん》も発想されていく。

光圀にはもう一つの決意があった。それは、兄頼重の子を養子にして世継ぎとすることである。光圀はこの決意を三十四歳の時、父の死に際して兄に告げ、六十三歳で実行した。

光圀はまさに「伯夷伝」の教えによって人となり、自らつくった座右銘「人の人たるは腹に詩書あればなり。学の学たる身道徳を行えばなり」を、その人生に実現したのである。

「教」は「孝」と「攵《ぼく》」から成る。安岡正篤《まさひろ》師は「孝」は親子だけのものではなく、老若、新旧の連続・統一を意味し、断絶なきところに個人も民族も進歩、繁栄する、と説く。「攵」は鞭《むち》でもって指し示すことだという。教えとは何かが如実である。

人は教えに学び、そして教えを伝承していかなければならない。

運命を切りひらく

——二〇〇七年九月号

『獄中《ごくちゅう》の人間学』という本がある。敗戦まで満洲国総務庁次長（実質上の総理大臣だったという）であった古海忠之《ふるみただゆき》氏と、敗戦後も中国人民解放軍と戦った城野宏《じょうのひろし》氏との対談集である。

古海氏は敗戦でシベリアに抑留《よくりゅう》。さらに中国に移送され、軍事裁判で禁固十八年の判決を受け、撫順《ぶじゅん》監獄に収監された。帰国したのは昭和三十八年。四十五歳から六十三歳まで、人生でもっとも脂ののった時期を獄中で過ごしたのである。帰国した時、小学六年生で別れた長男がすでに結婚、子どもも生まれていたのに驚いたという。

城野氏は日本が降伏した後も山西省《さんせい》で中国人を野戦軍に組織、指揮して毛沢東と戦った。しかし昭和二十四年に捕虜《ほりょ》となり、太原《たいげん》監獄に七年。その後撫順監獄に移され、古海氏と出会うことになる。

獄中生活を共にしたお二人が、「人間社会の縮図」を赤裸々に語り合ったのがこの本である。それはまさに人間学の宝庫である。

例えばこんな話がある。

監獄では神経衰弱になる人が多かった。彼らには共通の特徴があった。ゴマをする人間であることである。気に入られたい一心で監獄の管理者のほうばかりを見、調子を合わせようとし、結局は相手に振り回されて神経衰弱に陥る。

また、家族に会いたい思いが募り、妻子や母親の写真ばかり見ている人もそうである。意識がその一事に支配され、他のことには反応しなくなるのだ。古海氏は言う。

「人間の脳味噌《のうみそ》は、外部からの刺激に反応しなくなったら、もうおしまいだと思ったね。家族に会いたい気持ちは誰だって同じだが、それをどのように意識して処理するか。監獄の中で海を隔《へだ》てた日本にいる人間に会えるわけがないから、思っても始まらない」

それより大事なのは、いまこの環境で何をすれば一番益するものがあり、それが身につくか——二人はそのことに腐心《ふしん》したという。

両氏が亡くなられて久しいが、お二人が十八年の獄中で得た尊い知恵はそのまま、現代に生きる私たちに、「運命を切りひらく」ために大切なものは何かを示して新鮮である。

『二宮尊徳一日一言』がこの程、寺田一清《いっせい》氏の編により上梓《じょうし》された。

人生の辛酸《しんさん》をなめた尊徳だが、この人で特筆すべきは、体制や権威に批判や不満を口にせず、与えられた現実を受け入れ、その現実を少しでも高めるべく、最大最善の努力をしたということである。

この事実をかみしめる時、「わが道は至誠と実行のみ」という尊徳の言葉はずしりと肚《はら》に響く。

「その位《くらい》に素《そ》して行い外《ほか》を願わず」

中国古典『中庸』はいう。人にはそれぞれ与えられた立場がある。その立場の中で他の立場を羨《うらや》んだり妬《ねた》んだりせず、誠心誠意、全力を尽くせ、という教えである。

与えられた条件の中で、運命を呪《のろ》わず、不平不満を言わず、いま自分にできる最善の努力をする——運命を切りひらく鍵はそこにある。

人生の大則

二〇〇七年一〇月号

このほど『二宮尊徳一日一言』『修身教授録一日一言』が上梓《じょうし》された。一日一言シリーズはこれで六巻になる。

六人の先哲の語録編纂《へんさん》を終えて、しみじみと湧《わ》き上がってくる感《かん》興《きょう》がある。六人の人生の達人の言葉は、煎《せん》じ詰めれば一に帰するという思いである。その一とは何か。それは、

花は香り

人は人柄

ということである。見た目にいくら華やかで艶《つや》やかでも、造花には真に人を引きつける魅力はない。人もまたいくら実力があっても、傲慢《ごうまん》で鼻持ちならない人に人間的魅力はない。

まず自分を創ること。自分という人間を立派に仕上げること。そして、徳の香る人になること——六人の先哲がその生涯を通して語っていることは、その一点に凝縮される。これこそ人生で一番大事な法則、これを遵守《じゅんしゅ》すれば人生は大丈夫という原則、すなわち人生の大則であろう。

では、どうすれば自分を創ることができるのか。六人の先哲の言っていることは、概《おおむ》ね次の三つに集約されると思う。

一つは、人生に対して覚悟を決めること。覚悟を決めない限り、真の人生は始まらない。先哲は繰り返しこのことを説いている。

沖縄の漁師が言ったという。

「遠洋の漁場に出ようと決めると、風が起き、帆がざわめき、波が立ってくる。だが、まだ覚悟が決まらない船には風が起きんのよ」

人生もまた然《しか》りである。

二つは、傲慢になるな、謙敬（謙虚で、敬い、慎むこと）であれ、と教える。不遇の時には謙虚だった人が、うまくいきだすと傲慢になる。人間の通弊《つうへい》である。だが、傲慢になった時、天はその人の足をすくう。その事例は数限りない。

三つは、誠実であれ、ということ。誠実は古来聖賢がもっとも大事にした人間最高の徳目である。

あえてもう一つ付け加えれば、「久《きゅう》」であろう。久しく続けることで、人生の大則は揺るぎないものになる。

最後に、二宮尊徳の道歌を紹介したい。

父母《ちちはは》もその父母《ちちはは》もわが身なり　われを愛せよ我を敬せよ

あなたの命はあなた一人のものではない。父母《ちちはは》、その父母《ちちはは》と幾世代にもわたり、連綿と続いてきた命。その命の炎が一度も途切れることなく続いてきたからこそ、あなたの命がある。あなたの身体の中には幾百万、幾千万という先祖の連綿たる命の炎が燃えている。

そういう尊い命の結晶が自分であることに深い思いをはせ、自分を愛し、自分を敬うような生き方をしなければならない。

私たちが決して忘れてはならない人生の大則《たいそく》がここにある。

天真を発揮する

二〇〇七年一一月号

伝説のインストラクター——その研修を受けた受講生たちはこう呼ぶ。研修の奥深さ、身振り手振りの美しさがいまでも多くの人の脳裏《のうり》に焼き付いている。その人は中田完二さん。

昭和三十五年、大阪生まれ。大阪大学経済学部を卒業し、ダイエーに入社。教育部門で研修を担当したことが、中田さんの人生の方向を決めた。人材教育の意義と魅力にひかれ大手研修会社に転職、研修の講師、インストラクターを目指したのだ。二十七歳だった。

猛烈な努力を重ねた。その先には順風満帆の日々が待っていた。入社四年目に最優秀社員賞、六年目には数名のインストラクターを束ねる管理者になった。理想の女性と結婚した。子どもも生まれた。

異変が起こったのは平成八年である。急性骨髄性白血病を発病したのだ。四か月の闘病生活。抗がん剤治療の効果が現れ、翌年二月に退院できた。家族と一緒にいられる幸せが身に沁《し》みた。

だが、平穏は続かなかった。平成十年元旦、中田さんの様子がおかしいといぶかる実兄に強引に病院に連れて行かれ、新たな病気が見つかった。脳腫瘍《しゅよう》である。直ちに入院となり、開頭手術が行われた。幸い手術は成功。だが、その喜びも束《つか》の間だった。白血病が再発したのである。この時も治療の効果が出て七月には退院した。

しかし、運命はさらに過酷な試練を与え続けた。

退院後一か月、早朝ふと目を覚ますと、右目が見えなくなっていた。放射線治療がなされたが効果はなく、ついには左目も光を失った。中田さんは全盲の身となったのである。

しかし、そういう状況の中でも中田さんの人柄を慕い、その研修を依頼する人は多く、中田さんは自らが「神様のような人たち」と評する人たちに支えられ、インストラクターの仕事を続けていた。

全盲になって初めての研修終了後、その会社の専務から、「これまでいろいろな研修を受け、また実施してきたが、こんな研修はない。いままでで一番よかった」といわれたのが、中田さんに自信を与え、その後の活動の根源になった。

そんな日々の中、またも白血病が再発する。平成十六年一月のことである。

「この時の気持ちは言葉では言い表せない。あまりのショックに人生そのものに対するあきらめのような感覚になった」という。

だが奇特な協力者に支えられ、中田さんはまたも力強く歩み出した。本誌が中田さんに出会ったのはその頃である。

花は香り、人は人柄——その言葉を想起させる人であった。病との闘いがこの人の人格を光り輝くように磨き上げていた。

その中田さんがこの八月、急逝された。入浴中に脳腫瘍の後遺症の発作で浴槽にうつ伏せに倒れたのである。僅《わず》か十分ほどの出来事だったという。実に惜しい人を亡くした。悲しみは尽きない。

「天真《てんしん》」は、森信三師が『修身教授録』の中で述べられている言葉である。天がその人だけに与えた真実という意味だと解している。

中田さんはまさに天真を発揮し尽くした人生を生きた。

「『致知』の普及は必ず日本を幸せにする」と信念を持って語ってくれた魂の同志の冥福を、心より祈りたい。

喜びの種をまく

——二〇〇七年一二月号

仏法に「無財《むざい》の七施《しちせ》」という教えがある。財産がなくても誰でも七つの施《ほどこ》しができる、喜びの種をまくことができるという教えである。財産がなくて、どうして施しができるのか。何を施せるのか。『雑宝藏経《ぞうほうぞうきょう》』は、「仏《ほとけ》説《と》きたもうに七種施あり。財物を損せずして大果報を得ん」として、七つの方法を示している。

一は「眼施《げんせ》」――やさしいまなざし。

二は「和顔悦色施《わがんえつじきせ》」――慈愛に溢《あふ》れた笑顔で人に接する。

三は「言辞施《げんじせ》」――あたたかい言葉。

四は「身施《しんせ》」――自分の身体を使って人のために奉仕する。

五は「心施《しんせ》」――思いやりの心を持つ。

六は「床坐施《しょうざせ》」――自分の席を譲る。

七は「房舎施《ぼうしゃせ》」――宿を貸す。

大きなことでなくともいい。人は日常のささやかな行いによって喜びの種をまき、花を咲かせることができると釈迦《しゃか》は教えている。自らのあり方を調《ととの》えよ、という教えでもあろう。

「無財の施《ほどこし》」の教えで思い出すことがある。生涯を小中学生の教育に捧げた東井《とうい》義雄先生からうかがった話である。

ある高校で夏休みに水泳大会が開かれた。種目にクラス対抗リレーがあり、各クラスから選ばれた代表が出場した。その中に小児マヒで足が不自由なA子さんの姿があった。からかい半分で選ばれたのである。だが、A子さんはクラス代表の役を降りず、水泳大会に出場し、懸命に自分のコースを泳いだ。その泳ぎ方がぎこちないと、プールサイドの生徒たちは笑い、野次《やじ》った。その時、背広姿のままプールに飛び込んだ人がいた。校長先生である。

校長先生は懸命に泳ぐA子さんのそばで、「頑張れ」「頑張れ」と声援を送った。その姿にいつしか、生徒たちも粛然《しゅくぜん》となった。

こういう話もある。そのおばあさんは寝たきりで、すべて人の手を借りる暮らしだった。そんな自分が不甲斐《ふがい》ないのか、世話を受けながらいつも不機嫌だった。ある時一人のお坊さんから「無財の七施」の話を聞いたが、「でも、私はこんな体で人に与えられるものなんかない」と言った。お坊さんは言った。「あなたにも与えられるものがある。人にしてもらったら、手を合わせて、ありがとうと言えばよい。言われた人はきっと喜ぶ。感謝のひと言で喜びの種をまくことができる」。おばあさんは涙を流して喜んだという。

「喜べば喜びが、喜びながら喜び事を集めて喜びに来る。悲しめば悲しみが、悲しみながら悲しみ事を集めて悲しみに来る」――若い頃、ある覚者から教わった言葉である。喜びの種をまく人生を送りたいものである。

最後に、東井先生からいただいた詩を紹介したい。

《雨の日には　雨の日の／悲しみの日には悲しみをとおさないと見えてこない／喜びにであわせてもらおう／そして／喜びの種をまこう／喜びの花を咲かせよう／ご縁のあるところ　いっぱいに……》

二〇〇八年

一月号～一二月号

健体康心

二〇〇八年一月号

ドイツの哲学者カントは、馬の蹄鉄《ていてつ》屋の子に生まれた。生まれつきのくる病であった。背中に瘤《こぶ》があり、乳と乳の間は僅《わず》か二インチ半、脈拍は絶えず百二十〜百三十、喘息《ぜんそく》で、いつも苦しげに喘《あえ》いでいた。

ある時、町に巡回医師がやってきた。少しでも苦しみを和らげられたら、と父はカントを連れて診せに行った。診てもらってもどうにもならないことは、カント自身も分かっていた。

そんなカントの顔を見ながら、医師は言った。その言葉がカントを大哲学者にするきっかけとなったのである。

「気の毒だな、あなたは。しかし、気の毒だと思うのは、体を見ただけのことだよ。考えてごらん。体はなるほど気の毒だ。それは見れば分かる。だがあなたは、心はどうでもないだろう。心までもせむしで息が苦しいなら別だが、あなたの心はどうでもないだろう。

苦しい辛いと言ったところで、この苦しい辛いが治るものじゃない。あなたが苦しい辛いと言えば、おっかさんだっておとっつぁんだってやはり苦しい、辛いわね。言っても言わなくても、何にもならない。言えば言うほど、みんなが余計苦しくなるだろ。苦しい辛いと言うその口で、心の丈夫なことを喜びと感謝に考えればいい。体はともかく、丈夫な心のお陰であなたは死なずに生きているじゃないか。死なずに生きているのは丈夫な心のお陰なんだから、それを喜びと感謝に変えていったらどうだね。そうしてごらん。私の言ったことが分かったろ。それが分からなければ、あなたの不幸だ。

これだけがあなたを診察した私の、あなたに与える診断の言葉だ。分かったかい。薬は要りません。お帰り」

カントは医師に言われた言葉を考えた。

「心は患《わずら》っていない、それを喜びと感謝に変えろ、とあの医師は言ったが、俺はいままで、喜んだことも感謝したことも一遍もない。それを言えというんだから、言ってみよう。そして、心と体とどっちが本当の自分なのかを考えてみよう。それが分かっただけでも、世の中のために少しはいいことになりはしないか」

大哲学者の誕生秘話である（宇野千代著『天風先生座談』より）。

健康とは、健体《けんたい》（すこやかな体）と康心《こうしん》（やすらかな心）のことである。体を健《すこ》やかに保つこと。それは天地から体を与えられた人間の務めである。そしてそれ以上に大事なのが、心を康《やす》らかに保つことだ。体が丈夫でも心が康らかでなかったら、健康とはいえない。いや、たとえ体が病弱でも心が康らかなら、生命は健やかである。これは人間個々から小さな組織、国家まで、あらゆる生命体にいえることであろう。カントの逸話は私たちにそのことを教えている。

『安岡正篤《まさひろ》一日一言』に「五医」と題する言葉がある。

一、欲を少なくして惑《まどい》を医《いや》す
二、静坐して躁《そう》（がさつさ）を医す
三、事を省いて忙を医す
四、友をえらんで迂《う》（にぶさ）を医す
五、書を読んで俗を医す

健体康心への道標を反芻《はんすう》しつつ、人生に臨みたい。

将の条件

二〇〇八年二月号

「一国は一人《いちにん》を以《もっ》て興《おこ》り一人《いちにん》を以て亡《ほろ》ぶ」

宋のすぐれた学者、蘇老泉《そろうせん》の言葉である。一つの国はどういう将がいるかによって発展もするし滅びもする、というのである。大は国家から小は家庭まで、例外はない。

「其《そ》の人の存《そん》すれば則《すなわ》ちその政《まつりごと》挙がり、其の人の亡すれば則ちその政息《や》む」

『中庸《ちゅうよう》』も同じことを説く。将の役割は重大である。

将と言えばこの人を想起する。住友生命の故・新井正明氏（元社長・会長）である。ノモンハン事件で右脚を失った身ながら、自転車の荷台に乗せてもらって陣頭指揮に東奔西走《とうほんせいそう》、社員の心を一つに結び、業界第十一位だった同社を第三位に躍進させた人である。どこにいても自然に人に推され、その組織体の長についた人であった。

その新井氏が常に座右に置いたのが『論語』だった。中でも全身を貫く教えとし実践に励んだのが、次の一語である。

「その身正しければ令《れい》せずとも行わる。その身正しからざれば令すといえども従わず」

氏は言ったものである。

「自分が正しいことを一所懸命やっていれば命令しなくとも人もそのとおりに行う、ということですが、本当のところ、こちらが言わなければなかなかやってくれません。しかし、その身正しからざれば令すといえども従わず、というのは真理です」

ある時、氏が洩《も》らされたことがある。

「いまも義足の付け根が痛む。だが、それを表情に出せば会長は機嫌が悪い、と社員が思うから、努めて出さないようにしている」

「春風を以て人に接し秋霜《しゅうそう》を以て自ら粛《つつし》む」

（人に接するには春風のような気持ち良い態度で臨み、自分に対しては秋の霜が身を引き締めるように厳しく慎む）

佐藤一斎の言葉をそのままに実践し、常に精進を怠らず人格を練り上げていく姿がそこにはある。これこそ将の条件であろう。

新井氏だけではない。本誌三十年の歴史には数多くのすぐれたリーダーにご登場いただいた。その姿勢から将の条件をまとめると、次のように言えるのではないだろうか。

一は、将は勝つことを以て本旨とせよ、ということである。負けることもある、と考える将は、その立場から去らねばならない。

二は、将は常に自らを修め、自らの姿勢を正さなければならない。

三は、先の二つの条件に深く関連するが、その組織に属する人たち全員の意欲と能力を発揮させる人望を持たなければならない。

本誌登場の塩野七生《ななみ》さんは、二千年前の古代ローマの将の研究をライフワークとしているが、その塩野さんは将の第一条件に「知《ち》力《りょく》」を挙げる。なるほどと思う。戦略戦術を立てる能力も、判断力、決断力も、いや実行力もまたその根底にあるのは知力である。

将は人の心のみならず、天地の心を知る知力の人でなければならない。将の道は任重く、そして遠い。

楽天知命

二〇〇八年三月号

楽天知命《らくてんちめい》――天を楽しみ、命《めい》を知る。『易経《えききょう》』にある言葉である。

天とは、与えられた環境、境遇と解してよいだろう。与えられた境遇の中で楽しみを見出し、自らの使命を知り、その使命を果たしていく。そういう生き方をしなさいと示唆《しさ》した言葉と理解できる。

天はまた、天の道理ともいえる。天は人に様ざまな禍福吉凶《かふくきっきょう》を与えるが、その流れを天の道理と知り、天を恨まず、人を咎《とが》めず、誠を貫く生き方をせよ、との教えでもあろう。

天より与えられた天分、資質を楽しみ、それを発揮することに力を尽くし、使命ある人生を生きよ、と教えた言葉とも解せる。

自らの使命を悟った人は、人生を安らかに楽しむことができる。私たちはそういう先達を多く歴史に持っている。


このほど出版された『人生に生かす易経』（竹村亞希子著）に、太《たい》公望《こうぼう》の逸話がある。太公望は、武王が殷《いん》の紂王《ちゅうおう》を滅ぼし周王朝を建国するのに力を尽くした軍師である。伝説の多い人だが、これは周の文王がまだ周の一勢力の首領だった頃の話。素晴らしい人物がいると聞いて訪ねていくと、太公望は釣りをしていた。

「釣れますか」と文王が聞くと、返ってきた答えはこうだった。

「わしは魚を釣っているのではない。国を釣っているのだ」

文王はぜひ力を貸してほしいと頼んだが、太公望は二度断り、三度目にようやく応じた。三顧《さんこ》の礼は三国志以前にもあったわけだが、驚くのはその時の太公望の年齢である。すでに七十歳を過ぎていたのだ。七十歳にして初めて軍師に抱えられたのである。

太公望は常に最前線に出て戦ったが、八十歳までは負け続けで、一度も勝てない。勝利の女神が微笑《ほほえ》んだのは九十歳の時。牧野《ぼくや》の戦いで殷王朝を滅ぼし、ようやく軍師の面目《めんぼく》を施したのである。

著者の竹村さんはいう。

「太公望はおそらく大変な葛藤《かっとう》を抱えていたでしょう。それでも七十歳になるまで悠々と釣りをしていた。そこがすごい」

楽天知命の人生を全《まっと》うした人の姿である。


本誌連載の執筆者井原隆一《りゅういち》さんもまた、楽天知命の人生を生きている。今月号掲載の「老感没却《ぼっきゃく》」にその面目が躍如《やくじょ》である。井原さんは今年九十七歳。毎朝四時に起き畑仕事をし、高らかに歌い、「一年三百六十五日とするから九十七歳。一年七百三十日と思えば四十八、九歳」と笑い、三、四百歳から二、三千歳の古人を師に楽しげに学んでいる。その楽天知命ぶりは達人の域に達している。

最後に、住友常務理事だった田中良雄さんの詩を紹介する。楽天知命の人生を生きる心得が、ここにある。

一隅《いちぐう》を照らすもので　私はありたい
私の受け持つ一隅が　どんなちいさい
みじめな　はかないものであっても
わるびれず　ひるまず　いつもほのかに
照らしていきたい

人生の四季を生きる

――二〇〇八年四月号

地球が一公転するごとに季節の四季は巡《めぐ》る。何度でも巡ってくる。だが、青春、朱夏《しゅか》、白秋《はくしゅう》、玄冬《げんとう》——人生の四季は一回限りである。人は皆いずれかの季節を、いま生きている。

中には若くして逝《い》き、白秋、玄冬を見ずに終わる人生もある。だが吉田松陰は、人は十歳で死んでも、その人なりの人生の四季を生きて死ぬのだ、といっている。二十九歳の若さで生涯を終えた松陰自身が、人生の四季を堪能《たんのう》して旅立った人なのだろう。

年齢的にいえば、青春とは三十歳くらいまでのことになるだろうか。朱夏は三十歳から五十歳。白秋は五十歳から七十歳あたりか。玄冬はそれ以降となろう。

人は生まれ、若々しく成長し、そして老い、死ぬ。厳然《げんぜん》たる事実である。この事実を事実として受け止め、そのすべての季節をどう生きるか、各人の心の工夫が問われるところである。

松下幸之助氏が松下政経塾を開塾したのは、八十五歳の時である。初めての入塾式のあとで、住友銀行の頭取を務めた八十一歳の堀田正三氏と、「五年間の修養でどんな人物が育つだろうか」と楽しそうに語り合っていた。同席した新井正明氏は、自分の年齢を忘れて五年後に希望を燃やすお二人の姿に感嘆《かんたん》した、といわれていた。

その松下氏が愛唱《あいしょう》してやまなかったのが、サミュエル・ウルマンの「青春」である。人生の四季をいかに生きるか。この詩が語りかけてくるものは多い。味読心読身読《みどくしんどくしんどく》したい詩である。全文を紹介する。

青春

青春とは人生のある期間をいうのではなく、心の様相《ようそう》をいうのだ。

優れた創造力、逞《たくま》しき意志、炎《も》ゆる情熱、怯懦《きょうだ》を却《しりぞ》ける勇猛心《ゆうもうしん》、

安易を振り捨てる冒険心、こういう様相を青春というのだ。

年を重ねただけで人は老いない。理想を失う時に初めて老いがくる。

歳月は皮膚のしわを増すが、情熱を失う時に精神はしぼむ。

苦悶《くもん》や、狐疑《こぎ》や、不安、恐怖、失望、こういうものこそあたかも長年月《ちょうねんげつ》のごとく人を老いさせ、精気《せいき》ある魂をも芥《あくた》に帰《き》せしめてしまう。

年は七十であろうと十六であろうと、その胸中に抱《いだ》き得るものは何か。

曰《いわ》く、驚異への愛慕心《あいぼしん》、空にきらめく星辰《せいしん》、その輝きにも似たる事物や思想に対する欽仰《きんぎょう》、事に処する剛毅《ごうき》な挑戦、小児のごとく求めて止《や》まぬ探求心、人生への歓喜と興味。

人は信念と共に若く、疑惑と共に老ゆる。

人は自信と共に若く、恐怖と共に老ゆる。

希望ある限り若く、失望と共に老い朽《く》ちる。

大地より、神より、人より、美と喜悦《きえつ》、勇気と壮大、そして偉力の霊感を受ける限り、人の若さは失われない。

これらの霊感が絶え、悲歎《ひたん》の白雪《はくせつ》が人の心の奥までもおおいつくし、皮肉の厚氷《あつごおり》がこれを固くとざすに至れば、この時にこそ人は全くに老いて、神の憐《あわれ》みを乞《こ》う他はなくなる。

（訳・岡田義夫）

工夫用力

二〇〇八年五月号

吉野・金峯山寺《きんぷせんじ》千三百年の歴史で満行《まんぎょう》したのはたった二人。大峯《おおみね》千日回峰行《せんにちかいほうぎょう》は、それほどの荒行である。その二人目の満行者、塩沼亮潤《りょうじゅん》さんがこの程、『人生生涯小僧のこころ』を出版した。

大峯千日回峰行は深夜十一時半に起床、お滝場で身を清め、十二時に堂を出発する。片道二十四キロ、高低差千三百キロ以上の山道を十六時間かけて往復。これを毎年五月三日から九月二十三日まで九年間かけ、合計四万八千キロメートルを歩き続けるのだ。

この行には一つだけ掟《おきて》がある。いったん行に入ったら、決して途中でやめることはできないことである。どんな高熱だろうと、足の骨を折ろうと、である。やめる時は携行している短刀で腹を切るか、死《し》出紐《でひも》という紐で首をくくるかだ。まさに命懸けの行である。

塩沼さんは小学生の頃、比叡山《ひえいざん》の酒井雄哉大阿闍梨《ゆうさいだいあじゃり》が千日回峰行に挑んでいる姿を見て、自分もこの行をやりたいという思いに全身が貫かれたという。高校卒業と同時に金峯山寺で出家得度《しゅっけとくど》。平成三年、大峯千日回峰に挑戦、平成十一年、満行。大阿闍梨となった。

しかし、行はこれで終わりではない。その翌年、塩沼さんは千日回峰満行者が必ず果たさなければならない四無行《しむぎょう》に挑む。

四無行とは、断食、断水、不眠、不臥《ふが》を九日間続ける行である。生きて行を成就《じょうじゅ》する確率は五十%といわれている。塩沼さんはこの行も見事に成満《じょうまん》した。

塩沼さんの本を再読して、改めて深く感じ入ったことがある。

一つは、朝起きた瞬間に、心を最高の状態にまでもっていった、ということである。大自然には不測の事態が待ち受けている。不平不満の心をくすぶらせていると、予期せぬ事態に対処できず、命を落とすことになる。そうならないよう、心を百二十点満点にもっていって、どんな事態が起ころうと、ああ、そうきたか、それならこういこう、と対処していった、という。

もう一つは、行に入った最初の頃は、足を痛めたり、体の故障が多かった。それは自分の力を頼み、力任せに歩いていたせいだと気づくようになる。それからは自然を受け入れ、一歩一歩「謙虚、素直」「謙虚、素直」と心の中で唱えながら歩くようにした。すると、氷の上を滑っていくような歩きができるようになった、という。

ああなりたい、こうなりたいと思っているうちはだめだったが、自然と一体になった時に、なりたい自分になっていた、ともいう。

「人生も行も最も重要なポイントは、人を恨まない、人を憎まない、人のせいにしない覚悟を持つことです。もし行の最中に人を少しでも恨んだり人のせいにしていたら、おそらくいまの自分はない」

塩沼さんの弁である。そしてこう締めくくる。

「現実を受け入れ、愚痴らず、精一杯生きていると、そこに道がひらけてくる」

人生も仕事も、畢竟《ひっきょう》、工夫と用力《ようりき》である。いかに工夫し、用力するか。それは人生の醍醐味《だいごみ》でもある。塩沼さんが千日回峰行に挑む中でみせた工夫と用力の極意は、そのまま私たちが人生を歩む上で大事な工夫と用力につながっている、と思うのである。

人生の道標

二〇〇八年六月号

先日、ある会社で話をさせていただく機会があった。最初に、「この世に絶対不変の真理はあるだろうか」という質問をした。「ある」と答えた人、「ない」という人、様ざまだった。

目まぐるしい変化の時代である。永久に変わらないものなどない、と思いがちである。だが、絶対不変の真理は厳然《げんぜん》としてある。

その第一は、「人は必ず死ぬ」ということである。この世に生まれて滅しない者はいない。いまここにいる人で、五十年後に生きている人はいるだろうが、百年後も生きている人はいない。

第二は、「自分の人生は自分しか生きられない」ということである。幼子が病気で苦しんでいる。親は自分が代わってやりたいと思う。だが、代わることはできない。その人の人生はその人以外には生きることができないのだ。

第三は、「人生は一回限りである」ということ。人生にリハーサルはない。また、再演することもできない。

そして最後、第四は、「この悠久の宇宙において自分という存在はたった一人しかいない」ということである。過去にも未来にも自分と同じ人間は生まれていないし、これからも生まれてこない。自分は広大無辺の時空の中で、たった一つの、たった一回しかない命を生きている存在なのである。

これは地球上に人類が誕生して以来の不変の真理である。この事実を真に受け止める時、深い感動が湧き上がってくる。私たちは図らずして、奇跡のような命を、いま生きているのだ。

このかけがえのない命をどう生きるか。そこに人生の道標《みちしるべ》が要る。古来、幾多の聖賢がその道標を私たちに示してくれている。

安岡正篤師も人間の生きるべき道を生涯追求した人である。その安岡師がある人の依頼で作った家訓がある。豊かな人生を生きる道標を示して、味わい深い。

傳家寶《でんかほう》

一、我が幸福は祖先の遺恵《いけい》、子孫の禍福《かふく》は我が平生《へいぜい》の所行《しょぎょう》にあること、已《すで》に現代の諸学にも明らかなり。

二、平生、己を省《かえり》み、過《あやま》ちを改め、事理を正し、恩義を厚くすべし。百薬も一心の安きに如《し》かず。

三、良からぬ習慣に狎《なれ》るべからず。人生は習慣の織物と心得べし。

四、成功は常に苦心の日に在り。敗事は多く得意の時に因《よ》ることを覚《さと》るべし。

五、事の前に在りては怠惰《たいだ》、事に当っては疎忽《そこつ》、事の後に於《おい》ては安逸《あんいつ》、是れ百事成らざる所以《ゆえん》なり。天才も要するに勤勉のみ。

六、用意周到なれば機に臨んで惑《まど》うことなし。信心積善すれば変に遭うて恐るることなし。

七、不振の精神・頽廃《たいはい》せる生活の上には、何ものをも建設する能《あた》わず。永久の計は一念の微《び》にあり。

（『安岡正篤一日一言』より）

不撓不屈

二〇〇八年七月号

一道一業を拓《ひら》き、興《おこ》した人に例外なく備わっているものがある。どんな困難に遭《あ》っても怯《ひる》まず、挫《くじ》けない――不撓不屈《ふとうふくつ》の心である。

中国仏教界に戒律が完備していないのを嘆き、律蔵《りつぞう》（戒律を記した書）を求めて法顕《ほっけん》が四人の僧と共に長安《ちょうあん》から天竺《てんじく》（インド）に向かって旅立ったのは西暦三九九年。この時、法顕六十四歳であった。仏法に厳格に従い、夏坐《げざ》（雨期三か月の坐禅《ざぜん》修行）を怠《おこた》らず、また金は持たず、行く先々で喜捨《きしゃ》を求めての旅である。敦煌《とんこう》に入ったのは一年後。この時、同行の僧は十一人に増えていた。

その先に最初の難関が待ち構えていた。ゴビ、タクラマカンの大砂漠（沙河《さか》）である。法顕は記す。

「沙河中、多く悪鬼熱風あり。遇《あ》えば則《すなわち》皆死す。一も全《まった》き者はなし。上に飛鳥《ひちょう》なく、下に走獣《そうじゅう》なし。遍望極目《へんぼうきょくもく》、度《わた》る処を求めんと欲して、則擬《ぎ》する所を知るなし。ただ死人の枯骨《ここつ》を以《もっ》て、標識《ひょうしき》となすのみ」

（大砂漠にはしばしば悪鬼熱風が現れ、これに合うと皆死んで、一人も無事な者はいない。動物の影はなく、見渡す限りの大砂漠で、行路を求めようとしても拠《よ》り所がない。ただ死人の骸骨《がいこつ》を標識にするだけである）

簡潔な描写が道程のすさまじさを浮き彫りにしている。

この難路を六十五歳の法顕は十七日で渡り切った。パミールを越えてインドに入ったのは六年後。さらに六年かけて王舎城《おうしゃじょう》などの仏跡を巡り、海路で青州（山東省）に上陸したのは四一二年。

通算十三年四か月の求道《ぐどう》の旅。志を共にした十一人の仲間は、途中帰国したり現地に残留したり、あるいは死亡、初志を貫いて帰国できたのは、この時八十路《やそじ》の入り口に立っていた法顕一人であった。

この旅で法顕は多くの律蔵を持ち帰ったが、中でも「大般涅槃《だいはつねはん》経《ぎょう》」は涅槃宗成立の基《もとい》となった。

旅を振り返って、法顕は語っている。

「いま顧《かえり》みて、経過したところを思い返してみると、思わず心は動き、汗が流れる。危ないところを渡り峻嶮《しゅんけん》を踏んで、この身体の危険を惜しまない所以《ゆえん》は、堅い志があって、自分の愚直を押し通したからであろう。故に、私は命を必死の地に投じて、もって万一の希望を達したのである」

『法顕伝』の最後に宗僧の跋文《ばつぶん》がある。

「（法顕の行為を通して）われわれは知ったのである。至誠の感ずるところは窮《きわ》まったに見えても通ぜぬところはなく、志のあるところ功業《こうぎょう》の成らぬものはない、と。このような功業を成し遂げた者は、常人の重んずるところのもの（身命）を忘れ、忘れているところのもの（仏法）を重んじたからではないだろうか」

我意を通すだけでは不撓不屈にはなれない。何か大きなもののために自分を委ねた時、はじめて不撓不屈の境地に至る――先人の足跡から学ぶものは多い。

最後に、これも不撓不屈の人、松下幸之助氏の言葉。

「成功するまでやる。成功するまでその志を変えない。極めて簡単なことだけれど、往々にしてそれができない」

人生を潤す言葉

二〇〇八年八月号

少し前のことである。ある新聞に、九歳の少年の詩が載っていた。「おかあさん」と題する詩である。

おかあさんは
どこでもふわふわ
ほっぺは　ぷにょぷにょ
ふくらはぎは　ぽよぽよ
ふとももは　ぽよん
うでは　もちもち
おなかは　小人さんが
トランポリンをしたら

とおくへとんでいくくらい
はずんでいる
おかあさんは
とってもやわらかい
ぼくがさわったら
あたたかい　気もちいい
ベッドになってくれる

なんとほほえましい母と子の姿だろうかと思いつつ、詩を読んでいた。母と子の笑い声が聞こえてきそうな詩である。

しかし、記事の後半に及んで一転、なんとも形容し難い深い悲しみが全身を貫いた。少年は、この世で最も愛し、信頼し、命の拠《よ》り所にしていた母親に、電気コードで首を絞《し》められて殺された――記事はそう報じていた。

母親は三十歳。両親の反対を押して二十代半ばで結婚、少年を産み離婚、青森県の実家に戻った。祖父母と四人暮らし。生活は極度に貧しく、思い余って一人息子の首を絞めた、という。

この記事を読んで、反射的に思い浮かべたのは詩人・坂村真民さんのお母さんのことである。三十六歳で四十二歳のご主人に先立たれた。手元には五人の幼子が残された。大正六年のことである。

想像を絶する貧しさだった。にもかかわらず、真民さんのお母さんは苦労を苦労とせず、五人の子どもを女手ひとつで育て上げた。

辛くなかったはずはない。苦しくなかったはずはない。だが、辛い、苦しいと嘆《なげ》きたくなる時に、愚痴《ぐち》を言う代わりに、自分を潤《うるお》し、力づける言葉を、真民さんのお母さんは持っていた。

「念ずれば花ひらく」

である。いつもこの言葉を口癖《くちぐせ》のように唱えていたという。

人生に口ずさむ言葉を持て、と真民さんはよく言われた。

人間はそれほど強いものではない。苦しいこと、悲しいことに胸ふさがれる日もある。気力が萎《な》える時もある。そういう時、どういう言葉を口ずさんでいるか。それが運命を左右することもある。

この少年のお母さんにも人生に口ずさむ言葉を持っていて欲しかった。それがあれば、このような悲惨《ひさん》な事件に走らずに済んだ可能性は十分にあった、と思うのである。真民さんの詩が甦《よみがえ》ってくる。

よい本を読め／よい本によって己れを作れ
心に美しい火を燃やし／人生は尊かったと／叫ばしめよ

よい本はよい言葉、人生を潤す言葉と置きかえてもよいだろう。よい言葉、人生を潤す言葉に触れ、口ずさみ、心に美しい火を燃やし、尊かったと言える人生を歩みたいものである。

あなたは人生を潤す言葉を持っているだろうか。

変化し、成長する――

二〇〇八年九月号

『論語』にこういう話がある。

「先生の説かれる道を喜ばないわけではありませんが、私には力が足りなくて行うことができません」

弟子の冉求《ぜんきゅう》がこう言うと、孔子は答えた。

「力足らざる者は中道にして廃《はい》す。今女《なんじ》は画《かぎ》れり」（本当に力が足りない者なら、途中で力尽きてしまうだろう。お前は自分で自分の力を見限っているだけだ）

自分で自分を限界づけ、変化成長することにすくんでいる弟子を、孔子は厳しく叱《しか》っている。


この一節に感奮興起《かんぷんこうき》した人がいる。伊與田覺《いよたさとる》氏である。今年九十二歳になられる氏は、その時六十七歳であった。

昭和五十八年十二月十一日、伊與田氏が生涯の師父と仰いだ安岡正篤《まさひろ》師が亡くなられた。氏は喪《も》に服したが、次第に立つ気力を失っていく自分をどうすることもできなかった。

先師の一周忌である瓠堂忌《こどうき》が巡ってきた。その席で挨拶《あいさつ》に立った新井正明氏（関西師友協会元会長）が引いたのが、この冉求の一節だった。伊與田氏の受けた衝撃は大きかった。頂門《ちょうもん》の一針《いっしん》とはこのことであろう。これによって氏は自らに立ち返る機縁を得たという。

真に道を求める人はいくつになっても変化成長することを、この事例は端的に示している。


このほど、その伊與田氏の著『「大学」を味読する――己を修め人を治める道』が発刊された。昨年六回にわたって行われた講義をもとにまとめたものである。

氏の講義を初めて聴いた時の鮮烈さはいまも忘れない。三時間、背筋を伸ばし粛々《しゅくしゅく》と語られるお姿には、古典を自らの心の糧《かて》として生きてこられた人だけが発し得る独特の趣《おもむき》があった。まさに〝遊学〟の世界に至っておられる。そう思った。九十路まで健康を損ねることなく学び続けてこられた人のみが現出し得る世界が、そこにあった。

伊與田氏が述懐《じゅっかい》されたことがある。

「自己自身を修めるにはあまり効果を期待せず、静々《しずしず》と人知れずやられるといい。それを三十年、四十年、五十年と続けていくと、風格というものができてくる」


一流の人は幾つになっても変化成長する――三十年の取材を通して得た本誌の実感である。四十、五十で人生が分かったように言う人は、すでに心がマンネリになっているのである。


『論語』の「泰伯《たいはく》第八」に、「任重くして道遠し。死して後已《のちや》む」の語がある。孔子は人の心の中にある仁に火を灯《とも》すことを任務とし、その道を死ぬまで歩み続けた。

また、釈迦《しゃか》の最後の言葉はこうである。

「すべてのものは移りゆく。怠らず努めよ」

二人の聖人の生涯は、命ある限り変化成長していくことこそ、すべての人の課題であることを教えている。

心学のすすめ

二〇〇八年一〇月号

『致知』は今号で創刊満三十周年号となる。その記念号の特集テーマを「心学《しんがく》のすすめ」とした。

本誌のいう心学とは、心性《しんせい》の学である。心を磨き、性格を練り高め、人格を向上させる学びである。人間修養の学である。三十年、本誌が追究してきた道がこれである。

王陽明《おうようめい》は『伝習録《でんしゅうろく》』の中で、「世の学を講《こう》ずる者に二あり」と、二つのタイプを挙げている。

「これを講ずるに身心を以《もっ》てする者あり。これを講ずるに口耳《こうじ》を以てする者あり」

他から聞いた話を受け売りする者が「口耳を以てする者」であり、実践を通して体得したものを説く人が「身心を以てする者」である。

心学が「身心を以てする」学であることはいうまでもない。中江藤樹、石田梅岩《ばいがん》、二宮尊徳——ひたすらこの道を歩いた先達《せんだつ》が思い浮かぶ。

「いつも人の不忠不孝を矯正《きょうせい》したく、一人でも教導教化したいと思い、これが私の病癖《びょうへき》となりました」

と石田梅岩《ばいがん》はいい、詩文の解釈を専《もっぱ》らとする学者を「文字芸者」と批判した。

中江藤樹は学問を本物の学と偽の学に区分している。

「それ学問は心のけがれをきよめ身のおこないをよくするを本実《ほんじつ》とす」

心のけがれをきよめ、立派な人間になる。それが本物の学問、というのである。また、こうもいう。

「にせの学問は博学のほまれを専とし、まされる人をねたみおのれが名をたかくせんとのみ、高満の心をまなことし、孝行にも忠節にも心がけず、只《ただ》ひたすら記誦詞章《きしょうししょう》の芸ばかりをつとむる故に、おおくするほど心だて行儀《ぎょうぎ》あしくなれり」

あの人は博学だといわれたいために学ぶのは偽の学問である。そういう人はただ自分の名声を高めたいだけで、まさっている人をねたむ。高慢の心が中心で、孝行も忠節も関心がなく、ただひたすら文字の暗誦《あんしょう》や解釈ばかりにエネルギーを費やしているから、やればやるほど人間が悪くなる——藤樹の指摘は具体的で鋭い。そういう人がいたということだろう。現代においてもまた、である。

住友生命の社長、会長を務められた新井正明氏は安岡正篤《まさひろ》師の高弟だが、生前、こう慨嘆《がいたん》されていた。

「安岡先生は、われわれは学問、思想をもって自分の性格をつくり、これを自分の環境に及ぼしていくという実践性がなければ活学ではない、とおっしゃっていたが、弟子の中には古典の知識を覚えて自分が立派になったと錯覚している人も多い」

学は己れのためにす——自分という人間を少しでも立派に仕上げるために学ぶ。古来聖賢が等しく求めた道を、私たちもまた歩まねばならない。この国に心学再興の時はきた、と思うのである。

挑戦者たち

二〇〇八年一一月号

『致知』は九月一日発行の十月号で創刊満三十周年記念号となった。九月十三日にはホテルオークラで三十周年記念大会が開かれた。

大会には全国各地から一千三百人を超す人たちが駆けつけてくださった。会場に入りきれず、別室でモニターテレビを通じて参加してくださった方々もたくさんおられた。皆様の熱意にただただ感謝するばかりである。

会費は決して安くはない。北海道、九州、沖縄はじめ遠方から参加された方も多かった。旅費、宿泊費なども入れれば、相当の出費になる。それだけの費用と時間をかけ、一つの雑誌の創刊三十周年に、まるでご自分の祝い事のように馳《は》せ参じてくださる読者の方々。創刊時から携わってきた者としては、感無量の思いである。

「いつの時代でも仕事にも人生にも真剣に取り組んでいる人はいる。そういう人たちの心の糧《かて》になる雑誌をつくろう」

『致知』の創刊理念である。

読者はこの理念に共感してくださる人であり、そういう精神的傾向、人生態度で自らを処している人たちである。

そういう人たちが一千三百人集まると、どうなるか。熱気が違うのである。会場全体が燃え上がるような熱気に包まれた。熱気の坩《る》堝《つぼ》と化した。

しかも、その熱気は静と動に見事に切り替わる。講演の時には水を打ったように静謐《せいひつ》なエネルギーとなり、パーティーの時には堰《せき》を切ったような溢《あふ》れんばかりの高まりを見せた。

「この広い平安の間がこれだけの熱気に満ち溢れるのは滅多《めった》にない」

来賓の牛尾治朗氏が感に堪《た》えぬように呟《つぶや》かれた。

『致知』が創刊されたのは昭和五十三年。昭和四十九年の石油ショックから立ち直り、日本経済は上昇の波に乗り、めざましい発展を見せていた。レジャー、バカンスに人心は走り、物質的繁栄と享《きょう》楽《らく》主義が世の中を覆い始めていた時代である。

その時代に『致知』は呱々《ここ》の声を上げた。「こんな堅い名前の雑誌は誰も読まない」と多くの人びとに言われた。

しかし、『致知』はその根本理念を違《たが》えず突き進んだ。

それは時代に対するささやかな挑戦だった、と言える。

思えば、これまで『致知』にご登場いただいた人たちは一様に、人生に果敢に挑んでいった、人生の挑戦者であった。

そして、それらの人たちに共通して浮かび上がってくる資質がある。それをひと言で言えば、

「前向き」

ということである。「後ろ向き」に挑戦して成功した人はいない。運命の女神はそういう人を根こそぎ押し流してしまう。運命の女神は「前向き」の人にのみ微笑《ほほえ》むのである。

最後に、生涯を挑戦に生きた本田宗一郎氏の言葉を紹介する。

「若さとは困難に立ち向かう勇気、枠にとらわれずに新しい価値を生む知恵である」

心願に生きる

――二〇〇八年一二月号

東井義雄《とういよしお》さんは明治四十五年、兵庫県の但東《たんとう》町に生まれた。昭和七年、姫路師範学校卒業。故郷の小学校に勤務。以来、その生涯を小中学生の教育に捧げた人である。

その東井さんの講演録をまとめた著書が、このほど弊社から刊行された。題して『自分を育てるのは自分』。東井さんの教育にかける祈るような思い、深い心願が熱く伝わってくる一冊である。

東井さんは語る。人間は五千通りの可能性を持って生まれてくる。死刑囚《しゅう》になる可能性も泥棒になる可能性もある。その五千通りの可能性から、どんな自分を取り出していくか。

「世界でただ一人の私を、どんな自分に仕上げていくか。その責任者が私であり、皆さん一人ひとりです」

「バカにはなるまい」——講演の中で東井さんはそう繰り返し、一人の知的障害を持った中学生の詩を紹介している。

　私は一本のローソクです／もえつきてしまうまでに
　なにか一ついいことがしたい／人の心に
　よろこびの灯をともしてから死にたい

彼は勉強はできないが、何か一ついいことをしたいと頑張っている。これが賢い生徒。ところが、少し勉強ができてもバカがいる。ある中学生が下校の途中、通せんぼをした保育園の幼児に腹を立て、刺殺する事件が起きた。一度家に帰って刃物を持って引き返しての犯行。なぜ、やめとけとブレーキがきかなんだのか。彼は自分で自分を人殺しにした——東井さんの涙を流して発した痛憤《つうふん》である。

東井さんの話は続く。

木村ひろ子さんは生後間もなく脳性マヒになった。手足は左足が少し動くだけ。満足にものも言えない。しかも三歳で父が、十三歳で母が亡くなった。小学校にも中学校にも行けなかった。僅《わず》かに動く左足に鉛筆を挟んで、母に字を習った。彼女の詠んだ短歌がある。

　不就学《ふしゅうがく》なげかず左足に辞書めくり漢字暗記す雨の一日を

左足で米をといでご飯を炊き、墨をすって絵を描き、その絵を売って生計を立てた。自分のためにだけ生きるなら虫も同じと、絵の収入から毎月身体の不自由な人のために寄付をした。彼女は言う。

「わたしのような女は、脳性マヒにかからなかったら、生きるということのただごとでない尊さを知らずにすごしたであろうに、脳性マヒにかかったおかげさまで、生きるということが、どんなにすばらしいことかを、知らしていただきました」

私たちは眠っている間も息をしている。心臓の鼓動も自分が動かしているわけではない。死ぬほど辛いことがあっても、胸に手を当てた時、ドキドキしていたら、「辛かろうが、しっかり生きてくれよ」と仏さまの願いが働いていてくれる、と考え直してほしい。願われて生きている自分であることを忘れないでほしい——東井さんがすべての人に託した心願である。

最後に、東井さんの言葉をもう一つ。

「自分は自分の主人公
世界でただひとりの自分を創っていく責任者」

二〇〇九年

一月号～一二月号

成徳達材

二〇〇九年一月号

徳を高め、大成させる。これを成徳《せいとく》という。
能力を錬磨《れんま》し、上達させる。これを達材《たつざい》という。

人は何のために学ぶのか。安岡正篤師は言っている。

学は己の為《ため》にす
己を為《おさ》むるは安心立命を旨《むね》とす
志は経世済民《けいせいさいみん》に存す
志を遂《と》ぐるは学に依《よ》る
学に依って徳を成し材を達す
成徳達材を立命とす

人は自分を創るために学ぶのだ。そして、人生のあらゆる艱難辛苦《かんなんしんく》にあっても動じないように、自分を為《おさ》めていく。自分を創るのは利己のためではない。世のため人のために自分を役立てるためである。自分を役立てるには、自己の徳を大成し、自己の才能・能力を錬磨、向上させていかねばならない。それが学の本質である。成徳達材することによって、よりよき運命を創っていくのだ——安岡師の言葉は明快である。

「人々貴《にんにんたっと》き物の己に存在するを認めんことを要す」——人々は貴いものが自分の中に存在することを認める必要がある、と吉田松陰は言っている。その尊いものに気づき、それを発揮していくことこそ、人としての道だ、ということだろう。

松陰に先立つ二百年前、中江藤樹はこんな言葉を残している。

「人人《にんにん》の心の中に明徳と名づけたる無価《むげ》の宝あり。これを性命《せいめい》のたからと云《いい》、天下第一の宝なり」（すべての人の心の中に明徳といわれる価値のつけられない宝がある。これは性命の宝であり、天下第一の宝である）

明は日と月。太陽と月を併せ持ったような徳を、すべての人が持って生まれてきている。その宝を大事に輝かせていくところに、人間の値打ちはある、というのだ。

人は皆、天から徳と材を与えられて生まれてくる。その授かった徳と能力を発揮し、それぞれの運命を高めていくことこそ、人としてこの世に生を受けたすべての人に課せられた使命である——三人の先達の言葉から、そういうメッセージが聞こえてくる。

高村光太郎の素晴らしい詩がある。成徳達材に気づいた詩人が、それを若い世代に伝えようとした詩だ。耳を傾けたい。

みんな集つてほん気できけよ／まづ第一に毎朝起きたら／あの高い天を見たまへ／お天気なら太陽／雨なら雲のゐる処だ／あそこがみんなの命のもとだ／いつでもみんなを見てゐてくれるお先祖さまだ……／えらい人や名高い人にならうとは決してするな／持つて生まれたものを深くさぐつて強く引き出す人になるんだ／天からうけたものを天にむくいる人になるんだ／それが自然と此の世の役に立つ

富国有徳への道

二〇〇九年二月号

「この国の人々は今までに発見された国民の中で最高であり、日本人より優れている人々は異教徒の間では見つけられない。彼らは親しみやすく、一般に善良で、悪意がない。驚くほど名誉心の強い人々で、他の何ものよりも名誉を重んじる。大部分の人々は貧しいが、武士も、そういう人々も貧しいことを不名誉とは思わない……」

一五四九（天文十八）年、キリスト教布教のために日本にやってきたフランシスコ・ザビエルが、本国に送った手紙である。

それから三百年、江戸末期から明治にかけてたくさんの外国人が日本を訪れ、日本と日本人についての感想を残している。

イギリス人女性旅行家で紀行作家のイザベラ・バードは一八七八（明治十一）年五月に来日、東北や北海道を旅行し、こう書いた。

「ヨーロッパの国の多くや、所によってはわが国でも、女性が外国の衣装で一人旅をすれば現実の危険はないとしても、無礼や侮辱《ぶじょく》にあったり、金をぼられたりするものだが、私は一度たりとも無礼な目に遭わなかったし、法外な料金をふっかけられたこともない」

一八五六（安政三）年、通商条約を結ぶために来日したハリス提《てい》督《とく》は、その日記にこう記している。

「彼らは皆よく肥え、身なりもよく、幸福そうである。一見したところ、富者も貧者もない。これが人民の本当の幸福の姿というものだろう。私は時として、日本を開国して外国の影響を受けさせることが、この人々の普遍的な幸福を増進する所以《ゆえん》であるかどうか、疑わしくなる。私は質素と正直の黄金時代を、いずれの他の国におけるよりも多く日本において見出す。生命と財産の安全、全般の人々の質素と満足とは、現在の日本の顕著な姿であるように思われる」

一八九〇（明治二十三）年来日のドイツ人宣教師の記録。

「私は全ての持ち物を、ささやかなお金も含めて、鍵を掛けずにおいておいたが、一度たりともなくなったことはなかった」

フランスの詩人ポール・クローデルは一九二一～二七（大正十～昭和二）年まで駐日大使を務めたが、第二次大戦で日本の敗色が色濃くなった一九四三（昭和十八）年、パリで言った。

「日本は貧しい。しかし、高貴だ。世界でどうしても生き残ってほしい民族をあげるとしたら、それは日本人だ」

私たちの祖先は勤勉・正直・親切・謙虚・素直・感謝といった徳目を規範に、幾世紀も暮らしてきた人たちであった。外国の人たちの証言はそのことを明らかにする。さて昨今は……隔世《かくせい》の感、と言わざるを得ない。この日本人の美質を取り戻し、後生に渡さなければならない。私たち一人ひとりがこの美質を涵養《かんよう》し、発揮した時、日本は真に豊かな国となる。富国有徳とはこのことである。

先覚者安岡正篤《まさひろ》師の言が思い起こされる。

「人々が己《おの》れ一人を無力なもの、ごまめの歯ぎしりと思わず、如何《いか》に自分の存在が些細《ささい》なものであっても、それは悉《ことごと》く人々、社会に関連していることを体認して、まず自らを良くし、また自らの周囲を良くし、荒涼《こうりょう》たる世間の砂漠の一隅に緑のオアシスをつくることである。家庭に良い家風をつくり、職場に良い気風をつくれないような人間が集まって、どうして幸福な人類を実現できましょうか」

富国有徳への道は一己より始まることを、私たちは忘れてはならない。

賜生

二〇〇九年三月号

東井《とうい》義雄著『自分を育てるのは自分』。以前にも本欄で紹介したことがある。特に宣伝したわけでもないのに、この本が根強い売れ行きを見せている。東井さんのひたすらなメッセージが十代の心を打つのだろう。全国の小・中・高生に読んでもらいたい本である。

この本で東井さんが一貫して説いているのは、賜生《しせい》である。Hさんという死刑囚を取り上げ、こう語りかける。

《皆さん、今朝《けさ》目が覚めてから何回呼吸したんですか。わからんくらい息している……夜も、お昼も、日曜も祭日も、「どうかしっかり生きておくれよ、生きておくれよ」と、皆さんが寝ている最中も、皆さんのために働き続けてくれている「働き」があるんですね。

胸のドキドキ、これが止まっている人はいませんか。夜も昼も、日曜も祭日も、「どうかしっかり生きておくれよ、生きておくれよ」と、皆さんのために、一生懸命働き続けているんですね。

Hさんは牢屋《ろうや》の中で、そのことに目覚めさせていただいたんです》

呼吸も心臓の鼓動も、自分の意志でしているわけではない。食べたものを消化、吸収し、不要なものを排除してくれる内臓の働きも、血液を全身に循環させる働きも、私たちの意志ではない。目に見えない偉大な働きによって、私たちの命はいまここにある。

そもそも、自分の意志でこの世に生まれてきた人は一人もいない。人は皆、何か知らない力によってこの世に生み出されてくる。賜《たまわ》った命であり、人生である。

この地上の生命は、人も動物も植物も、すべて細胞からできている――この細胞説が発表されたのは一八三八年、いまから百七十年前である。シュライデンとシュワンという二人の学者によるこの研究は、当時の生物学者を狂喜させた。これでいよいよ生命の不思議が解ける、と思ったのだ。しかし、現代科学をもってしても、未だに一つの細胞も創り出すことはできない。

遺伝子研究の第一人者、村上和雄教授によると、宇宙に細胞が一個偶然に生まれる確率は、毎回宝くじを買って一億円が百万回連続当たるくらいのとんでもない希少《きしょう》さだという。そういう希少な細胞が六十兆も集まり、調和しているのが私たちの生命なのである。

一つの感慨が浮かび上がってくる。自分の体、自分の命は自分のもの、と私たちは思っている。だが、すべては天地から借り受けたものなのだ、ということである。天地から借り受けたものならば、粗末にせず、その価値を十分に発揮させ、時期がきたらお返しする。それこそが天地の心にかなう生き方であろう。

天地から賜った自分という人格を年とともに成熟させ、もっとも完熟した形で生を終える――そういう人生を歩みたいものである。

「神仏から喜んでもらえるほど心が育っているか。宇宙は限りないめぐみの海である。狭い利己主義の目では見えない」

ある先達の言葉である。

いまをどう生きるのか

――二〇〇九年四月号

「心ここに在らざれば、視《み》れども見えず、聴けども聞こえず、食《くら》えどもその味を知らず」――心がここになかったら、視ていても見えない、聴いていても聞こえない、食べてもその味が分からない、という。古典の名著『大学』にある言葉である。

次に弘法大師空海の言葉。

「医王《いおう》の目には途《みち》に触れて皆薬なり。解宝《げほう》の人は鉱石《こうしゃく》を宝と見る」――名医は道に生えている草の中からも薬を見出し、宝を解する人は普通の石の中にも宝を見つける、というのである。

結局、人生はこの二つの言葉が指し示すところに尽きるのではないだろうか。

真理は月の光のように満ち溢《あふ》れている、と言ったのは誰だったか。見る目を持った人が見れば、人を幸福に導く真理は至るところに溢れているのに、それに気づき、つかもうとする人がいないことを示唆した言葉である。

では、どうしたら満ち溢れる真理に気づき、医王の目を養い、解宝の人になることができるのか。古来多くの名人、達人の生き方にそのヒントを探れるように思う。

その第一は「真剣に生きる」ことである。まったくの徒手空拳《としゅくうけん》から身を起こし成功を勝ち得た人は一様に、真剣に努力した人である。そういう人のみが天地不書の秘伝、法則をつかむのだ。

第二は「恩を忘れず、恩を返す」。受けた恩を忘れないで必ず返そうとする姿勢に、宇宙の霊妙な働きは呼応するのである。

第三は「いまここに生きる」こと。人生は「いまここ」しかない。その「いまここ」に集中する。心の焦点が定まっていない人に、真の気づきは得られない。

第四は「学ぶ」ことである。今号表紙にご登場いただいた松原泰《たい》道《どう》老師がよく口にされる『法句経《ほっくきょう》』の言葉がある。

「頭白《こうべ》しとて／このことによりてのみ／彼は長老《おさ》たらず／彼の齢《よわい》／よし熟したりとも／これ空《むな》しく／老いたる人とのみ／よばれん」

高齢者になったから尊いのではない。高齢者になってもなお道を求めてやまないところに年を取る意味はあるのだ、と師は言われる。

『法句経』はこうも言う。

「されど心ある人の法《のり》は／老ゆることなし」

身は老いても法を学んでいる限り、心が老いることはない、というのである。泰道師はまさに、この言葉通りの人生を歩まれている。

今年のお正月にお会いした時、百一歳を刻む泰道師は言われた。

「私はいま人の助けを借りなければ、一人で寝起きもできません。いまの私は読むこと、書くこと、話すことしかできませんが、生きている人の心に明かりを灯《とも》す法を説きたい。そのために生きている間は勉強を続けたい。学び続けたい」

前漢末の思想家揚雄《ようゆう》はこう言った。

「年弥々《としいよいよ》高くして徳弥々卲《たか》し」――年を取れば衰えてくるが、心に修養をいよいよ積んで徳を高くしていこう、という教えである。

そういう「いま」を生きたいものである。

執念

二〇〇九年五月号

青年は地方の大学を出、京都の会社に入った。就職難の時代。青年の喜びは大きかった。だが、それが色褪《あ》せるのにさして時間はかからなかった。会社は赤字続きで給料遅配《ちはい》も珍しくない。これに対して労働組合は頻繁《ひんぱん》にストを繰り返している。

青年はうんざりした。同期の友人と語らい、自衛隊に入ることにした。その手続きのために戸籍抄本《しょうほん》を送ってくれるよう、実家に頼んだ。だが戸籍抄本はこず、長兄の手紙だけが送られてきた。

「働くところもないおまえを雇ってくれた会社になんの恩返しもせずに辞めるとは何事か」

長兄の叱責《しっせき》はズシンとこたえた。よし、この場こそ最高の場と思おう――青年は生活を一変させる。会社に布団から炊事道具まで持ち込み、寝る間も惜しんで仕事に没頭した。その努力は認められ、会社は数人の部下をつけてくれた。こうして開発された製品にある大手メーカーが注目、大量の注文が舞い込むようになった。

そんな時期、賃上げを要求して組合は全面ストに突入。工場にはピケが張られた。だが、青年は仲間と会社に泊まり込み、仕事を続けた。作った製品は裏門の塀《へい》から手渡し、納品した。そんな青年の行為は全組合員から非難、罵倒《ばとう》された。青年は言った。

「私は会社の回し者でもみなさんの敵でもありません。いまわが社で唯一黒字を出しているのはこの製品だけです。この生産を止めたら、それこそみなさんの給料も払えなくなるのではないですか」

一歩も譲らない青年の姿勢。これには組合幹部も心を動かし、スト中も青年のチームだけは仕事の続行を黙認されることになった。

京セラ創業者、稲盛和夫氏二十五歳の頃の話である。

人が事を成す上で欠かせないものは、執念である。努力は誰でもする。その努力が執念と呼べるほどのものになって、事は成る。その執念を生み出すもとは、仕事に対する愛情である。偉大な愛情と執念の努力。この二者が相まって初めて事は成る。歴史の真理である。

「成功者と不成功者の差は紙一重」と稲盛氏は言う。その紙一重とは何か。「不成功者には粘りがないのです」

松下幸之助氏も言う。「失敗はありますよ。しかし成功するまで続けたら、失敗はない。成功とは成功するまで続けることだ」

以前話題を呼んだ『ビジョナリーカンパニー』は、設立年が平均で一八九七年という、時の試練を乗り越えてきた真に卓越《たくえつ》した企業を選び出したが、これら企業トップの共通項をこう記している。

「幸運の女神は、どこまでも粘り抜く者にほほえむ。この明快な事実が成功した会社の創業者にとって重要な礎《いしずえ》になっている。ビジョナリーカンパニーの創業者はどこまでも粘り抜き、『絶対に、絶対に、絶対にあきらめない』を座右の銘としている」

百歳で三十年分の仕事の材料を買い込んだという彫刻家、平櫛田《ひらくしでん》中《ちゅう》さんの言葉を最後に。

「実践実践また実践　挑戦挑戦また挑戦　修練修練また修練　やってやれないことはない　やらずにできるわけがない　今やらずしていつできる　わしがやらねばだれがやる」

人間における「ユーモア」の研究

――二〇〇九年六月号

「鳥籠《とりかご》一つをあく洗いする程度の石灰、玩具《おもちゃ》の大砲をポンとうつ程度のポッタシウム、薬一服分ほどのマグネシア、マッチ二千本ほどの燐《りん》、釘一本分ほどの鉄、コップ一杯ほどの糖分、シャボン五個ほどの脂肪」(『百朝集《ひゃくちょうしゅう》』安岡正篤《まさひろ》著より)

　ニューヨーク大学の生化学者、バインダー教授は「人間」をこう表現する。人間を物質的にとらえれば、これくらいの化学成分に還元される、というのである。人間というものの一つの視点ではある。この視点に立てば、動物も人間もさほどの違いはない。

しかし、これで「人間」を語り尽くしたとはいえない。

人間を人間たらしめるもの、他の生物と人間を決定的に分け隔《へだ》てるもの、それは霊性である。化学的には僅《わず》かの成分に還元されてしまう人間に、天は霊性を与えた。人がこの地球上で唯一、夢と理想を持ち、それを実現するために、英知、向上心、努力、忍耐という資質を併せ持っているのは、霊性のしからしむるところである。

　ユーモアもまた、この霊性に深く起因して天が人間にだけ与えた資質といえよう。

　真の勇者は明日の命も分からぬ戦場でもユーモアを忘れない。また、それによって難しい局面を打開している、と聞いたことがある。長寿者もまた、人生という長い闘いを勝ち抜いた勇者といえよう。長寿の人たちには確かにユーモアのある人が多い。

　当年百一歳の松原泰道《たいどう》さんもユーモアの達人である。昨年末に『いまをどう生きるのか』が出版され、その本をお届けした時である。

表紙の写真をお見せして、

「先生のお写真、いいお顔に撮れていますね」

と申し上げると、すかさず、

「実物がいいから」

　当意即妙《とういそくみょう》、間髪容れぬ呼吸に恐れ入ったことだった。

　百二歳の昇地《しょうち》三郎さんもユーモア精神に長《た》けた人である。昇地さんは七十歳の時に長男を、九十一歳の時に夫人を、九十六歳の時に次男と、「しいのみ学園」の裏方を担い、片腕と頼りにしていた長女を亡くした。普通の人なら絶望しそうな状況の中で、昇地さんは自室に四人の遺影を掲げ、毎晩その前で自分で洗った下着を干しながら、「お父さんはきょうも元気だぞ」と呼びかけるという。その行為自体にユーモアがある。厳しい現実の中でユーモアを忘れない昇地さんを見ていると、ユーモア精神は不屈の精神と一対であると教えられる。

　もう一人、日本画壇に独特の足跡を残した中川一政《かずまさ》氏もユーモアに富んだ人であった。こういう言葉がある。

「死んだ時が限界で、それまでは進歩することを考えている。生きているうちに自分の限界を計算している人もいる。私は計算しない」

　深い心境を語りながら、その底にたくまざるユーモアがある。絶妙の言葉である。

　人生を真剣に生きた人ほどユーモアがある。真のユーモアは真剣の極みから生まれるのかもしれないという思いがする。

人生をひらく

二〇〇九年七月号

人生をひらくとは心をひらくことである。心をひらかずに固く閉ざしている人に、人生はひらかない。「ひらく」には、開拓する、耕す、という意味もある。いかに上質な土壌もコンクリートのように固まっていては、よき種を蒔《ま》いても実りを得ることはできない。

心をひらき、心を耕す――人生をひらく第一の鍵である。

社会教育家の田中真澄《ますみ》さんが講演でよくされる話がある。

人間の能力は、知識、技術、そして心構えの三辺で表される。どんなに知識と技術があっても、心構えが悪ければ、能力は出てこない。すべては底辺の心構えいかんにある。

さらに、よき心構えは積極性×明朗性で表される、という。なるほど、と思う。消極性×陰気では何事も成し得ない。

『致知』三十年、これまでにご登場いただいた幾多の先達のことを思うと、田中さんの言葉がよく理解できる。確かに人生をひらいた人には共通した心構えがあった。

その一は「物事を前向きに捉える」。物事を後ろ向きに捉えて人生をひらいた人はいない。

その二は「素直」。宮大工の小川三夫《みつお》さんは高校卒業後、「法隆寺の鬼」「最後の宮大工」といわれた西岡常一《つねかず》棟梁《とうりょう》に弟子入り。修業時代は棟梁の言葉にすべて「はい」と従った。そしていまや社寺建築の第一人者である。その経験からいう。

「批判の目があっては学べません。素直でなければ本当の技術が入っていかないですね」と。心にわだかまりがある人は人生を歪《ゆが》める。

多くの先達がいっていることである。

その三は「感謝の念を忘れない」。人生の成功者に共通した資質がこれである。成功者は呪いたくなるような境遇をも、この境遇が自分を育ててくれると感謝している。

その四は「愚痴をいわない」。自分が出したものは自分に返ってくる。宇宙の法則である。愚痴ばかりいっている人は、愚痴ばかりの人生になる。

心構えに関する田中真澄さんの卓見《たっけん》がある。

「心構えというのは、どんなに磨いても毎日ゼロになる能力である。毎朝歯を磨くように、心構えも毎朝磨き直さなければならない」

人生をひらく第二の鍵である。

『論語』と並ぶ古典『大学』は全編これ、人生をひらく教えに満ちている。中でも心に響く一文がある。

「必ず忠信《ちゅうしん》以《もっ》て之《これ》を得、驕泰《きょうたい》以て之を失う」

まごころを尽くしてすれば必ず何事も成功するが、反対におごり高ぶる態度ですれば必ず失敗する、ということである。

人生をひらく第三の鍵といえよう。

最後に、二宮尊徳の言葉。

「太陽の徳、広大なりといえども、芽を出さんとする念慮《ねんりょ》、育たんとする気力なきものは仕方なし」

発憤《はっぷん》力こそ人生をひらく源であることを忘れてはならない。

感奮興起

――二〇〇九年八月号

何かに感じ自分もうかうかしておれないと奮い立つ——感奮興起《かんぷんこうき》である。人間の成長、人生の発展に不可欠の資質、要素である。

多くの先達がその大事さを説いた。佐藤一斎は『言志録』にいう。

《憤《ふん》の一字、是《こ》れ進学の機関なり。「舜何人《しゅんなんびと》ぞ。予《われ》何人ぞ」とは、方《まさ》に是れ憤なり》

憤の一字とは感奮興起と同義である。憤こそが学問を進歩させ、人間を向上させる機関だと一斎は言い切る。「舜何人ぞ。予何人ぞ」は孔子の一番弟子、顔回《がんかい》の言葉。舜というのは堯《ぎょう》と並び称される支那《しな》古代の聖人。その舜も人、自分も人、努力修養すれば自分も必ず舜のような人物になれる、と顔回は感奮したのだ。

孔子にもこういう言葉がある。

《苗にして秀《ひい》でざる者あり。秀でて実らざる者あり》

学問をしても苗のままでいつまでも穂を出さない者がいる。折角《せっかく》穂を出しても実を結ばずに終わってしまう者もいる。弟子三千人といわれる孔子。多くの弟子を育ててきた実感であり、慨嘆《がいたん》であろう。

《之を如何《いかん》せん。之を如何せんといわざる者は、吾《われ》之を如何ともするなきのみ》

孔子は『論語』の別のところでこうもいう。どうしたら自分をもっと向上させることができるか、いかにしたら自分をもっと磨くことができるか。真剣に問い、求めようとしない者は、この自分もどうすることもできない。苗のままで終わるか、実を結ぶ者になるか。その差は感奮興起のいかんで決まる——孔子、痛憤の言葉である。

本誌に馴染《なじ》みの深い教育者、東井《とうい》義雄さんに「心のスイッチ」と題する詩がある。感奮興起の大事さを託した詩である。

人間の目は　ふしぎな　目
見ようという心がなかったら　見ていても見えない
人間の耳はふしぎな耳
聞こうという心がなかったら
聞いていても　聞こえない

頭も　そうだ
はじめからよい頭　わるい頭の区別があるのではないようだ
「よし　やるぞ！」と
心のスイッチがはいると
頭も
すばらしい　はたらきを　しはじめる

心のスイッチが　人間を
つまらなくもし　すばらしくもしていく
電灯のスイッチが
家の中を明るくもし　暗くもするように

折しも、五十年遺伝子研究ひと筋の村上和雄教授の『スイッチ・オンの生き方』が出版された。遺伝子のスイッチオンと感奮興起は深く関連していることを、この本は教えてくれる。

感奮興起こそ生命を輝かせる道である。

一書の恩徳、萬玉に勝る――

――二〇〇九年九月号

一日《いちじつ》の学問　千載《せんざい》の宝
百年の富貴《ふうき》　一朝《いっちょう》の塵《ちり》
一書《いっしょ》の恩徳《おんとく》　萬玉《ばんぎょく》に勝る
一言《いちごん》の教訓　重きこと千金《せんきん》

このほど出版された越智直正《おちなおまさ》氏の著書『男児志を立つ』にこの七言絶句が紹介されている。鎌倉末期の禅僧・夢窓疎石《むそうそせき》の作である。

僅《わず》か一日の浅い学問であっても、自分の身につけば永遠の実りとなって残るが、百年の年月をかけて蓄積された大きな財産でも、学問と違って僅かの間に灰燼《かいじん》に帰してしまう。意義ある一冊の本から受ける恩徳は、多くの宝玉《ほうぎょく》よりも大きく、師の一言の教訓の貴重さは千金の重さに匹敵《ひってき》する。そういう意である。

一読、深く心に沁《し》みるものがある。それは、人生の深みを極めた疎石という人の凡庸《ぼんよう》ならざる所以《ゆえん》でもあろうが、すぱっと断ち切ったような言葉を簡潔に積み重ねる漢詩ならではの魅力でもあろう。

『男児志を立つ』には越智氏が「人生の折節《おりふし》に励まされ、喜怒哀楽を共有した」五十の漢詩が収められている。

この本を読んで、正直、唸《うな》った。漢詩をこれほどまでに血肉化して読み込んだ人がいるだろうか。それは越智氏が漢詩を学問や知識としてではなく、悪戦苦闘の生活から何とか脱出したいとすがるような思いで学び、消化したからに他ならない。

越智氏は十五歳、中学卒業と同時に愛媛県から大阪の靴下屋に丁《でっ》稚奉公《ちぼうこう》で入った。休みは月に一回。朝早くから夜遅くまで働きずくめの毎日。ある日、夜店に行く先輩に半ば強制的に誘われ、給料から僅かの小遣いをもらってついていくと、古本屋があった。中学卒業時に先生から、「難しいだろうが、中国古典を読め」と教えられたのを思い出した。「中国古典という本はありますか」と聞くと、指さされた先にあったのが『孫子《そんし》』である。「まごこ？」――孫子が読む本かと落胆したが、安いので求めた。『孫子』は中学卒の学力では難解だった。だが、「一念岩《いちねんいわ》をも通す」。会社にあった辞書を引きながら読み続けた。三年ほどすると、『孫子』の全文が諳誦《あんしょう》できるようになった、という。

以来、氏の前に東洋古典の無限豊穣《ほうじょう》の世界が開け、今日に至っている。越智氏はいう。

「私は自分を取り巻く社会の人に、〝持って生まれた自分の個性を発揮して世間から歓迎されるような生き方が最高の生き方だ。いかに個性を発揮しても、世間にご迷惑をかけるような生き方だけはやめて欲しい〟と、ことあるごとに話しています」

そして、こう続ける。

「縦横無尽《じゅうおうむじん》に自由自在に力一杯生きるには沢山の本を読むことです。仕事の本、人生の本を時間のあるかぎり読み、お一人様一回限りの人生を人間として道を誤らせないように粛々《しゅくしゅく》と歩むには、人類の聖人、先哲について学ぶのが最短距離だと思うのです」

一日の学問、一書の恩徳、一言の教訓の価値を知る人の言葉は重い。

人を植える道

二〇〇九年一〇月号

松原泰道《たいどう》先生が亡くなられた。七月二十九日、午前十一時半。二十六日は毎月恒例の会で説法《せっぽう》されたという。これが泰道先生最後の説法となったわけである。その後、やや変調をきたして二十七日に入院。だが、ほどなく回復されて退院となり、ご自宅へ。「ビールが飲みたい」と言われ、そのまま文字どおり眠るが如《ごと》く旅立たれた。満百一歳八か月。求道《ぐどう》説法に生きた偉大な生涯であった。

訃報《ふほう》は三十日の新聞で知った。急ぎ所用を済ませて夕刻に龍源寺《りゅうげんじ》に駆けつけ、ご遺体と対面した。美しかった。成すべきことを成し遂げた——そういうお顔であった。

ご遺体の傍《かたわ》らに、「遺詞」と題する色紙が置かれていた。

《私が死ぬ今日の日は
わたしが彼土《ひど》でする
説法の第一日です。
衆生無邊誓願度《しゅじょうむへんせいがんど》
佛道無上誓願成《ぶつどうむじょうせいがんじょう》
平成十六年元旦誌之》

「人の心に光を灯す説法をしたい。そのために生きている間は学び続けたい」

今年一月二十四日、『いまをどう生きるのか』（松原泰道・五木寛之共著）の出版記念講演会の打ち合わせをしていた時、泰道先生が言われた言葉が甦《よみがえ》ってきて、胸に熱く迫るものがあった。

泰道先生に初めてお会いしたのは昭和五十四年である。以来約三十年、インタビューや対談をお願いし、最近は巻頭言にもご執筆をいただいた。二年ほど前からは毎月一回、当社の社員数人と先生に禅の勉強会をしていただいた。それを先生も楽しみにしてくださっていたようで、「最近は致知に人生を預けている、と言っていましたよ」という過分の言葉をご子息の哲明《てつみょう》氏からお聞きした。

先生に教わったことは数え切れない。中でも耳の奥に響いている言葉がある。「仏教の教えの真髄《しんずい》は、ひと言で言うと、何か」という当方の問いに、示された一語である。

「上求菩提《じょうぐぼだい》　下化衆生《げけしゅじょう》」

上求菩提は自己の人間性を向上させること、下化衆生は少しでも人のために尽くすことである。泰道先生はこの言葉をそのままに人生を全《まっと》うされた。それは全《まった》き意味で、人を植える道に徹した人生であった。つくづくとそう思う。

中国古典『管子』の言葉が思い出される。

「一年の計は穀《こく》を樹《う》うるに如《し》くは莫《な》し。
十年の計は木を樹うるに如くは莫し。
終身の計は人を樹うるに如くは莫し」

一年の計画を立てるなら、その年に収穫できる穀物を植えるのがよい。十年の計画を立てるなら、木を植えるのがよい。一生涯の計画を立てるつもりなら、人材を育成することだ、というのである。そのよき範例《はんれい》を示していただいた人の生涯に思いを馳《は》せつつ、自らの終身の計を探っていきたい。

知謀、湧くが如し

——二〇〇九年一一月号

日露戦争の帰趨《きすう》を決した日本海海戦。当時屈指の戦力を誇ったロシアのバルチック艦隊を破った海軍大将・東郷平八郎は、その参謀だった秋山真之《さねゆき》のことを「知謀《ちぼう》、湧くが如《ごと》し」と評したという。

戦場では常に予期せぬ事態が起こる。だがいかなる場合にも、将たる者、泉のように知恵を湧かせ、局面を打開しなければならない。秋山は日本海海戦においてその任を見事に果たしたのである。

湧くが如き知謀はリーダーに必須の条件である。歴史はそのようなリーダーの事例に満ちている。いまNHKで放映中の大河ドラマ『天地人』の主人公・直江兼続《なおえかねつぐ》も知謀の人である。

兼続は人を魅了する何かを備えた人物であったらしい。幼少期は上杉謙信《けんしん》に愛され、薫陶《くんとう》を受けた。長じては太閤《たいこう》秀吉に気に入られた。兼続が仕える上杉家が越後から会津に転封《てんぽう》された時、石高百二十万石のうち、兼続は特に米沢《よねざわ》三十万石を与えられている。陪臣《ばいしん》にしては破格の扱いである。

関ヶ原の戦いで、兼続は徳川方に味方した山形城の最上義光《もがみよしあき》を攻めた。二十二の砦《とりで》を落とし、最上最後の拠点に攻めかかろうとした時、「関ヶ原で家康圧勝」の報せが入る。兼続は瞑目《めいもく》した。

だが、それは一瞬だった。直ちに囲みを解いて米沢に引き揚げる。それからの行動も素早かった。上杉家安泰を図るため、主君の許しを得て家康のいる大坂城に向かい、面会を願い出る。

自分に楯突いた男がどの面《つら》下げて、と興味を持ったのだろう。家康は面会を許した。周りの諸将も冷ややかな嘲《あざけ》りの目を投げてくる。

兼続は上杉家の安泰を願い出た。だが、取り潰《つぶ》しは既定のことである。許されるわけがない。兼続は粘《ねば》った。一途《いちず》でひたすらだった。その態度に家康は心が動いたらしい。上杉家とともに葬《ほうむ》ってしまうには惜しい人材と兼続を見たこともあるのだろう。上杉家取り潰しは変わらないが、兼続の米沢三十万石はそのまま許す、となったのだ。兼続は深く頭を垂れていった。

「有り難き幸せながら、その儀は返上させていただきます」

怪訝《けげん》そうな面持ちになる家康。兼続はさらにいった。

「ただし、私が一旦返上いたしました米沢三十万石は、主人上杉景《かげ》勝《かつ》にお与えいただきとうございます」

周りはどよめいた。どうしたものか、と側近の本多正信《まさのぶ》を見る家康。兼続はその本多に目を向け、さらに驚くべき申し出をする。本多の子息政重を自分の養子に、というのである。政重は不肖《ふしょう》の子で、関ヶ原では敵方に属し、処断は免れない立場なのである。

家康はニヤリと笑っていった。

「直江、さすが故太閤殿下が目をかけられただけの器量を持っておる。いや、器量というよりも知謀というべきか」

兼続の申し出は承諾された。かくて上杉家は生き残ったのである。兼続、知謀の限りを尽くした戦いであった。

この人も幾変転を知謀でくぐり抜けた松下幸之助の言葉。

「人間は行きづまるということは絶対ない。行きづまるというのは、自分が〝行きづまった〟と思うだけのことである」

志に生きる

――二〇〇九年一二月号

本誌に深いご縁をいただいたお二人、小島直記先生の一周忌と坂村真民先生の生誕百年の集いが、八女《やめ》、松山で相次いで行われた。

伝記作家と詩人。歩まれた道は異なるが、それぞれ志に生きた人生であった。

お二人は期せずして共通体験を持つ。幼少期に父君を亡くされたのである。

小島先生は素封《そほう》家の一人息子として生まれた。六歳の時に四十六歳の父を失った。母は三十五歳だった。

十五歳で晩酌するようになった。母に勧められたのである。

《一人息子の成長にかける切なくも性急な、必死の願望があらわれていたように思える》

小島先生は自伝『遠い母』の中でこう書いている。

中学一年の時だった。夜中、物音に目覚めた。叔父（父の弟）が母を怒鳴り、殴っていた。猛然と向かっていったが、体力差は歴然、したたかに投げつけられた。それでも箒《ほうき》を逆に握って打ちかかっていった。母を守りたい一念である。この体験を小島先生はこう記す。

《それが養分となった。基本的な一生の姿勢ができたのだと思う。弱いものをいじめる奴は絶対に許さぬという気持ちが今まで続いているのも、そこに仁王立ちの叔父と、殴り倒された母をみるからである》

〝文士は侍〟という言葉がもっとも似合う作家だった小島先生。その志はこの原初の体験に深く根ざしている。

坂村真民先生もまた八歳の時に、小学校長をしていた父が四十の厄《やく》を超えずに急逝した。三十六歳の母の手に五人の幼子が残された。

一家の生活は一変した。五人の幼子を育てるために母は懸命に働いた。その姿と常に口ずさんでいた言葉「念ずれば花ひらく」が焼きついて、人格形成の土壌になった。

父の死に目に会えなかった長男の先生に、母は父の喉仏《のどぼとけ》を与え、きょうから毎朝水をあげるように命じた。それから先生の早起きが始まる。誰も起き出さないうちに共同井戸の水を汲みに行き、父の喉仏にあげるのが日課になった。その日課は生涯の行となる。

「自分を作るために詩を書く」「そして人びとの心に光を灯す」求道《ぐどう》に生きた詩人の志は、困難な体験を抜きには語れない。

お二人を偲《しの》んで、改めてそれぞれの作品を読み返してみた。お二人は一語を胸中深く抱いてその生涯を貫かれたのだ、と強く思った。

小島先生は佐藤一斎『言志四録』の中で最も愛された一節である。

《一燈《いっとう》を提《さ》げて暗夜《あんや》を行く。暗夜を憂うるなかれ。ただ一燈を頼め》

一燈とは志である。伝記文学を通じての人づくり、国づくりこそ、小島先生の生涯の一燈であったと思う。

真民先生はこの一語である。

《小さい花でいいのだ、人にほめられるような大きな美しい花ではなく、だれからも足をとめて見られなくてもいい、本当の自分自身の花を咲かせたらいいのだ、それを神さま仏さまに見てもらえばいいのだ。》

自らの指針とした一語はそのまま、人びとに託したメッセージでもある、と思うのである。

二〇一〇年

一月号〜一二月号

人生信條

二〇一〇年一月号

安岡正篤先生は陽明学者と言われることを嫌われた、という。五十年安岡先生に師事された伊與田覺《いよたさとる》氏から伺った。さらにこうも付言された、という。

「自分の形骸《けいがい》を学んではいけない。自分は孔子が求めようとしたところを学んできた。私が学ぼうとしたものを学びなさい」

この言葉は伊與田氏の学問的信條《しんじょう》の根幹《こんかん》となった。

そういえば、安岡先生にこういう言葉がある。

「学問は命を知り、命を立つにある故、
いずれの一にも偏《へん》せず、縁に従って、すべてを学ぶ」

安岡教学の淵源《えんげん》の広さ、深さは、この信條に起因《きいん》している。

このほど、『安岡正篤　人生信條』を出版した。これは昭和四十一年、先生が共に研鑽《けんさん》の道を歩む全国の同志道友のために編《あ》まれた『師友への道』を改編したものである。ここに平明に示されている普遍的な信條は、混迷を増す現代に問うてこそさらに輝きを増すと感じ、この書を甦《よみがえ》らせなければならない、と思ったのである。

その中のひとつ、『素心規《そしんき》』と題する条文を見てみよう。

《一、禍《か》が福《ふく》か、福が禍か、人間の私心《ししん》でわかるものではない。長い目で見て、正義を守り、陰徳《いんとく》を積もう。

二、窮困《きゅうこん》に処《しょ》するほど快活にしよう。窮すれば通ずる、又《また》通ぜしめるのが、自然と人生の真理であり教《おしえ》である。

三、乱世ほど余裕が大切である。余裕は心を養うより生《しょう》ずる。風雅も却《かえ》ってこの処《ところ》に存《そん》する。

四、世俗の交《まじわり》は心を傷めることが少なくない。良き師友を得て、素心《そしん》の交を心がけよう。

五、世事《せじ》に忙しい間にも、寸暇《すんか》を偸《ぬす》んで、書を読み道を学び、心胸《しんきょう》を開拓しよう。

六、祖国と同胞の為に相共《あいとも》に感激を以《もっ》て微力《びりょく》を尽くそう。》

一読、心を清新するものがある。かかる信條を反芻《はんすう》しつつ、新年に臨みたい。

人生に信條を持つ持たないは大事である。信條を持たない人は人生の途上に立ちこめる雲霧《うんむ》に道を失いがちである。人は信條を持つことで、人生を軌道修正することができる。

その願いを込めて、ことに若い読者に贈りたい詩がある。ドイツの詩人ツェーザル・フライシュレン（一八六四～一九二〇）の『心に太陽を持て』（訳・山本有三）である。

心に太陽を持て
あらしがふこうと　ふぶきがこようと
天には黒くも　地には争いが絶えなかろうと
いつも、心に太陽を持て

唇《くちびる》に歌を持て
軽く、ほがらかに
自分のつとめ　自分のくらしに　よしや苦労が絶えなかろうと
いつも、唇に歌を持て

苦しんでいる人　なやんでいる人には　こう、はげましてやろう
「勇気を失うな　唇に歌を持て　心に太陽を持て」

学ぶに如かず

二〇一〇年二月号

「吾《われ》十有五にして学を志す」──『論語』にある有名な言葉である。

ここにいう「学」は、今日の学校の勉強とは異なる。孔子は十五歳の時に「大人《たいじん》」になろうと志した、ということである。人の上に立って人びとによい影響を与えるのが大人である。人の上に立っても人びとに悪い影響を与えるのは、大人ではない。

孔子は自らの人格を立派に完成させて大人になるべく、聖賢の教えに学んでいこうと十五歳の時に決心したのである。学問によって人格を練り上げていった人生。それが孔子の一生であった。

「吾かつて終日食《くら》わず、終夜寝《い》ねず、以《もっ》て思う、益なし。学ぶに如《し》かず」──『論語』（衛霊公《えいれいこう》第十五）

（自分は若い時、一日中食べることを忘れ、一晩中寝ることをやめて思索をめぐらしたが、何も得ることはなかった。やはり聖賢の教えを学ぶことのほうがはるかに益があると悟った）

孔子が体験を通して得た実感である。

遊侠《ゆうきょう》上がりで直情径行《ちょくじょうけいこう》型の子路《しろ》を諭した「六言六弊《りくげんりくへい》」の教えは、学ばない人間の通弊《つうへい》を説いて鮮やかである。

「お前は六言の六弊というのを聞いたことがあるか」

と、孔子は子路にいう。六言とは六つの言葉で表される人間最高の徳のこと。その最高の徳も学問の裏づけがないと弊害が生じる、というのである。子路は「ありません」と答える。

「それでは教えてあげよう。座って聞きなさい」

仁《じん》を好みて学を好まざれば、その弊《へい》や愚《ぐ》なり──仁とは愛情、思いやりである。仁を好むのはよいが、学問しないと盲目の愛になり、人に騙《だま》されたり、陥《おとし》れられたりする。

知《ち》を好めども学を好まざれば、その弊や蕩《とう》なり──知を得ることは大事だ。知は人間形成の礎となる。しかし、知を好んでも真の識見を身につけないと、博学を誇るだけのとりとめのない人間になる。

信《しん》を好めども学を好まざれば、その弊や賊《ぞく》なり──信を重んじるのはよいが、条理をわきまえないと、物事を破り、損ねてしまう。

直《ちょく》を好めども学を好まざれば、その弊や絞《こう》なり──絞は首を絞《し》めるように窮屈《きゅうくつ》なこと。正直はいいことだが、学問をして識見を持たないと、馬鹿正直で頑固、融通の利かない人間になる。

勇《ゆう》を好めども学を好まざれば、その弊や乱《らん》なり──勇ましいのはよいが、学問をしないと、勇ましいだけのならず者になり世を乱す。

剛《ごう》を好めども学を好まざれば、その弊や狂《きょう》なり──強者であることはよい。しかし、学問による反省がないと、いたずらに力を振り回すだけの狂者になる。

どんな美徳も学問による鍛錬を経ない限り、悪弊となる。二千五百年前に孔子が説いた教えは、時代を超えて我々に突き刺さる。

最近、一人の中学一年生から「致知と私」に投稿があった。志望の中高一貫校に合格、母親から本誌を一年間贈られたという。最初は難しかったが、いまでは通学の電車で開かずにはいられないものになった、とある。後生畏《こうせいおそ》るべし。十三歳で人間学を志した少年の大成を祈ってやまない。

運をつかむ

二〇一〇年三月号

「功《こう》の成《な》るは成るの日に成るに非《あら》ず。けだし必ず由《よ》って起る所あり。
禍《わざわい》の作《おこ》るは作る日に作らず。また必ず由って兆《きざ》す所あり」

蘇老泉《そろうせん》の「管仲論《かんちゅうろん》」にある言葉である。

人が成功するのは、ある日突然成功するわけではない。平素の努力の集積によって成功する。禍が起こるのも、その日に起こるのではない。前から必ずその萌芽《ほうが》があるということである。

運をつかむのもまた、同じことだろう。

宝くじを当てる。これは運をつかむことだろうか。棚ぼた式に転がり込む幸運というのは、得てしてうたかたのごとく消え去るものである。ことによると身の破滅にもなりかねない。

運をつかむには、運に恵まれるにふさわしい体質を作らなければならない。言い換えれば、運を呼び寄せ、やってきた運をつかみ取るだけの実力を養わなければならない、ということである。

そういう意味で忘れられない言葉がある。よい俳句を作る三つの条件である。どなたの言葉かは失念したが、初めて目にした時、胸に深く響くものがあった。

その第一は、強く生きること。

強く生きるとは、「主体的に生きる」ということだろう。状況に振り回されるのではなく、状況をよりよく変えていく生き方である。「覚悟を決めて生きる」と言い換えることもできよう。

一道をひらいた人は一様に、強く生きた人である。例えば、江戸後期の儒者、頼山陽《らいさんよう》は十三歳の正月に、こういう覚悟を決めている。

「十有三春秋《しゅんじゅう》　逝《ゆ》く者はすでに水の如《ごと》し
天地始終なく　人生生死あり
いずくんぞ古人に類して千載青史《せんざいせいし》に列《れっ》するを得んや」

（もう十三歳になってしまった。時間は流れる水のように過ぎていく。天地には始めも終わりもないが、人間は必ず死ぬ。どうしたら昔の偉い人と並んで歴史にその名を留《とど》めることができるだろうか）

小卒で給仕から大学教授になった田中菊雄氏の言葉。

「一生の間にある連続した五年、本当に脇目《わきめ》もふらずに、さながら憑《つ》かれた人のごとく一つの研究課題に自分のすべてを集中し、全精力を一点に究《きわ》める人があったら、その人は何者かになるだろう」

こういう信念、姿勢が、強く生きる人格のコア（核）になる。

第二は、深く見る。

強く生きることで初めて視点が定まり、深く見ることができる。深く見るとは本質を見抜くことである。状況を見抜くことでもある。ここに知恵が生まれる。

第三は、巧《たく》みに表す。

巧みに表すことは大事である。分野を問わず、技術、技巧なくしてよいものは作れない。だが、それだけではよいものは作れない。強く生きる信念、深く見る姿勢があって、初めて技巧は生きてくる。

この三条件はそのまま、よい運をつかむ条件である。

「弱さと悪と愚かさとは互いに関連している。けだし弱さとは一種の悪であって、弱き善人では駄目である」

哲学者、森信三師の言葉である。運をつかむ道は人格陶冶《とうや》の道であることを、哲人の言は教えている。

発展繁栄の法則

二〇一〇年四月号

志摩半島にあるそのホテルは、さる著名な経営者がバブルの最中に計画、三百八十億円を投じて平成四年に完成した。全室から海が見渡せる設計。贅《ぜい》を尽くした内装。足を運んだ人は、誰もが「素晴らしい」と歓声を上げる。しかしバブル崩壊後、経営不振が続き、十年前にホテルは人手に渡った。新経営陣も経営を軌道に乗せるべく手を尽くしたが、赤字は年々嵩《かさ》む一方となった。

仙台で小さなエステを経営していた今野華都子《こんのかつこ》さんに白羽の矢が立ったのは、そんな時だった。平成十九年、今野さんは現オーナーに請われてホテルの社長に就任した。今野さんを迎えたのは社員百五十人の冷たい、あるいは反抗的な視線だった。それまで何人も社長がきては辞めている。また同じ繰り返し、という雰囲気だった。

今野さんがまず始めたのは、社員一人ひとりの名を呼び、挨拶することだった。また、全員と面接し、要望や不満を聞いていった。

数か月が過ぎた。今野さんは全社員を一堂に集め、言った。

「みんながここで働いているのは、私のためでも会社のためでもない。大事な人生の時間をこのホテルで生きる、と自分で決めたからだよね。また、このために会社が悪くなったとみんなが思っている不満や要望は、私や経営陣が解決することではなく、実は自分たちが解決しなければならない問題です」

そして、今野さんは二つの課題を全員に考えさせた。

「自分は人間としてどう生きたいのか」

「自分がどう働けば素晴らしい会社になるのか」

ホテルが変わり始めたのはそれからである。自分の担当以外はやらないという態度だった社員が、状況に応じて他部門の仕事を積極的に手伝うようになっていった。就任二年半、ホテルは経常利益が出るようになった。全社員の意識の改革が瀕死《ひんし》のホテルをよみがえらせたのである。

今野さんが折に触れ社員に伝えた「自分を育てる三つのプロセス」というのがある。

一、笑顔

二、ハイと肯定的な返事ができること

三、人の話を肯《うなず》きながら聞くこと

仕事を受け入れるからこそ自分の能力が出てくるのだから、仕事を頼まれたらハイと受け入れてやってみよう。「できません」「やれません」と言ったら、そこですべての可能性の扉が閉まる。そして、教えてくれる人の話を肯きながら聞くのが、自分を育てていく何よりの道なのである。今野さんはそう言う。

この三つはそのまま、人生を発展繁栄させるプロセスである。

すべての繁栄は人から始まる。ひとりの人間が自らの人生を発展繁栄させていくことが、そのまま組織の発展繁栄に繋《つな》がる。しかも、その発展繁栄の法則は極めてシンプルである。今野さんの事例はそのことを私たちに教えてくれる。

弘法大師空海の言葉がある。

「物の興廃《こうはい》は必ず人に由《よ》る
人の昇沈《しょうちん》は定めて道にあり」

精進の中に楽あり

——二〇一〇年五月号

名人達人と言われる人たちがいる。

そういう人たちには共通した資質がある。

それは対象と一体になっている、ということである。鉄砲撃ちの名人は遠くの獲物も一発で仕留める。弓の達人も的のど真ん中を射抜く。狙った対象と一体になっているからである。

そういう腕はどこから生まれるのか。自分の仕事と一体になるところから生まれる。寝ても覚めても仕事のことを考える。修練する。鍛錬を重ねる。その絶え間ない繰り返しが、いつしか人を対象と一体化する高みに押し上げるのだ。

それは苦しく辛《つら》い営みだろうか。そうではない。名人達人の域に達した人たちが等しく抱く感慨がある。

「精進《しょうじん》の中に楽《らく》あり」

人生の真の楽しみは、ひたすらな努力、精進の中にこそ潜んでいるということである。それはレジャー、娯楽から得る安逸《あんいつ》な楽しみよりもはるかに大きく深い、人間の根源から湧き起こる楽しみである。その楽しみを知っているのが名人達人である、とも言える。

数年前になる。東京国立博物館で『国宝薬師寺展』があり、仏教美術最高傑作の一つ、日光《にっこう》・月光《がっこう》菩薩《ぼさつ》立像（国宝）が揃《そろ》って寺外で初めて公開された。ある早朝、縁があって二つの菩薩像をじっくり拝観する機会を得た。高さ約三メートル。用意された観覧席から見た二つの菩薩は、実に柔和で、優しい笑みをたたえていた。それから下に降り、そばから見上げた。あっと思った。峻厳《しゅんげん》というのがふさわしい、極めて厳しいお顔なのである。さらに背後に回り、いままさに翻《ひるがえ》ったかのような足下の衣の精妙さに息をのんだ。

なんという古《いにしえ》の匠《たくみ》の技。案内してくれた薬師寺の方が言った。

「芸大の学長が来られたので、いまでもこういうものがつくれるでしょうかと聞いたら、製作的にはつくれるが、この精神性は絶対に出せません、というお返事でした」

両菩薩の造立は西暦七〇〇年頃である。当時、この造立計画を聞いて、インドや中国から多くの工人が日本に集まってきたという。見返りや名声を求めてではない。これをつくったら死んでもいいという覚悟で馳《は》せ参じたのである。精進の中に楽あり――彼らを貫いていたのは、この一念であったろうと思われる。

「ロープウェイできた人は、登山家と同じ太陽を見ることはできない」――フランスの哲学者、アランの言葉である。なんの苦労もせずに簡単に登ってきた人が見る太陽は、厳しい鍛錬を重ねて自分の足で頂上に辿《たど》り着いた人が見る太陽とは別物だ、というのである。

仏教詩人・坂村真民さんの詩がある。

　最高の人とは
　この世の生を
　精いっぱい
　力いっぱい
　命いっぱい
　生きた人

精いっぱい力いっぱい命いっぱい生きた人でなくては味わえない楽しみ――精進の中の楽しみを味わい尽くす人生を生きたい。

知識・見識・胆識

――二〇一〇年六月号

東京・谷中《やなか》に南隠《なんいん》という禅僧がいた。新進の仏教学者が訪ねてきて宗教論をまくし立てた。その中には二祖慧可《にそえか》の「断臂《だんぴ》の物語」もあった。こういう話である。

慧可は達磨《だるま》に入門を請うたが、どうしても許しが出ない。それでも慧可は諦めない。雪の降る夜も腰まで雪に埋まりながら座り続けた。その姿に気づいて、「まだそんなことをしているのか」と達磨が言った。「私はいい加減なつもりで教えを請うているのではありません」と慧可は言い、自分の臂《ひじ》を断ち、達磨に差し出して覚悟のほどを示した。さすがの達磨も感動し、入門を許した――。

学者は、この話はおそらく伝説で、そもそも達磨自体も実在したかどうか分からない、このように禅というのは学問的にはまったくあやふやだ、と言う。ほかにも次々と新しい学説が出てくる。南隠禅師は知らない話ばかりだから、感心して聞き入った。

さて、帰る段になって、玄関で禅師が言った。

「あんたは牛のケツじゃな」

学者はなんのことかと思いつつ帰ってきたが、気になってならない。文献という文献を調べたが、「牛のケツ」という言葉はどこにもない。ほとほと困って、学者はまた禅師を訪ね、「牛のケツ」の意味を聞いた。禅師が呵々大笑《かかたいしょう》して言うには、

「だから学者は困る。牛はなんと鳴くか。もう、じゃろ。ケツはお尻。お前さんはもうの尻、もの知りじゃな、と言ったのじゃ」

学者はがっくりとなって引き下がったという。「断臂の物語」が伝説だろうとなんだろうと、禅の本質とは関係ないことを禅師は喝《かっ》破《ぱ》したのである。単なるもの知りではいけない――その一例として、安岡正篤《まさひろ》師がよく引き合いに出された話である。

知識は大事である。人格形成の土台となるからだ。だが、知識はたいてい雑識程度に終わる。雑識は人格を統一する力にはならない。その知識がいろいろな体験を積み、人生的修行を重ねることで、見識になっていく。

見識は物事を判断する基準になる。判断したものを実行する。その勇気、度胸。これが胆識《たんしき》である。いかに知識、見識があっても実行しなければ、実生活も事業も立派にはできない。胆識を養うことは、リーダーの不可欠な要素である。

外国《とつくに》の風招《まね》きつつ国柱《くにばしら》太しくあれと守り給ひき

明治天皇を詠まれた美智子皇后の御歌である。明治の草創期、押し寄せる外国の文化に日本の国柄を失いかける危機があった。その時、明治天皇が「教育勅語《ちょくご》」を発布、日本人が護持すべき精神的基盤を明示し、危機を救った。その胆識を讃《たた》えられたのである。

いま、わが国は未曾有《みぞう》の政治的混迷の中にある。知識、見識、胆識を兼ね備えたリーダーの出現が待たれてならない。

同時に忘れてはならないのは、我われ一人ひとりの覚悟である。安岡正篤師のメッセージをかみしめたい。

「学問、思想をもって自分の性格を作り、これを自分の環境に及ぼしてゆくという実践性がなければ活学ではない。我われは今後本当に自分を作り、家庭を作り、社会を作る上に役立つ生命のある思想、学問を興《おこ》し、これを政治経済全般に適用していかなければならない」

道をつくる

二〇一〇年七月号

世の中には人がつくった道を歩いていく人と、自分で道をつくる人の二通りがある。以前は後者の人生こそ尊いと思っていた。だが最近、そうではないと思うようになった。二つの道は別のものではなく、交錯《こうさく》しているということである。

孔子も釈迦《しゃか》も独自の道をつくった人である。しかし、孔子も釈迦も最初から孔子、釈迦であったわけではない。それぞれの成長期にそれぞれの道を学び、その道を踏査《とうさ》していくことによって独自の道をつくり出していったのである。

道をつくった人は、道をつくろうと思った人である。その思いを強く熱く反復した人である。行ったり来たりする中で道はできる。一回通っただけでは道はできない。このことは歴史が教えている。

「一源三流《いちげんさんりゅう》」という古語がある。
「一源」は誠、誠実である。この誠、誠実を源にして、

一、汗を流す
二、涙を流す
三、血を流す

すなわち、「三流」である。汗を流すとは勤勉、努力すること、一心不乱に打ち込むことである。涙を流すとは降りかかる困難に耐えて人知れず涙を流す、あるいは達成の喜びに感動の涙を流すこと。血を流すとは命を込める、命をかけることである。

「一源三流」は人をつくり、道をつくる万古不易《ばんこふえき》の原理である。
松下幸之助もまた、道をつくった人である。

幸之助は明治二十七年に和歌山の裕福な家に生まれた。江戸時代から続く旧家で、屋敷内には樹齢七百年を超える一本松があり、松下姓はそれに由来するという。八人きょうだいの末っ子だった。

平穏な生活は四歳で一変した。父が米相場に失敗、先祖伝来の土地屋敷を売り払うことになる。不幸は重なる。幸之助の小学校入学前後、次兄、次姉、長兄と相次いで病没した。父は大阪に職を得、そのわずかな送金で母子は暮らしたが、四年生の秋、小学校卒業寸前で中退（当時の尋常小学校は四年生まで）、大阪の火鉢屋《ひばちや》に奉公することになった。別れの日、駅に見送りにきた母の涙とその情景は、生涯、幸之助のまぶたに焼きついて離れなかった。

以後、幾多《いくた》の変転を経て、幸之助の道づくりの人生が始まる。

その幸之助に、「道」と題する一文がある。

自分には　自分に与えられた道がある
広い時もある　せまい時もある
のぼりもあれば　くだりもある
思案にあまる時もあろう
しかし　心を定め　希望をもって歩むならば
必ず道はひらけてくる
深い喜びも　そこから生まれてくる

思いをこめる

二〇一〇年八月号

滴骨血、という言葉がある。「てきこっけつ」と読む。王陽明《おうようめい》の言葉である。師は自分の血を弟子の骨に注ぎこむ。弟子もその血を骨に吸い込むように受け取る。心血を心骨に注ぐ。教えの伝受はそういうものでなければならない、ということである。思いをこめる極致であろう。

師弟の間だけではない。人が一つの業を成《な》さんとする時も、である。その業に我が血を注ぐように思いをこめることが不可欠である。

この人もまた、自分の業に滴骨血のように思いをこめた人である。西山彌太郎《やたろう》。明治二十六（一八九三）年生まれ。大正八年、東大の鉄冶金《やきん》科を卒業し、川崎造船（後に川崎重工業と社名変更）に入社。製鋼技術者として勉励、目覚ましい業績を上げ、昭和二十五（一九五〇）年、川崎重工から川崎製鉄を分離、独立させた。

この人に驚くのは、大学卒業論文に「神戸川崎造船所製鋼工場計画」を書き、資金調達から生産技術、原料の選定、利潤までを計画設計していることである。机上の空論ではない。現実をにらんでのビジョンを打ち立てていたところに、この人の人格がうかがえる。

社長になった西山は、長年胸に温めていた計画を実行する。千葉製鉄所の建設である。これは二つの意味で革命的な大事業だった。

一つは、世界で初めての臨海一貫製鉄所だったということ。それまでの製鉄所は原材料立地が基本で、石炭や鉄鉱石がとれるところに造られてきた。それを臨海にすることで、海外の良質原料の大量輸入、また加工生産した鉄製品の大量輸出を容易にする一貫性を確立したのだ。日本を加工貿易立国にしたいという西山の一念が、そういう製鉄所を造らせたのだ。もう一つは、ウォーターフロントの軟弱地盤に大規模な製鉄所を建設する技術を開発したことである。この技術もまた、世界に先駆けるものであった。

一九五〇年当時、日本はまだ敗戦の復興期である。西山のこの計画は〝無謀極まる〟と、日銀総裁をはじめ多くの批判を受けた。しかし西山は、「日本の進むべき道は貿易立国以外にはない。誰が反対しようとやる」という強い信念のもと、直接世界銀行と交渉して二千万ドル《ドル》（七十二億円）の融資を受け、必要経費の百六十三億円を全国行脚《あんぎゃ》して調達した。

西山はオーナー事業家ではない。サラリーマン経営者である。一介のサラリーマン経営者が自分の事業に深い思いをこめ、日本に画期的な影響をもたらす偉業を成し遂げたのだ。

人物評の鋭さに定評のあった歴史学者の会田雄次は、西山を「戦後日本の決定的人物」と評価、「この製鉄工業の躍進がなければ、その後の造船、自動車、重電をはじめとする重化学工業はもちろん、家電をはじめとするエレクトロニクスも成立しなかったろう。その意味で西山は日本のための巨大な関門を開いた」と絶賛している。

人はいかなる立場、境遇にあろうと一念を堅持し、その一念に思いをこめることで、いかなる状況も創新することができる。西山の人生が教えるのは、そのことである。人の思いが人生を創り、時代を創る。私たちもまた、自分の一道に思いをこめたい。

人を育てる

二〇一〇年九月号

「私はドイツの母親、ドイツの婦人の家庭的な伝統の中に、我われの政治的未来に対する、我われの築くいかなる要塞《ようさい》にも増して、確固たる保証をみる」

鉄の宰相といわれたドイツのビスマルクの言葉である。どんなに堅固《けんご》な要塞より、母親が家庭でどういう教育をしているかがドイツの未来を保証する、というのである。ドイツに限ったことではない。

人格の土台を創るのは家庭である。一家の習慣、教養、風儀が子供の人格の核を創る。人を育てる原点である。

家庭で創られた人格の核を土台に人は社会に飛び出していく。社会への雄飛を橋渡しするのが師と友である。いかなる師と出会うか。どんな友を得るか。師友との切磋琢磨によって、人はさらなる成長を遂げていく。人の生涯は、人を育て人に育てられる連鎖である。

中江藤樹は人を育てることに生涯を賭《と》した人である。中でも、生来の「愚魯鈍昧《ぐろどんまい》」といわれた大野了佐《りょうさ》との逸話は忘れ難い。

藤樹の伊予大洲《おおず》時代の友人、大野勝介の次男が了佐である。了佐が藤樹の後を追って小川に来た時、藤樹三十一歳、了佐二十七歳。僅《わず》か四歳の違いである。

どうしても医者になりたいという了佐。藤樹は当時の医学入門書『医方大成論』を読むことから始める。『藤樹先生年譜』によると、「先《まず》二三句ヲ教ルコト二百遍バカリ、巳《み》ヨリ申《さる》ニ及デ漸《ようや》ク記《き》ス」

たった二、三句を覚えさせるのに二百回繰り返し、巳の刻から申の刻まで、つまり午前十時頃から午後四時頃までかかったという。

それで終わりではない。「食ニ退《さが》ツテ后《のち》、コレヲ読ニ皆忘了《わすれおわ》ル」。夕食を終えて復習してみると、ケロリと忘れてしまっている。後年、藤樹は「われ了佐においてほとんど精根を尽くす」と語っている。

しかし了佐は諦めない。その熱心さに打たれ、藤樹は了佐のためにわざわざ『捷径医筌《しょうけいいせん》』（六巻）という教科書を作り、与えている。師弟一体の努力により、了佐は立派な医者になった。藤樹はいう。

「彼、甚《はなは》だ愚昧《ぐまい》なりといえども、その勉励の力は甚だ奇なり」

「随人観美《ずいじんかんび》」という言葉がある。人にしたがって美を観る。その人だけが持っている美を観ろ、の意である。人を育てる要諦《ようてい》であろう。藤樹はその最たる人であった。

荻生徂徠《おぎゅうそらい》も多くに影響を与えた。その徂徠の人を育てる要諦として人口《じんこう》に膾炙《かいしゃ》される徂徠訓を、最後に掲げる。

一、人の長所を始めより知らんと求むべからず。人を用いて始めて長所の現わるるものなり。

二、人はその長所のみを取らば即《すなわ》ち可なり。短所を知るを要せず。

三、己が好みに合う者のみを用うる勿《なか》れ。

四、小過を咎《とが》むる要なし。ただ事を大切になさば可なり。

五、用うる上は、その事を十分に委《ゆだ》ぬべし。

六、上にある者、下の者と才知を争うべからず。

七、人材は必ず一癖あるものなり。器材なるが故なり。癖を捨てるべからず。

八、かくして、良く用うれば事に適し、時に応ずるほどの人物は必ずこれあり。

一生青春、一生修養

――二〇一〇年一〇月号

『致知』は本号で三十二周年になる。振り返れば一瞬である。同時に、遥《はる》けくも来つるものかな、という思いも湧いてくる。

この三十二年を貫いたものは、「必死」の一語に尽きる。無我夢中、一心不乱である。その一方、心の奥底に鳴り響いていた思いがある。諸葛孔明《しょかつこうめい》が子を戒《いまし》めた書簡の一節である。

《静以《もっ》て身を修め、倹《けん》以て徳を養う。
淡泊《たんぱく》に非《あら》ざれば、以て志を明らかにするなく、
寧静《ねいせい》に非ずんば、以て遠きを致《きわ》むるなし》

必死、無我夢中でありながら、状況に振り回されてガサツになってはいけない、心の奥深いところで倹（慎みの心）、寧静を失ってはならない、ということである。

その意味で「一生青春、一生修養」は『致知』の毎号の課題であり、目指すべきテーマであった。そしてそれは本誌にご登場いただいた各界の方々にも共通した課題でありテーマであった、と思える。

一生燃焼、一生感動、一生不悟《ふご》――書家の相田みつを氏の言葉である。悟れなくてもよい、一生燃焼し、感動する人生を生きるのが大事と父は言っていた、とご子息の一人《かずひと》氏が語っている。「一生不悟」には、悟ったと思った時、成長は止まる、人は生涯修養を忘れてはならない、というみつを氏の決意が込められている。

昨年、百一歳で旅立たれた松原泰道師の座右銘は、「生涯修行臨終定年」。その通りの生涯を泰道師は全うされた。

当年百四歳になられる「しいのみ学園」の創設者・昇地《しょうち》三郎氏は、今年も講演行脚《あんぎゃ》を兼ね、一か月の世界旅行をされる。まさに驚異の人である。その座右銘は「人生は挑戦」。自分の怠け心に挑戦して自分の目標とする方向に自分を高めていく、それが生きがい、との持論どおり、挑戦の人生は続いている。

松下幸之助氏は幼少期より病弱だったが、九十四歳の天寿を全《まっと》うした。その松下氏も七十歳になった時、肉体の衰えを覚えるようになり、心意気に燃えて日々を送るにはどうすればよいかを模索したという。そして出会ったのがサミュエル・ウルマンの「青春」であった。この詩は本欄でも紹介したことがあり、ここでは一部のみを掲げるが、ぜひ全文を読まれることをお勧めしたい。真の青春を語り尽くして、これ以上の言葉はない。

《青春とは人生のある期間をいうのではなく、心の様相《ようそう》をいうのだ／年を重ねただけで人は老いない／理想を失う時に初めて老いがくる／歳月は皮膚のしわを増すが、情熱を失う時に精神はしぼむ／年は七十であろうと十六であろうと／人は信念と共に若く、疑惑と共に老ゆる／希望ある限り若く、失望と共に老い朽《く》ちる》

松下氏は言う。

「身体に年を取らせても、心に年を取らせてはならない――常に青春であらねばならないと、心持ちを養うように努めている。すると、ものの考え方が若々しくなってくる。希望が次々と湧いてくる」

一生青春の人生を送る人は常に、心の工夫用心を怠らない人である。即《すなわ》ち修養を怠らない人である。青春と修養は一対である。

人間を磨く

二〇一〇年一一月号

八月三十日朝。新聞の一つの記事に目が釘付けになった。

衝撃が走り抜けた。全身の血がチリチリ凍りつくような思いがした。悲しみがせき上げてきて文字が霞《かす》んだ。その記事を記す。

《台所の家庭用冷蔵庫。奥行き約30チセンの野菜室が小さな遺体のひつぎだった。胎児のように足を抱え、冷たい箱の中で2年近くも眠っていた。07年7月、兵庫県小野市。4歳の男児は、義父（35）に「お仕置き」と称して身体より小さな衣装ケースに閉じ込められ、熱中症で死亡した。口に靴下を詰められ、悲鳴を上げることすらできなかった》（原文のまま）

どんなにか恐ろしかったろう。どんなにか悲しかったろう。原文を引き写していてもやりきれなさがこみ上げる。

冷蔵庫に入れようと提案したのは母親（35）だった。遺体と「離れたくない」という思いが強かったのだ、と記事は伝える。

母親は親の勧めで結婚した前夫（37）とうまくいかず、07年3月、出会い系サイトで知り合った相手の県営住宅に子供二人と転がり込んだ。「子供に優しくしてくれる」と思い選んだ夫は、「これが教育」と殴り始め、やがて暴力が日常化する。後に公判で、自らも虐待された成育歴があったことが判明した──。

近年の異様な事件に出合うたびに思い出す言葉がある。ある人に教わった「時間は音符」がそれである。ベートーヴェンの「運命」の出だしの音符は決まっている。だが同じ音符でも、カラヤン、フルトベングラー、小澤征爾《せいじ》と指揮者が変わると、まったく異なって聞こえる。時間もそれと同じで、同じ時間でも人によってもたらされる結果はそれぞれに異なる、ということである。時間だけではない。場（環境）もまた音符なのではないだろうか。同じような場にいても、そこで奏《かな》でるメロディは人によって違ったものになる。

若い夫婦は一つの場の中で、あまりにも悲しい曲を奏でた。似たような環境にいても、希望のメロディを奏でる人もいよう。

人は何のために学ぶのか。自分を磨くためである。自分を磨いて、人生を全《まっと》うするためである。

どんな環境にいても、その環境を生かして幸福のメロディを奏でることが、この世に生を受けた者に課せられた使命だと思う。

明末の儒者、呂新吾《りょしんご》にこういう言葉がある。

「学問の要訣《ようけつ》はただ八箇の字にあり。

徳性を涵養《かんよう》し、気質を変化す」

人が学ぶのは思いやりや誠実、勤勉、忍耐の心といった徳性というものを養い育て、悪い気質を良い気質に改めていくためだ、というのである。私たちは人間性を練り、自らの人格を高め、深めていくために学ぶのだ。人間学を学ぶ要訣《ようけつ》はそこにある。

呂新吾はさらに言う。

「我を亡《ほろ》ぼす者は我なり。

人、自ら亡ぼさずんば、誰か能《よ》く之を亡ぼさん」

どういう人生を送るか。すべては自分にある。そして、自分の在り方は幼児を含め自分を取り巻くあらゆるものに良くも悪くも影響していく。そのことをすべての成人は忘れてはならない。

発心、決心、持続心——

二〇一〇年一二月号

当社のロングセラーの一つ、鍵山秀三郎氏の『凡事徹底』の中に、夏目漱石《そうせき》が弟子の芥川龍之介に言った言葉が紹介されている。

「世の中は根気の前に頭を下げることを知っています。火花の前には一瞬の記憶しか与えてくれません。だから、牛のよだれのようにもっと根気よくやりなさい」

夏目漱石は単なる文才の人ではなく、深く人生を見詰めた人であることを物語る一言である。

漱石については、新潮社を創立した佐藤義亮《ぎりょう》氏もその著書（『明るい生活』）で興味深い逸話を記している。

漱石の書は何とも言えない気品があって、誰もが欲しがった。漱石門下の某氏もその一人で、かねがね何度か所望《しょもう》したが、一向に書いてくれない。ある時、夏目邸の書斎で某氏はついに口を切った。

「前から何度もお願いしているのに、どうして僕には書いてくださらないんですか。雑誌社の瀧田《たきた》（樗陰《ちょいん》）にはあんなにお書きになっているのだから、僕にも一枚や二枚は頂戴《ちょうだい》できそうなもんですな」

漱石は静かに言ったという。

「瀧田君は書いてくれと言うとすぐに毛氈《もうせん》を敷いて、一所懸命に墨をすり出す。紙もちゃんと用意している。都合が悪くていまは書けないというと、不満らしい顔も見せずに帰っていく。そして次にやってくると、都合が良ければお願いします、とまた墨をすり出すんだ。これじゃいかに不精《ぶしょう》なわしでも書かずにいられないではないか。

ところが、きみはどうだ。ただの一度も墨をすったことがあるかね。色紙一枚持ってきたことがないじゃないか。懐手《ふところで》をしてただ書けと言う。それじゃわしが書く気にならんのも無理はなかろう」

この逸話にこもる実を見落としてはならない。ここには発心《ほっしん》・決心・持続心のエキスが詰まっている。

誠《まこと》の一字、中庸《ちゅうよう》尤《もっと》も明かに之れを先発す。読んでその説を考ふるに、三大義あり。

一に曰《いわ》く実《じつ》なり

二に曰く一《いつ》なり

三に曰く久《きゅう》なり

吉田松陰の言葉である。「誠」は『中庸』の中で明らかに言い尽くされている。「誠」を実現するには、実（実行）、一（専一《せんいつ》）、久（持久）が大切である。一つのことを久しく実行し続ける時に、初めて「誠」の徳が発揚されてくる、というのである。至言である。

さあ、やるぞ、と心を奮い立たせるのが「発心」である。やると心に決めたことを実行するのが「決心」である。そして、その決心をやり続けるのが持続心である。

発心、決心はするが持続しない人は、動き出したと思ったらすぐにエンストを起こす車のようなものである。誰からも見向かれなくなる。私たちは自分をエンストばかりする欠陥車にしてはならない。

小さな努力をコツコツと、久しく積み重ねること。これこそが自己を偉大な高みに押し上げていく唯一の道なのである。

古今に不変の鉄則を心に刻みたい。

二〇二一年

一月号〜一二月号

盛衰の原理

二〇一一年一月号

今年（平成二十三年）、日本は皇紀《こうき》二千六百七十一年である。海に囲まれた小さな島国が、さまざまな試練を経ながら高い民度と文化を備え、今日まで発展してきたのはなぜだろうか。そこに盛衰の原理のヒントがあるように思われる。

例えば、伊勢神宮では、正殿をはじめ社殿のすべてを新たに造り替える式年遷宮《せんぐう》が、二十年に一回行われてきた。二年後に迎える式年遷宮は六十二回目になる。今回の総工費は五百五十億円。うち二百二十億円は民間からの志によると聞く。第一回の式年遷宮が行われたのは持統天皇四（六九〇）年。戦国時代に中断されたことはあったが、以来千三百年、この行事は連綿と続けられている。

伊勢神宮だけではない。全国でその地にある神社が地域の人々によって大事に護持されている。これは世界の驚異と言っていい。

渡部昇一氏に伺った話である。氏は若い頃、ギリシャのスニオン半島を二週間ほど旅し、ポセイドン神殿はじめ多くの遺跡を見た。帰国後、石巻《いしのまき》に行った印象が忘れられないという。石巻には港を見下ろす丘に大きな神社がある。その祭りを町を挙げて祝っていた。海を見晴らす丘に海神を祀《まつ》るのはギリシャも日本も同じだが、ギリシャの神ははげ山の中の遺跡と化している。しかし、日本の神は豊かな鎮守《ちんじゅ》の森に包まれて社に鎮座し、住民がこぞって祝っている。

「古代ギリシャ文化はもはや死んでしまったが、古代日本文化はいまもまさに生きているのです」

この事実は何を物語るのか。ギリシャ神話は有名だが、神々の系《けい》譜《ふ》は神話の中だけで完結、断絶し、いまに繋《つな》がっていない。これに対して日本は、天照大神《あまてらすおおみかみ》の系譜に繋がる万世一系《ばんせいいっけい》の天皇という具体的な存在を軸に、我われの先祖は目に見えないもの、人智を超えたものを畏敬《いけい》し、尊崇《そんすう》する心を、二千年以上にわたって持ち続けてきた、ということである。そしてこの民族の魂は今日もなお生き続けている、ということである。

目に見えないものへの畏敬、尊崇の念は、自らを律し、慎む心を育んでいく。

「心だに誠の道にかないなば祈らずとても神や守らむ」という心的態度はこの国に住む人たちに共通した価値観となって定着した。言い換えれば、私たちの先祖は「自反尽己《じはんじんこ》」に生きたのだ。自反とは指を相手に向けるのではなく、自分に向ける。すべてを自分の責任と捉え、自分の全力を尽くすことである。そういう精神風土を保ち続けたところに、この国の繁栄の因《いん》がある。

同時に忘れてならないのが、我われの先祖が絶えず後から来る者のことを考え、遠き慮《おもんばか》りの心を持ち続けたことだろう。詩人の坂村真民さんはそういう先人の祈りを象徴するような詩を残している。

《あとから来る者のために
田畑を耕し　種を用意しておくのだ
山を　川を　海を　きれいにしておくのだ
ああ　あとから来る者のために
苦労をし　我慢をし　みなそれぞれの力を傾けるのだ
あとからあとから続いてくる　あの可愛《かわい》い者たちのために
みなそれぞれ自分にできる　なにかをしてゆくのだ》

立志照隅

二〇一一年二月号

『修身教授録《しゅうしんきょうじゅろく》』という本がある。昭和十四年発刊、多くの読者を得た名著である。縁あって、弊社がこれを平成元年に再版、いまも熱い思いで読み継がれ、版を重ねること三十一刷を数えている。

この本は大阪天王寺師範専攻科の倫理・哲学の講師であった森信三先生が、修身科の授業で行った講義をまとめたものである。森先生は徳目に流れがちな当時の教科書を使わず、自分で立てたテーマに沿って口述、全生徒に筆録させる方法を採った。

本書には二年分の講義が収められ、五百ページを超す大部だが、そこで先生が一貫して説かれているのが、「立志」の大切さである。

〈人間が志を立てるということは、いわばローソクに火を点ずるようなものです。ローソクは、火を点《つ》けられて初めて光を放つものです。同様にまた人間は、その志を立てて初めてその人の真価が現れるのです。志を立てない人間というものは、いかに才能のある人でも、結局は酔生夢死《すいせいむし》の徒にすぎない〉

野心と志の違いについては、こう説く。

〈野心とか大望というものは畢竟《ひっきょう》するに自己中心のものです。すなわち自分の名を高め、自己の位置を獲得することが、その根本動機となっている。ところが真の志とは、この二度とない人生をどのように生きたら真にこの世に生まれてきた甲斐があるかということを考えて、心中に常に忘れぬということでしょう。結局、最後は世のため人のためにという所がなくては真の意味で志とはいいがたい〉

また、このようにも語る。

〈そもそも真の志とは、自分の心の奥底に潜在しつつ、常にその念頭に現れて、自己を導き、自己を激励するものでなければならぬ〉

本を読んで感心したり、人から話を聞いてその時だけ感激しても、すぐ忘れるようでは真の志ではない、ともいう。

平易明快。一読、心に迫る言葉が連なる。この講義をされたのは森先生四十歳から四十二歳の時である。よくもその若さで、と感嘆させられるが、それは先生の生い立ちに根差していると思われる。

森先生は明治二十九年、愛知県知多半島で生まれた。祖父は第一回国会議員選挙に選ばれ、県議会議長を長年務めた名士だったが、父は無類のお人好し、一代で財産を潰し、困窮《こんきゅう》の中で愛想をつかした実母は実家に帰る。先生は二歳で小作農家に養子に出された。

人生の出発点で見舞われたこの不幸を礎《いしずえ》に、先生は人格を磨かれた。その光は没後十九年のいまも、多くの人を照らし続けている。

「立志照隅《りっししょうぐう》」――志を立て、自分のいる場所を照らす、換言すれば、その場になくてはならぬ人になる、ということである。もっとも身近な自分のいる場とは、自分という場にほかならない。

若い社員に時折《ときおり》する話がある。

「みなさんは、自分の体を自分のものと思っているが、自分で作ったものなど一つもない。体も心も全部、天地宇宙から借り受けたもので、時間がきたら返さなくてはならない。天地から借りている、この自分という場をまず照らさないと、周りなんか照らせない。一隅を照らすとは自分自身を照らすことだ」

自分という場を照らす。それがそのまま周囲を照らす光になる。

新しい年は明けた。立志照隅の人生を歩みたいものである。

運とツキの法則

二〇一一年三月号

人生に運とツキというものは確かにある。しかし、運もツキも棚ぼた式に落ちてくるものではない。

『安岡正篤一日一言』に「傳家寶《でんかほう》」と題する一文がある。ここに説かれている訓《おし》えは全篇《ぜんぺん》これ、運とツキを招き寄せる心得といえるが、その最後を安岡師は、「永久の計は一念《いちねん》の微《び》にあり」と記している。

人生はかすかな一念の積み重ねによって決まる、というのである。

松下幸之助氏は二十歳の時、十九歳のむめのさんと結婚した。幸之助氏が独立したのは二十二歳。以来、勤勉努力し大松下王国を創り上げるのだが、独立当時は日々の食費にも事欠き、夫人は密かに質屋通いをした。そんな若き日をむめの夫人はこう語っている。

「苦労と難儀《なんぎ》とは、私は別のものだと思っています。〝苦労〟というのは心のもちようで感じるものだと思うのです。ものがない、お金がないというのが苦労だといわれておりますが、私はこれは〝難儀〟だと解しています。常に希望を持っていましたから、私は苦労という感じは少しも持たなかったのです。難儀するのは自分の働きが足りないからだと思っていたふしもありました」

難儀を苦労と受け止めない。若き日のむめの夫人はすでに、一念の微の大事さを感得していたことがうかがえる。

新潮社を創業した佐藤義亮《ぎりょう》氏の著『生きる力』の中に、こんな話があった。浅草で商《あきな》いを手広く営む知人の店が全焼した。翌日、見舞いに駆けつけると、なんと、知人は酒盛りをして騒いでいる。気が触れたかとあきれる佐藤氏に、知人は朗《ほが》らかに言った。

「自棄《やけ》になってこんな真似をしているのではないから、心配しないでください。私は毎日毎日の出来事はみな試験だ、天の試験だと覚悟しているので、何があっても不平不満は起こさないことに決めています。今度はご覧のような丸焼けで、一つ間違えば乞食《こじき》になるところです。しかし、これが試験だと思うと、元気が体中から湧いてきます。この大きな試験にパスする決心で前祝いをやっているのです。あなたもぜひ一緒に飲んでください」

その凄《すさ》まじい面貌《めんぼう》は男を惚《ほ》れさせずにはいない、と佐藤氏は言っている。知人は間もなく、以前に勝る勢いで店を盛り返したという。

明末の大儒、呂新吾《りょしんご》は言う。

「精神爽奮《せいしんそうふん》なれば則《すなわ》ち百廃倶《ひゃっぱいとも》に興《おこ》る

肢体怠弛《したいたいし》すれば則ち百興《ひゃっこう》倶に廃《すた》る」

(精神が健《すこ》やかに奮い立てば、もろもろの廃れたことが一斉《いっせい》に興る。手足身体が怠け弛《なまゆる》むと、もろもろの盛んなことも一斉に廃れる)

運とツキを招き寄せる法則は古今に不変である。

最後に、つい先日、大和ハウス工業の樋口武男会長から伺った話を付記する。

「人の道を守らない人間、親を大事にしない人間、恩ある人に砂をかける人間に、運はついてこない」

人生の真理はシンプルである。

先師先人に学ぶ

――二〇一一年四月号

一月二十九日に開催された弊社主催の新春講演会。開演は十二時半にもかかわらず、八時過ぎに受付に人が並び始め、十一時頃には二、三百人の列ができたのには驚いた。講演会は第一講が伊與田覺《いよたさとる》氏の「『大学』に学ぶ大人《たいじん》への道」。第二講は中條高徳《たかのり》氏の「志高く生きる」。第三講のしんがりは不肖《ふしょう》が務めさせていただいた。

伊與田覺氏九十五歳。中條高徳氏八十四歳。「仕えてその道を能《よ》くす。これを達《たつ》という」（一つの道に仕えてその道を極めた人を達人という）と古言にあるが、それぞれの道を深められたお二人の達意自在の話に、千三百人の参加者は吸い込まれるように耳を傾けた。

中でも特筆すべきは第一講の冒頭。伊與田氏の先導で千三百人全員一糸《いっし》乱れず『大学』を素読したのは、まさに圧巻であった。「千三百人がこうして『大学』を素読したのは、恐らく戦後初めてのことでしょう」と、伊與田氏も感慨深げに語られていた。

この大会も今年で三回目になる。毎回思うことだが、『致知』の愛読者の方が千三百人も集まると、わくわくするような、その場にいるだけで心が弾み高まるような、何とも言えない独特の熱気が渦巻く。他のどのような集まりでも出会うことのできない熱気である。

先師先人に学び、自己を高めんとする人たちだけが発する志気が共鳴協奏して、この不可思議な熱気を生み出すのだと思われる。

『致知』も創刊して三十二年半。この間、多くの先師先人に学んできた。多くの出会いがあり、多くの忘れられない感動があった。特に最近思い出すのは、タレント・桂小金治《こきんじ》さんの話である。

小金治さんの子供の頃である。ハーモニカが流行した。小金治少年も欲しくなり、父親にねだった。父親は黙って榊《さかき》の葉を取り、見事な草笛を吹いて聴かせた。

「お前も練習すれば吹けるようになる」

小金治少年は懸命に練習した。だが、なかなか父親のようには吹けず、練習を止めてしまう。すると、父親は言った。

「努力は誰でもする。その努力の上に辛抱《しんぼう》という棒を立てろ。その棒の上に花が咲くんだ」

この言葉に後押しされて小金治少年はまた練習に励み、ついに草笛を吹きこなせるようになった。翌朝目を醒《さ》ますと、枕元にハーモニカが置いてあった、という。

敗戦後二十九年、ルバング島で一人戦い続けた小野田寛郎《ひろお》さんの言葉も忘れられない。

「孤独感はなかったか、とよく聞かれたが、ぼくは孤独感なんていうことはないと思っていた。二十二歳で島に入ったが、持っている知識がそもそもいろんな人から教わったものです」

人は皆、先師先人にいろいろなことを教えられて生きている。よりよい人生を生きるには、この学びの姿勢をより能動的にすることが不可欠である。安岡正篤師の言葉が思い出される。

「この人生において、我われの人格が真に確立し、最早《もはや》惑うこともなくなるまでには到底、自分の独力で為し得られるものではない。

我われは常に権威ある人格、品性、気魄《きはく》、才能に接触し、誘掖《ゆうえき》され、陶冶《とうや》されて、始めてようやく、自己を充実し、洗練し、向上させることができる。この厳粛《げんしゅく》な事理を閑却《かんきゃく》し、蔑視《べっし》する者は必ず人生に退転し、迷惑し、顚倒《てんとう》するの愚《ぐ》に終わらねばならない」

新たな地平を拓く

——二〇一一年五月号

昨年十月、二人の日本人科学者が揃《そろ》ってノーベル化学賞を受賞され、日本国中を沸かせた。鈴木章《あきら》さんと根岸英一《ねぎしえいいち》さんである。そのお一人、根岸さんが特別出演された新春のテレビ番組を視聴し、深く感ずるものがあった。

「自分は科学者だが、中小零細企業の社長と同じです」と根岸さんは笑いながらそう話し出された。ヒト、モノ、カネをいかに裁量するかが事業経営の要諦《ようてい》だが、科学技術の開発もまた、その苦労から逃れ得ない、ということだろう。また、科学者は一つの研究が成ったらそれで終わりではない、さらに新たなテーマを見つけ挑戦していかなければならない、という話をされた。根岸さんはいま、海水中にあるウランを活用する技術の開発に取り組んでいると目を輝かされていた。そして、長年のご体験から摑《つか》まれた発見に至るプロセスを図式化して説明された。

発見はまず、こういうものが欲しい、こうなったらいいという「ニーズ」「願望」が出発点である。そのニーズや願望を達成するために「作戦」を練る。この作戦でいこうと決めたら、それに沿う方向で「系統立った探求」を始める。この系統立った探求が難物である。途中で、もうやめようか、と迷う瞬間が何度もある。失敗が続き、こんなことをやっていても無駄だ、と思う時がある。その時、「いや、絶対に屈しない。これでいくんだ」と思い続けられるかどうか――。そう思い続けるには、「知識」「アイデア」「判断」が要る。この三つが不屈の「意志力」「行動力」を生む基になる。これらの難関をくぐり抜けて「幸運な発見」が生まれる、というのである。

この発見のプロセスは、科学技術に限ったことではない。あらゆる仕事に共通した普遍の法則というべきものであろう。新たな地平を拓《ひら》くための要訣《ようけつ》を示した法則だ、ともいえる。

最近、『ビジョナリーカンパニー3　衰退の五段階』という本を読んだ。興味深かったのは、成功した企業が衰退していく第一の要因に「成功から生まれる傲慢《ごうまん》」を挙げていることである。忘れてはならない教訓である。

同書はまた、チャーチルのエピソードを紹介している。彼は学生時代は落第生、政治家になっても評価は低かった。そのチャーチルが一九四〇年、英国首相になった。そして、母校に招かれ、卒業式で祝辞を贈ることになった。チャーチルは少年たちにこう語った。

「これが教訓だ。決して屈服してはならない。決して屈服してはならない。決して、決して、決して、決して、相手の大小を問わず、強弱を問わず、決して屈服してはならない、決して屈服してはならない」――チャーチルは何度も、決して屈服してはならない、のフレーズを繰り返した。

この信条こそが、イギリスを対独戦の戦勝国に導いたのである。

人は皆、掘り抜かなければならない山を持っている、とはある先人の言葉である。掘り抜かなければならない山。それはその人だけに与えられた課題、といってよいだろう。その山を掘り抜いた先に拓けるのが新たな地平である。山は一つとは限らない。私たちは先人の足跡に学びつつ、常に自らの山を掘り抜き、新たな地平を拓いていかなければならない。天の意に叶《かな》う生き方もそこにある。

新生

二〇一一年六月号

当初、ひと月もすれば事態は落ち着きを見せるだろう、と思っていた。だが、東日本大震災の被害は日を追い様相が明確になるにつれて深刻の度を増し、今日に及んでいる。リアス式海岸の美しい景観を見せていた東北の港町は大津波に町ごとさらわれ、跡形もなくなった。こんな無惨《むざん》な光景を誰が想像し得ただろうか。あまりの惨《さん》状《じょう》に声もない。加えて、福島第一原発の事故である。現場での必死の作業にもかかわらず処理は一進一退。不安は募《つの》る。

そして何よりも、奪われた人の命である。三月十八日に一万六千七百六十人だった死者行方不明者は、四月二十日現在二万七千八百十七人（警視庁まとめ）。日に日に増えていくその数に、心も凍りつく思いがする。

この打撃が経済をはじめあらゆる分野に及ぼす影響は、想像もつかない。まさに国難である。我が国の命運がかかってきている。

歴史を見れば、この国は何度も国難に襲われた。近代以後でも、押し寄せる西欧文明に呑《の》み込まれそうになった幕末期、すべてが壊滅状態に陥った終戦期と、国家の命運が差し迫った危機があった。だがその都度、私たちの祖先、先輩は堅忍不抜《けんにんふばつ》、必死の覚悟で国難に立ち向かい、新たな世界を拓いてきた。以前に勝る繁栄を築いてきた。いまこそ先人に学び、国難を乗り越えていかなければならない。それが犠牲に遭われた人たちへのせめてもの供養となろう。

作家の曾野綾子さんが雑誌に書かれている。

「地震が近年落ち込んでいるといわれる日本の凋落《ちょうらく》に決定的な追い討ちをかけるか、それとも長い間の物心両面の沈滞を打破するきっかけになるかというと、私は後者に望みを託したい（中略）。地震が眠りこけていた日本人の怠惰《たいだ》で甘やかされた精神を揺り動かしてくれれば、多くの死者たちの霊も慰められるかと思うのである」

本誌もまた、この地震を契機に、眠っていた日本人のＤＮＡが目覚めることを切望する。

その予感はすでに被災地の人たちの姿に現れている。困難な状況の中で天を呪わず、他を思いやり助け合う日本人の姿に、多くの外国の人たちが感嘆と賞讃の声を上げている。

勤勉・正直・親切・誠実
忍耐・克己・感謝・報恩

古来、私たちの祖先が大事にしてきた伝統的精神である。その継承によって私たちの祖先は己を創り、国を造ってきた。その伝統的精神はいまの私たちにも生きている――そのことを東日本大震災は気づかせてくれたと思う。

目に見えるものばかりを追う姿勢は、精神的退廃《たいはい》を生む。それは震災前の日本に日常的に起こっていた事件に顕著であった。

目に見えないものが目に見える世界をつくる――その大事さに私たち一人ひとりが目覚め、新しい人生を生きなければならない。

真の復興、新生はそこから始まる。

「最も暗い時代も希望を持とう。
いかなる時代も意気消沈してはならない」――カール・バルト

試練を越える

二〇一一年七月号

天は試練を与えてその人を試す、という言葉がある。

天はその人の魂を磨き、人格をさらに成長させるために試練を与えるのだ、ともいわれる。

天は無常無自性である。絶えず変化し、一瞬もとどまらない。そして、その働きは善悪という人間の価値判断をはるかに超越している。それが時として、言語を絶する試練を人間に与えることにもなる。

天の試練に対して人類は、そこに何かの意味、何かの光を見出し、汲《く》み取ろうとすることで試練を受け止め、乗り越えようとしてきた。冒頭の言葉もそういう先人たちの思いの結晶である。

この地上に存在するあらゆる国家、組織、個人で、試練を受けずに来られたものは一つもないだろう。すべての生命体は必ず何らかの試練を受け、その試練を乗り越えて、いま、ここにあるのだ。

我が国はいま未曾有《みぞう》の大災害の渦中にある。だが、目を過去に転じると、六十六年前の三月十日、東京は米空軍の大空襲を受け、一夜のうちに約十万人が焼死した。浅草の言問橋《ことといばし》の下は逃げ場を失った人びとの死体で埋め尽くされた、という。空襲は東京だけではない。大阪、神戸、名古屋など、日本の都市という都市が空襲で焦《しょう》土《ど》と化し、全国で約二十四万人もの人が亡くなった。

そして、この惨状《さんじょう》に追い討ちをかけるように広島、長崎に投下された原爆。死者は被爆直後で広島十四万人余、長崎七万人余。地獄という他はない。さらにその後の七年間、日本はアメリカに占領され、国家主権を奪われ、あらゆる言論が統制された。

まさに壊滅である。私たちの父祖はそこから立ち上がり、見事に甦《よみがえ》ったのだ。わずか十年で経済基盤を復興させ、十九年後には東京オリンピックを開催するまでに国力を回復させ、成長の軌道に乗せたのである。その原動力は何か。

一つは日本人の勤勉性である。敗戦後の復興に尽力した吉田茂は、ある財界人にいったという。

「日本には何の資源もない。その国がここまで来れたのはなぜか。ただ一つの資源があったからだ。日本人の勤勉性という資源だ」

もう一つは忠誠心である。

勤勉性と忠誠心。この二つの美質によって日本は六十六年前の壊滅的試練を乗り越え、今日の繁栄を築いた。この先人の足跡に、私たちは多くを学ばなければならない。

先日、日本将棋連盟会長の米長邦雄《よねながくにお》氏から聞いた話である。囲碁界の鬼才といわれた藤沢秀行氏は、いまわの際の病床で枕頭《ちんとう》に集まっていた若手棋士たちに一枚の色紙を渡した。そこに墨痕《ぼっこん》鮮やかに躍っていたのはただ一語。

「強烈な努力」

自らの人生信条を記し、後輩たちを叱咤《しった》激励したのである。鬼気迫る気迫である。藤沢氏だけではない。界を問わず、戦後、日本の復興に挺身《ていしん》した人たちの共通した思いがこの一語に凝縮している、と思うのである。

試練を越える真髄をここに見る思いがする。

リーダーの器量

二〇一一年八月号

明治四（一八七二）年十一月十二日、明治新政府の事実上の首班である右大臣岩倉具視《ともみ》（四十七歳）を団長に、総勢百七名（使節四十六名、随員十八名、留学生四十三名）の使節団が欧米諸国を目指して横浜から出発した。約三百年続いた江戸幕藩体制を実質的に崩壊させた廃藩置県の強行から僅《わず》か四か月後である。不満を抱く大名や武士が反乱を起こしても不思議はない状況にあった。その中を大久保利通（四十二歳）、木戸孝允《たかよし》（三十九歳）、伊藤博文（三十一歳）という新政府の中心人物が揃《そろ》って、予定では十か月にわたり十四か国を歴訪する海外視察の旅に出たのである。

使節団の目的は二つ。江戸幕府時代に締結された不平等条約の改正と欧米諸国の研究。日本の国家のあり方を定める礎《いしずえ》にしたい、という思いからの旅立ちだった。

留守政府を預かったのは太政大臣三条実美《さねとみ》（三十五歳）、参議の西郷隆盛（四十五歳）、板垣退助（三十五歳）、大隈重信（三十四歳）。出発の六日前、三条実美は使節団と留守政府の主要メンバーを自宅に招いて送別の宴を開き、こう激励した。

「いまや大政維新。海外各国と並立を図るに当たり、使節を絶域万里《ぜついきばんり》に奉ず。外交内治前途の大業その成否、実にこの挙にあり」

送るほうも送られるほうも、新国家建設の使命感に燃えていた。当時の若きリーダーたちの意気込みが溢《あふ》れたスピーチである。

使節団はアメリカを皮切りに行く先々で熱烈な歓迎を受け、旅は延びに延び、結果として六百三十二日の世界一周旅行になった。

この旅に「暴挙」「壮挙」と評価は分かれたという。だが、当時のリーダーが世界の中の日本を知り、日本の針路を誤らずに今日に導いた事実を見れば、「壮挙」であったことは確かである。

当時のリーダーはリーダーたるにふさわしい器量を備えていた、といえるのではないだろうか。

何よりも特筆すべきは、彼らの溢れんばかりのバイタリティであり楽天性である。そのバイタリティと楽天性が野放図《のほうず》に流れず、「武」と「学」の鍛錬によって陶冶《とうや》されている。彼らの人間的迫力、人間的器量はそこに起因している。

一にバイタリティ、二に楽天性、三に絶えざる自己修練。この三つはいつの世もリーダーに欠かせない資質といえる。

国も会社も家庭も、そこにどういうリーダーがいるかで決まる。どういうリーダーがいるかで、国、会社、家庭の浮沈《ふちん》、盛衰が左右される。いつの時代も問われるのは、リーダーの器量である。

では、人間的器量はいかにして養えるのか。安岡正篤師は『経世《けいせい》瑣言《さげん》』の中でその要諦《ようてい》を端的に示している。

「まず、第一に古今のすぐれた人物に学ぶことです。つまり、私淑《ししゅく》する人物を持ち、愛読書を持つことが、人物学を修める根本的、絶対的条件であります。次に大事な条件は、怯《お》めず、臆《おく》せず、勇敢に、己れを空《むな》しうして、あらゆる人生の経験を嘗《な》め尽くすことです。人生の辛苦艱難《かんなん》、喜怒哀楽、利害得失、栄枯盛衰を勇敢に体験することです。その体験の中にその信念を生かしていって、初めて知行合《ちこうごう》一《いっ》的に自己人物を練ることができるのです」

リーダーの器量は一朝一夕には成らない。不断の長い修練の果てに培《つちか》われる、ということを忘れまい。

生気湧出

二〇一一年九月号

それ数頃《すうけい》無源の塘水《とうすい》とならんよりは、数尺有源の井水《せいすい》、生意窮《せいいきわ》まらざるものとならんには若《し》かず――王陽明。

広大な池の溜まり水のようであるよりも、小さくてもこんこんと湧き出る泉のような人間になれ、と陽明はいう。

生気湧出《せいきゆうしゅつ》とはこのことである。

鮮烈な記憶がある。もう随分前のことだが、石川県松任《まっとう》にある中川一政《かずまさ》記念美術館に入った時、一枚の条幅《じょうふく》が目に飛び込んできた。中川氏九十歳の作品と記憶する。紙幅《しふく》いっぱいにあの独特の文字で、一つの言葉が繰り返し書かれていた。

「少年老い易く学成り難し」

この一語が何度も書かれ、最後は中途のまま落款《らっかん》が捺《お》されていた。自分はまだ学びの途上にある、といっているかのようだった。この人は九十を超えてなお、少年のような心で己の画業を極め、人生を完成せんと挑んでいるのか。小さな驚きはやがて深い感動となり、今日に続いている。

中川一政氏は明治二十六年、東京本郷に生まれた。父は加賀松任出身の巡査。一政氏九歳の時に母が亡くなる。弟妹は郷里に預けられ、女学校に通う姉が母代わりになった。

片道三里半の道を姉は毎日歩いて女学校に通い、帰れば家事に明け暮れた。その姉が亡くなった。時に明治三十八年五月一日午前二時二十分。この死亡時刻と姉が最期に発した「ああ、どうしよう」のひと声は、最晩年まで中川氏の胸から離れなかった。

氏がはじめて絵を描いたのは二十一歳の時。ある人から油絵具一式をもらったのがきっかけだった。そこから氏の求道人生が始まる。

氏は暗中模索していた頃のことをこう書いている。

「私はその頃、正岡子規の文章を読んだ。井戸の掻堀《かいぼり》をする。濁った水をくみ出しくみ出し、もう出なくなったと思う頃にはじめてきれいな水がわいてくるというのである」

子規の言葉はそのまま中川氏の血肉となった。

「志」は「士」と「心」ではなく、「之」と「心」でできた文字、というのが中川氏の持論だった。「心」が「之」（行く）の意で、心が方向を持つことだという。その持論通り、氏の創作活動は絵画のみならず、書、陶芸、文章にも独自の境地をひらいた。味わい深い言葉が残されている。

▼人はまず最も身近にある杖をもって立つべき。

▼与えられれば得をしたと思う。そうではない、損をしたことだ。

▼私は余技のようなことはせぬ。本気でやれることをする。

▼その思想天理にかなえば、くたびれず健康なり。

中川氏九十五歳の誕生日のスピーチがある。

「長生きしようと努力したわけではないが、気がついたら九十五になっていた。芭蕉がその最期の時に、弟子にどれが辞世の句かと聞かれ、自分にとって一句一句辞世でなかった句はない、といっているが、私もこれからの一日一日をそういうふうに送りたいと思う」

稽古をしてはならぬ。いつも真剣勝負をしなければならぬ――この言葉を自戒とした人の一生は、最後まで生気湧出の人生であった。

人物を創る

二〇一一年一〇月号

西郷隆盛はその遺訓の中でこういうことを言っている。

「何程《なにほど》、制度方法を論ずるとも、その人にあらざれば行われ難し。人ありて後、方法の行わるるものなれば、人は第一の宝にして、己れその人に成るの心がけ肝要《かんよう》なり」

いくら立派な制度、方法を考えても、それを担当する人間に実力がなければ、何の価値もなくなる。まず自分が物事を立派に運用できる人物になろうと心がけることこそ肝要だ、というのである。

『孟子《もうし》』にも同じような言葉がある。

「人恒《つね》の言あり。みな曰《いわ》く、天下国家と。天下の本は国にあり。国の本は家にあり。家の本は身にあり」

人々は口を開けば「天下国家」と言う。だが、天下の本は国にあり、国の本は家にあり、家の本は自分自身にあるのだ。天下国家を真に思うなら、もっとも身近なわが身を修めよ、ということである。

国と時代を超え、二人の先哲は等しく人物を創ることの大事を説いている。

あらゆる仕事・事業は人物に尽きる。担当する人間の人物いかんが仕事・事業の盛衰を決める。事業は人業《じんぎょう》といわれる所以《ゆえん》である。私たちが人物を創らねばならぬ必要もここにある。

では、人物を創るにはどうしたらいいのか。まず、人物になろうと立志することだ、と多くの先哲が教えている。人物になろうと思わなくては人物になれない。第二は時処位《じしょい》の自己限定である。人は誰でも一つの時代に一つの処《ところ》で一つの位置・立場を得て生きている。その時処位で他を顧わず精一杯の努力をすることである。第三は自《じ》反《はん》である。他責の人ではなく、自責の人たれ。他のせいにしている限り、知恵は湧いてこない。人物は磨かれない。

最近、ある人の話を聞いて大きな感銘を受けた。セブン&アイ・フードシステムズ社長塙昭彦《はなわあきひこ》氏である。このほど職を辞されたが、昭和四十二年にイトーヨーカ堂に入社、四十余年にわたりその天稟《てんぴん》を発揮した。

塙氏が小学生の時、借金取りから逃げるように父親が家出。中学・高校と寝たきりの母親と二人だけの生活が続いた。その暮らしの中で塙氏は一つの言葉を胸に刻みつけた。「人生すべて当たりくじ」。これは塙氏を貫く覚悟となった。営業本部長時代、塙氏は二万五千人の人事異動に関わった。人事異動があると、ほとんどの人が外れくじだと思う。外れくじと思い続けていると、一年後には本当に外れくじになってしまう。自分はすべて当たりくじと思ってやってきた、と塙氏は言う。

平成八年、塙氏は初の中国室長の辞令を受けた。周りは誰もが外れくじと言ったが、塙氏は当たりくじと信じた。自分で集めた九人の部下と中国に赴任、十三年の在任で中国イトーヨーカ堂は十一店舗売上高一千億円弱の事業となった。当たりくじと信じることで自分の場を当たりくじにしていく。人物を創る要諦《ようてい》だろう。

最後に、道元の言葉を掲げたい。

「玉は琢磨《たくま》によりて器《うつわ》となる／人は錬磨《れんま》によりて仁となる／いずれの玉か初めより光ある／誰人か初心より利なる／必ず須《すべか》らくこれ琢磨し錬磨すべし／自ら卑下《ひげ》して学道を緩《ゆる》くする事なかれ」

人生は心一つの置きどころ

——二〇一一年一一月号

『致知』はこの十月号をもって創刊三十三周年を迎えた。この雑誌に携わってきた身にも三十三年の歳月が流れた。『致知』三十三年の歩みは人との出会いの歴史である。さまざまな顔が浮かぶ。そして、その人たちは共通して一つの思いを持っていたことに気づく。それは中村天風《てんぷう》師のこの一語に集約されるように思われる。

「人生は心一つの置きどころ」

いかなる事態に出遭っても心を常にプラスのほうに転じることに習熟していた人たちだった、ということである。

松下幸之助氏は言う。

「人間は若い時の心がけによって、ずいぶんと差が出るものだ」

稲盛和夫氏は言う。

「仕事を好きになったこと、会社を好きになったこと、そのことによって今日の私がある」

心の持ちようが人生を決める──名経営者の教えは一致する。

講談社を創った野間《のま》清治《せいじ》氏にもこういう言葉がある。

「万事万象、わが一心に存する。わが一心によってわが境遇ができるのだ。すべては私の影だ。心が歪《ゆが》めば世の中も歪むのだ。わが一心によって、世の中がよくも悪くも、楽しくも辛くもなるのだ」

弘法大師空海の言葉も深い。

「教法は本《もと》より差《たが》うことなし。牛と蛇との飲水《おんすい》の如《ごと》し。牛は飲めば蘇乳《そにゅう》となり、蛇は飲めば毒莿《どくし》となる」（『宗秘論』）

同じ水を飲んでも牛はそれを栄養のある乳にし、蛇はそれを毒にしてしまう。尊い教えも聞く人によってまったく違ったものになる、ということである。同じ状況を豊かな実りにする人もいれば、不平不満の種にする人もいる。すべては心一つの置きどころ、である。

弊社刊『一流たちの金言』にある道場六三郎《みちばろくさぶろう》氏の話は興味深い。

氏は十七歳で料理の道に入った。修業時代はいつも「人の二倍は働こう」「人が三年かかって覚える仕事を一年で身につけよう」と思っていた。早く一人前になりたかったのである。仕事では「早くきれいに」を心がけ、さまざまな工夫をする。ネギを切るのに、人が二本切っていたら三本を持って切る。それができたら四本、五本と挑戦する、というふうだった。だが、スピードアップだけでは人の二倍の仕事はできない。効率よく働くには段取りが不可欠。冷蔵庫の中を仕切り、どこに何が入っているかメモを扉に貼っておくと、指示されたものをすぐに取り出せ、庫内の温度も上がらない。

「冷蔵庫の開け閉めなんて些細《ささい》なこと、と思うようでは一流の料理人にはなれない。そういう細かい部分まで意識し、先の先を読むくらいに頭を働かせないと、少しくらいの腕があっても大成しません」

道場氏の言である。心一つの置きどころで料理の鉄人は生まれた。

最後に、ある先哲の言葉。

「ある人問う、人艱難《かんなん》に遭う、これ不幸なる事か。

曰《いわ》く、艱難はまたこれ事を経《へ》ざる人の良薬なり。心を明らかにし、性を練り、変に通じ、権に達する。まさにこの処《ところ》にあって力を得」

苦しみや困難はまだ人生経験を経ていない人には、性質を練り、正しい権《はか》りごとができる実力を養う最高の場だ、というのである。

艱難もまた心一つの置きどころ──私たちはこの呼吸を忘れてはならない。

孔子の人間学

二〇一一年一二月号

安岡正篤《まさひろ》師が亡くなられる二か月前である。見舞いに行った伊與《いよ》田覺《たさとる》氏に安岡師はこう言われた。「道縁《どうえん》は不思議だね」。そして、またお訪ねした伊與田氏に、「道縁は無窮《むきゅう》だね」とひと言を残され、安岡師は翌日旅立たれた、という。

安岡師がどういう思いでこの言葉を発せられたかは知る由《よし》もない。しかし、道縁は不思議であり無窮であるとは、不肖《ふしょう》の身にも痛切に思うことである。

孔子が生まれたのは紀元前五五一年（五五二年説もある）。いまも存命なら二千五百六十二歳である（ちなみに、釈迦の生年は一説によると紀元前四六三年。存命なら二千四百七十四歳になる）。

二千五百年以上も前に生まれた人の教えを、その死後に弟子たちが集まり編纂《へんさん》した。『論語』である。この一書が幾世紀を通じて多くの心をとらえ、今日に至っている。その教えを学ばんとする人たちがいつの時代にもいた、ということである。まさに、道縁は不思議であり無窮、の感を禁じ得ない。

孔子は中国の山東省曲阜《きょくふ》郊外、昌平郷陬邑《しょうへいきょうすうゆう》に生まれた。父は叔《しゅく》梁紇《りょうこつ》。体格よく、大変な力持ち。村長のような役目をしていた。父には最初の夫人との間に女の子が九人いた。だが当時、家の継承は男系が習わし。そのために第二夫人を迎えた。男子が生まれたが先天的障害があり、十六歳の顔徴在《がんちょうざい》を第三夫人にし、孔子が生まれた。

孔子三歳の時に父が亡くなる。第三夫人の母は陬邑を去り、魯《ろ》の都曲阜に移って母子二人で暮らす。生活は苦しかった。少年孔子は魯の三大勢家の一つ李氏の所領で倉庫係や家畜係を務めた。「われ少にして賤《いや》し。故に鄙事《ひじ》に多能なり」。自分は若い頃卑しい身分だったから、日常の些事《さじ》に多能である、の言葉が『論語』にある。

そういう生活の中で、十五歳の孔子の心に湧き上がってくる思いがあった。聖賢《せいけん》の学に学んで自らの身を修め、人を導き、国を治め、平和な世の中を創ろうという思いである。その思いを持続して、三十にして一門を成し、四十にしてその思いをさらに強め、五十にしてそれを天命と自覚し、自らの人格の完成、成熟を目指して一生を終えた。「学びて厭《いと》わず、人を誨《おし》えて倦《う》まず」を貫いた一生だった。

孔子は二つの規範を大事にして一生を歩んだのではないか。『論語』を繙《ひもと》くと、そんな思いがする。

一つは忠恕《ちゅうじょ》である。有名な里仁《りじん》篇の一節にこうある。孔子が「曾《そう》子《し》よ、私は一以《もっ》てこれを貫いてきたよ」という。曾子が「はい」と答える。他の弟子が「どういう意味ですか」と聞く。曾子は「先生の道は忠恕のみ」と答えた。忠とは中する心。一体になる心である。何事にも誠実に全力を尽くす、全身全霊で事に当たることである。その心を人に向けた時に恕、思いやりになる。忠も恕も一つである。

もう一つの規範は、「天を怨《うら》まず、人を尤《とが》めず、下学《かがく》して上達す」。孔子の人生にはいやなことも辛いことも理不尽なこともたくさんあった。しかし、何があっても天を怨まず人を尤めず、日常の下世話《げせわ》な苦労に学んで自分の徳を磨いていった、ということである。

孔子はその生涯をこの二つの規範をもって貫いた。この規範は今日を生きる私たちにも大事な人間学の要諦《ようてい》である、と思うのである。

二〇一二年

一月号〜一二月号

生涯修業

二〇一二年一月号

数年前、宇宙物理学者桜井邦朋《くにとも》氏から聞いた話である。

太陽の中心核では水素が融合してヘリウムをつくっているが、そのプロセスで水素の質量の〇・七%がエネルギー転換して放出され、それによって太陽は輝いている。これが〇・七一%でも〇・六九%でも宇宙はできない。〇・七一%だと星の進化のスピードがもの凄《すご》く速く、水素を使い尽くし、太陽は既にない。〇・六九%だと進化のスピードが遅くなりヘリウム結合ができず、百三十七億年経ったいまも炭素はつくられていない。つまり、生命は生まれていない。

なんという微妙精巧な宇宙のバランス。一体いかなる意志が働いて、この奇蹟《きせき》が実現しているのか。まさに神秘的としか言いようのない物理的事実の上に人間の生命は存在している。

このお話をうかがった時の畏怖《いふ》に似た感動は、いまも去らない。

もう一つの奇蹟がある。私たちは一人の例外もなく父と母があることによってこの世に生を得た。その父と母にもそれぞれ両親がいる。それをさかのぼっていけば、どうなるのか。十世代で一〇二四人である。二十世代で一〇四万八五七六人。三十世代では一〇億七三七四万一八二四人。四十世代さかのぼれば、一兆九九五億一一六二万七七七六人。想像を絶する数になる。

この祖先の命が一回も途切れずに今日に生きているのがあなたの命であり私の命である。この命の連鎖がどこかで断ち切れていたら、あるいは別の人に代わっていたら、あなたも私もここに存在していない。無限無数の命に支えられて、私たちの命はいま、ここにある。目を見張る生命の神秘である。あだおろそかに生きてはならない、の思いが湧き立ってくる。


さらにもう一つ、忘れてはならない奇蹟がある。

この世に自らの意志で生まれてくる人は一人もいない、ということである。寿命もまた人の意志の範疇《はんちゅう》をはるかに超えている。しかも、自分と同じ人間は過去にもいなかったし、これからも生まれてこない、ということである。人は誰しもこの悠久《ゆうきゅう》の宇宙の中でただ一人、一回限りの命を生きている。

まさに奇蹟の命であり、人生である。

この事実に感応《かんのう》した先覚者たちは、人は皆一個の天真《てんしん》を宿してこの世に生まれてくる、と考えるようになった。天真とは、天がその人だけに与えた真実である。その天真を発揮し、成熟させ、完成させていくことこそ、天が人間という生命体に託した課題ではないか。またそのことによって、人は他を照らす人生を生きることができる。それは一生を懸けて果たしていく道である。その思いから先覚者たちは生涯、成長し続けることを自己の命題とした。生涯修業を自己の使命として生きた。

鎌倉彫の名人の言葉がある。

「命には終りあり。芸には果てあるべからず」

「志業《しぎょう》はその行詰《いきづま》りをみせずして一生を終るを真実の心得となす」

本誌に馴染《なじ》みの深い平澤興《こう》先生もこう言っている。

「七十五、六歳から八十五、六歳までが人間が一番伸びる時です」

「八十になっても九十になっても、人間の成長はこれからです」

「生きる限り成長することです。それはあらゆるものに手を合わせて拝んでゆくことです」

一途一心

二〇一二年二月号

一途一心《いちずいっしん》とはひたすら、ひたむきということである。一つ事に命を懸けること、ともいえる。あらゆる道、あらゆる事業を完成させる上で、欠かすことのできない心的態度である。物事の成就はこのコア（核）なくしてはあり得ない。

イエローハット創業者の鍵山秀三郎《ひでさぶろう》氏は、ある時若い人たちから成功の秘訣を問われ、「成功のコツは二つある」と答えて白板に、「コツコツ」――と板書されたという。

コツコツは一途一心と同義である。その根底にあるのは無心である。心に雑念、妄念《もうねん》が入っては、人間、コツコツにはなれない。

人生の先達も一致して一途一心の大事さを説いている。

倫理研究所の創始者、丸山敏雄氏の言葉。

「己の一切を学問に捧げ、事業に傾け、仕事に没頭してこそ、はじめて異常の働き《ふしぎ》ができる。己の大きな向上、躍進、完成は己を空《むな》しくすることである。身を捧げることである。ここに必ず、真の幸福が添うのである」

森信三著『修身教授録』にある言葉。

「真の〝誠〟は何よりもまず己のつとめに打ち込むところから始まるといってよいでしょう。すなわち誠に至る出発点は、何よりもまず自分の仕事に打ち込むということでしょう。

総じて自己の務めに対して、自己の一切を傾け尽くしてこれに当たる。即ち、もうこれ以上は尽くしようがないというところを、なおもそこに不足を覚えて、さらに一段と自己を投げ出していく。これが真の誠への歩みというものでしょう」

その膨大な著作から小社が三百六十六語を選んで編んだ『安岡正篤一日一言』。その中にも教えを凝縮したような次の言葉がある。

「何ものにも真剣になれず、したがって、何事にも己を忘れることができない。満足することができない。楽しむことができない。常に不平を抱き、不満を持って、何か陰口を叩《たた》いたり、やけのようなことをいって、その日その日をいかにも雑然、漫然と暮らすということは、人間として一種の自殺行為です。社会にとっても非常に有害です。毒であります」

では、どういう生き方をすればよいのか。

「いかにすればいつまでも進歩向上していくことができるのか。第一に絶えず精神を仕事に打ち込んでいくということです。純一無雑《じゅんいつむざつ》の工夫をする――近代的にいうと、全力を挙げて仕事に打ち込んでいく、ということです」「人間に一番悪いのは雑駁《ざっぱく》とか軽薄《けいはく》とかいうこと（中略）。これがひどくなると混乱に陥ります。人間で申しますと自己分裂になるのです。そこで絶えず自分というものを何かに打ち込んでいくことが大切です」

最後に、最近、宮城県の一読者から、この度の震災で会社（女川《おながわ》町）も家（石巻市）も流されたが、「毎月『致知』が届くのを楽しみにし、主人と『致知』を奪うように読み、『致知』に励まされ、とにかく前進あるのみとやっております」というお便りをいただいた。大きな困難の渦中で『致知』を支えに一途一心に前に進んでおられる読者の方がいる。本誌もまた、一途一心に精進の一道を歩みたい。

常に前進

二〇一二年三月号

約百五十億年前、ビッグバンによって誕生した宇宙は絶えざる創造進化を繰り返し、今日の姿になった。だが、宇宙は現状で静止しているのではない。いまも膨張《ぼうちょう》し続けている、と宇宙科学者たちはいう。宇宙はなおも前進し続けている、ということである。

宇宙は己の存在を知らしめるために人間を創った、という。宇宙に抱かれて生み出された人間もまた、それ自体が一個の小宇宙である。ならば、人間もまた常に前進し続ける使命を宇宙より課されているように思われる。

『論語』泰伯《たいはく》第八に次の一節がある。

「士は以《もっ》て弘毅《こうき》ならざるべからず。任《にん》重くして道遠し。仁《じん》以て己《おの》が任と為《な》す。また重からずや。死して後《のち》已《や》む。また遠からずや」

士は度量が広く意志が強固でなければならない。それは任務が重く、道が遠いからである。仁を実践していくことを自分の任務とする。なんと重いではないか。全力を尽くして死ぬまで事に当たる。なんと遠いではないか。

曾子《そうし》の言葉である。曾子は孔子の姿を思ってこの言葉を発したのではないか。事実、孔子はまさにこのように、その生涯を生きた。釈迦《しゃか》もまた、八十歳で病に伏すまで、熱砂《ねっさ》の中を前進し続けた。

孔子、釈迦だけではない。二人の聖人に倣《なら》うように、多くの先達が命ある限り前進し続けた生涯を、我われに残してくれている。真珠王《しんじゅ》といわれた御木本幸吉《みきもとこうきち》もその一人である。九十五歳の時に、こんな言葉を残している。

「わしは百まで生きる。あと五年だ。これからの五年は二十歳から始めて過去七十五年間学んだ業績と同じ分量の仕事がやれる」

昭和四十九年から六年間、経団連会長を務めた土光敏夫《どこうとしお》さん。この人がいなければ行政改革は実現しなかったろう、といわれる。その土光さんは『大学』のこの一節を愛し、好んで揮毫《きごう》した。

「苟《まこと》に日に新たに　日々に新たに　又日《また》に新たなり」

土光さんのこの書を見たことがある。「一日一生」の思いで日々を生きた人の気迫が迸《ほとばし》るような書であった。

本誌に長らくご連載いただいた坂村真民さん。亡くなられて五年が経つ。今年三月にお住まいだった愛媛県砥部町《とべちょう》に記念館が完成する。その真民さんに、文字通《どお》り、「つねに前進」と題する詩がある。

すべて　とどまると　くさる
このおそろしさを　知ろう
つねに前進　つねに一歩
空也《くうや》は左足を出し　一遍《いっぺん》は右足を出している
あの姿を　拝してゆこう

こんな詩もある。

人間いつかは終わりがくる
前進しながら終わるのだ

まだ前進できる、まだ前進しなければならぬ――真民さんの詩と人生は、そのことを私たちに教えている。

順逆をこえる

二〇一二年四月号

一月二十八日、『致知』新春特別講演会が開催された。今年で四回目になる。講師は第一講が渡部昇一先生。第二講が日野原重明先生。殿《しんがり》は不肖《ふしょう》が務めさせていただいたが、ともにそれぞれの人生を極めてこられたお二人のお話は千三百名を超す人たちを魅了し、会場は大きな感動に包まれた。特に、当年百歳になられる日野原先生の、広い会場を一瞬にして呑み込んだようなバイタリティは圧巻だった。広い舞台を所狭しとばかりに話されるお姿には、百歳まで元気で生きる大事業に取り組まれるひたむきさが溢《あふ》れていた。

人生は順逆の連続という。順逆をこえるとは、順境にも逆境にも負けない自分を創るということである。

日野原先生の百年の人生にも、順境逆境は繰り返されたろう。それをこえ、いまなお使命に生きておられるお姿には神々《こうごう》しさがある。

一九七〇年、日航機よど号ハイジャック事件があった。日野原先生はその機中にいた。五十八歳だった。

事件四日目、乗客は全員無事、韓国・金浦《きんぽ》空港で解放された。靴底で大地を踏みしめると、「無事地上に生還した」の思いが膨らみ、これからの人生は与えられたもの、人のために生きよう、という決意に繋《つな》がっていったという。

帰国した日野原先生を、千人を超す人たちからのお見舞いやお花が待っていた。その礼状に奥さまが書き添えられた。

「いつの日か、いづこの場所かで、どなたかにこの受けました大きなお恵みの一部でもお返し出来ればと願っております」

この言葉が日野原先生第二の人生の指針となった。

昨年末、ＮＨＫテレビで日野原先生のドキュメンタリー番組が放映された。インフルエンザで三十九度の熱がありながら、子供たちとの約束だから、と地方講演に向かわれる姿をテレビは映し出していた。その先生が作られた俳句がある。

　百歳はゴールではなく関所だよ

人生の順逆にほほえみを持って立ち向かわんとする姿が、この句に表れている。

「順境にいても安んじ、逆境にいても安んじ、常に坦蕩々《たんとうとう》として苦しめるところなし。これを真楽《しんらく》というなり。萬《よろず》の苦を離れて、真楽を得るを学問のめあてとす」

中江藤樹の言葉である。

順境の時、人はつい慢心しがちになる。順境にあって傲慢《ごうまん》にならず、謙虚に心を落ち着かせている。逆境の時もへこたれず、心が安定している。どんな状況でも心が平らかでゆったりとし、状況に振り回されない。それを真の楽しみという。この真の楽しみを得るために、そういう人物になるために学ぶのだ、と藤樹は学問の要訣《ようけつ》を説いている。

人生を大成させる人は一様に、この要訣を体得した人であろう。『致知』に学ぶ私たちもまた、こういう学を修めたいものである。

最後に、幼少期から晩年まで、その人生は逆境の連続だったと思われる森信三先生の残された言葉。

「思いあがらず、下坐《げざ》に徹して生きる時、天が君を助けてくれる」

順逆をこえる要訣を見事に結晶した一語である。

その位に素して行う

——二〇一二年五月号

《君子《くんし》は其《そ》の位《くらい》に素《そ》して行い、其の外《ほか》を願わず》──孔子の孫、子思《しし》が著した『中庸《ちゅうよう》』にある言葉である。立派な人物は自己に与えられた環境の中で、運命を呪ったり不平不満を言ったりせず、精いっぱいの努力をし､それ以外のことは考えない、ということである。

さらに本文はこう続く。

《富貴《ふうき》に素しては富貴に行い、貧賤《ひんせん》に素しては貧賤に行い、夷狄《いてき》に素しては夷狄に行い、患難《かんなん》に素しては患難に行う。君子入《い》るとして自得せざる無し》

裕福で地位が高い時も、貧しくて地位が低い時も、辺鄙《へんぴ》な地にいる時も、苦難の真《ま》っ只中《ただなか》にある時も、驕《おご》らずへこたれず、その立場にある者として最高最善の努力をする。君子はどんな環境にいても悠々自適《ゆうゆうじてき》である、と『中庸』は教える。

『致知』の取材を通して出会った多くの達人たちを思うと、皆この言葉を体現してきた人たちであることに気づく。

中でも鮮烈に記憶している人がいる。昭和三十年代、この人が登板すれば必ず勝つという伝説を残し、「神様、仏様、稲尾《いなお》様」と謳《うた》われた西鉄ライオンズの投手、稲尾和久さんである。

昭和十二年生まれ。高校三年の時に西鉄ライオンズにスカウトされる。当時、高卒の初任給は六千円が相場の時代に、月給三万五千円、契約金五十万円。契約に来たスカウトマンが卓袱台《ちゃぶだい》に五十万円を積み上げた時、お母さんはその現金を見て気絶した、という。

卒業前からキャンプ入りした。卒業式が間近になり先生から連絡が入った｡「お前のために特別の卒業式をしてやるから帰ってこい」監督にその旨を伝えると、「お前、帰りたいか」と問われた。

「はい、帰りたいです」

「そうか、帰りたいだろうな。しかし、お前は過去の思い出に生きるのか、未来に生きるのか。どっちだ。自分で決めろ」

この言葉に十八歳の少年は帰るのをやめ、キャンプに残った。

球団には同期の新人が二人いた。日が経つにつれ、その二人と自分の扱いが違うことに気づく。一人はコーチがついてブルペンでピッチングの練習。もう一人もバッティングの練習をしている。しかし、自分は打撃投手ばかりで、手動練習機と呼ばれた。

ある日、稲尾さんは二人を食事に誘った。その話の中で分かったのは、二人はそれぞれ、月給が十万円と十五万円、契約金が五百万円と八百万円、ということだった。稲尾さんは自分の立場を知った。

普通ならここで心が折れたり投げやりになったりしがちである。だが、伸びる人はあらゆる条件を生かして伸びていく。稲尾さんは黙々と打撃投手を務め続け、あることに気づく。打者はストライクばかりではバットを振り続けなければならず、嫌がる。四球に一球ぐらいボールが交《ま》じると、ゆとりができて喜ぶ。稲尾さんは四球に一球ボールを投げることにした。四百八十球投げるなら百二十球は自分の練習のためだけに使える。高め、低め、アウトコース、インコース、ボールにする一球に精魂を込めた。こうして稲尾さんは無類のコントロールを身につけていったのだ。

まさにその位に素して自己を鍛え、偉大な投手への人生を切りひらいたのである。

先人の足跡に学び、私たちも其位素行《そいそこう》の人生を歩みたい。

復興への道

二〇一二年六月号

東日本大震災から一年。いまなお三十四万三千九百三十五人が全国に散り、うち十一万六千七百八十七人が仮設住宅暮らし、という避難生活を送っている。死者は一万五千八百五十四人。いまも行方の分からない人が三千百五十五人。復興庁の統計である。被災地の復興も遅々《ちち》の状態にあるようだ。

　復興にもっとも大切なもの、それはビジョンである。

　まずなすべきは、総理大臣直轄の機関を設置し、これをフルに機能させて衆知衆力を集め、復興へのビジョンを打ち立てること。そのビジョン実現の青写真を示し、期限付きで推進していくことである。それは東北にとどまらず、日本全国の人々の心に希望の光を灯《とも》すものとなろう。人々の心に芽生えた希望こそ、復興への最大の原動力である。

　偉大とは方向を示すことだ、とはニーチェの言葉である。国家の長たる者、国家の緊急事態には、まず進むべき方向を示すことに全身全霊を傾けるべきである。果たしてそれができているだろうか。

　もう一つ、危惧《きぐ》することがある。震災直後まったく影をひそめていた禍々《まがまが》しい事件が、またぞろマスコミを賑わし始めたことである。

　占領政策とそれに連なる日教組の教育が戦後の我が国にもたらした弊害《へいがい》は限りない。そのダメージが禍々しい事件となって噴出しているのだ。この後遺症をいかに克服し、人心を復興させるか。日本を日本たらしめている価値を、あとから来る者に教えていく以外にない。それを根気よく続けていく以外にない。

　七〇二年、遣唐使として海を渡った山上憶良《やまのうえのおくら》の長歌がある。

　神代《かみよ》より　言ひ傳《つ》て來らく　そらみつ　倭《やまと》の國《くに》は
　皇神《すめがみ》の嚴《いつく》しき國　言靈《ことだま》の幸《さき》はふ國と　語り繼《つ》ぎ　言ひ繼がひけり

神代から言い伝えてこられたことだが、日本の国は高度な文明国である唐に比べても優れた点が二つある。中国は古代から何度も王朝が入れ替わっているが、日本は万世一系を守っている。また素晴らしい大和言葉が満ち溢《あふ》れている。これは誇るべきことだ。憶良は自分が感じたことをこう歌に託した。

　誇ってよいものはもう一つ、四季に恵まれた日本の国土だろう。

　倭は　國のまほろば　たたなづく　青垣《あをかき》　山隠《やまごも》れる　倭し美《うるは》し

『古事記』にある倭建命《たけるのみこと》の望郷の歌である。「まほろば」は素晴らしく秀《ひい》でたところ、「たたなづく」は幾重にも重なっている、の意。山々が青垣のように重なっている、その山に囲まれた大和は本当に美しい、と倭建命はいう。日本人共通の思いであろう。

　このような日本を日本たらしめているものの恩沢によって、日本人は独特の精神的価値観を醸成した。それは明治期に活躍した事業家たちの信条に端的に表れている。例を挙げよう。

　森村財閥（現在のＴＯＴＯ、日本ガイシ、日本特殊陶業、ノリタケの母胎）を創設した森村市左衛門《いちざえもん》の人生信条。

「天に神あり　地に心あり　人生誠を以《もっ》て貫く」

　一代で安田財閥を成した安田善次郎の生涯の銘。

「勤倹、克己。一《いつ》にもってこれを貫く」

　我が国が二千年以上の歴史を営々と受け継ぎ、今日の発展繁栄に到達し得たのは、この国民の美質による。この美質を後世に渡していくことこそ、現代に生きる我われの使命である。

　人心の復興なくして真の復興なし、である。

将の資格

二〇一二年七月号

昨年十一月、ブータンのワンチュク国王が結婚したばかりの王妃とともに来日、被災地相馬《そうま》市の小学校を訪れ、子供たちを激励した。その折の言葉がいまも胸に響いている。

国王は、ブータンの国旗には竜が描かれているが、自分は竜を見たことがあると切り出した。驚く子供たちに、国王は続けた。

「竜は私たち一人ひとりの中にいる。竜は自分の経験を食べて大きくなる。年を重ねれば強くなる。自分の竜を大事にしなければね」

短い言葉。だが、子供たちの心に残したものは大きかったに違いない。

国王はその前日に国会でも演説した。のちに内容を知り、感嘆した。その内容の深さに、である。

「ブータン国民は日本に強い愛着を持っており、震災後の日本のために祈り続けています」「日本はアジアに自信と自覚と進むべき目標を示し、多くの国々に希望を与えてきました」「三月の自然災害への対応では、日本及び日本国民は素晴らしい資質を示されました。他国であれば国家を打ち砕き、無秩序、大混乱、そして悲嘆をもたらしたであろう事態に、日本国民の皆様は最悪の状況下でも、静かな尊厳、自信、規律、心の強さを持って対応されました。

文化、伝統的価値にしっかり根ざしたこのような卓越した資質の組み合わせは、現代の世界では他に見出せないものです。すべての国々がこれを熱望しますが、これは日本人特有の不可分の資質です。これらは数年あるいは数十年で失われるものではありません。そのような力を備えた日本から、世界は大きな恩恵を受けるでしょう」

当年三十二歳。将の将たる人の見識と品格が溢《あふ》れている。

ブータン王国は「国民総幸福量」（GNH）を重視する国だという。国のあるべき姿を高く掲げ、揺るがない。そこにも将の将たる見事な資質が表れている。

将たる人に欠かせない三つの条件、資格がある、と思う。

第一は修身。常に我が身を修めんとする姿勢の根本にない者に将の資格はない。

第二は自分のいる場を高めること。自分の場を高めるには、まず、あるべき姿、ビジョンを掲げること。そのビジョンに全員の心を奮い立たせること。呂新吾《りょしんご》に素晴らしい言葉がある。

「聖人の天下を治むるや、人心を鼓舞し士気を振作《しんさく》し、務めて天下の人をして含露《がんろ》の朝葉《あさば》が如《ごと》からしめ、久旱《きゅうかん》の午苗《ごびょう》の如きを欲せず」

（聖人が天下を治めるのをみると、人心を励まして勇ませ士気を奮い起こし、天下の人びとを露を含む朝の葉のように生き生きとさせ、長い旱魃《かんばつ》続きの午後の苗のようにぐったりさせることはない）

第三は「君子、時中《じちゅう》す」。時中とは時に適《かな》うこと。人生は変化の連続である。変化に対応して適切な処置を講じていける人物でなければ、将の資格はない。そのためには人を容《い》れ、任用する人物でなければならない。

最後に、敢《あ》えて二つを挙げる。危機感と人間的迫力である。どんな組織も放っておいたら潰《つぶ》れる。国も会社も、である。組織の長たる者は常に危機感を忘れてはならない。

その危機を救うため、さらには理想実現のために、一歩も退かぬ人間的迫力。これのない者に将の資格はない。

知命と立命

二〇一二年八月号

人は誰でもそれぞれに、天から与えられた素質能力がある。これを「命《めい》」という。自分はどういう命を与えられているのか。それを知ることが「知命《ちめい》」である。知って、それを完全に発揮していくことが「立命《りつめい》」である――安岡正篤《まさひろ》師の言葉である。人生の目的を語って、極めて明快である。人は何のために生きるのか。命を知り、命を立てるためだ、という教えである。

そこで思い浮かぶ人がいる。松下幸之助氏である。

昭和七年三月、松下氏は取引先の人に誘われて天理教本部を訪問、そこで働く人々の姿に衝撃を受けた。奉仕でありながら、生き生きとした喜びに溢《あふ》れていたのだ。月給をもらって仕事をする人のそれとはかけ離れている。この違いは何か。考え続けた松下氏に、一つの思いが生まれた。それは使命感である。宗教は人を救い、安心を与え、人生に幸福をもたらす聖なる事業である。その事業に奉仕しているという使命感が、喜びに満ちた姿となって現れているのだ。

会社の事業もまた、人間生活の維持向上に欠かせない聖なるものである。生産に次ぐ生産によってこの世に物資を豊富に生み出し、貧乏をなくす。そこにこそ我われの使命がある。

松下氏の思いは強い確信になっていった。

五月五日、松下氏は当時の全店員百六十八名を大阪の中央電気倶《く》楽《ら》部《ぶ》に集め、松下電器が将来に果たすべき使命について訴えた。

「産業人の使命は貧乏の克服である。そのためには物資の生産に次ぐ生産をもって富を増大させなければならない。水道水は加工されていて価《あたい》のあるものだが、通行人がこれを飲んでも咎《とが》められることはない。それは量が多く、価格があまりにも安いからである。産業人の、そして松下電器の真の使命は、物資を水道水の如く安価無尽蔵に供給し、この世に楽土を建設することである」

この発表に全員が感激、次々と壇上に上がり決意を表明した。

松下氏はこの日を松下電器の真の創業記念日とし、この年を「創業命知《めいち》第一年」と呼んだ。本来は「知命」とすべきところを、日本語読みそのままに「命知」としたのはいかにも松下氏らしい。以後の松下電器の発展については詳述するまでもあるまい。

命を知る力の大いさを思わずにはいられない。

しかし、命を知っただけでは道半ばである。真の大事はその命を発揮していくこと、立命である。いかにして命を立てていくか。古今の先哲が多くの教訓を残している。ここでは明代《みんだい》の儒者、崔後渠《さいこうきょ》の言葉「六然《りくぜん》」を紹介する。

自処超然《じしょちょうぜん》（自ら処すること超然）――自分自身に関してはいっこう物に囚《とら》われない。

處人藹然《あいぜん》（人に処すること藹然）――人に接して相手を楽しませ、心地よくさせる。

有事斬然《ざんぜん》（有事には斬然）――事があるときはぐずぐずしないで活発にやる。

無事澄然《ちょうぜん》（無事には澄然）――事なきときは水のように澄んだ気でいる。

得意澹然《たんぜん》（得意には淡然）――得意なときこそ淡々《たんたん》としている。

失意泰然《たいぜん》（失意には泰然）――失意のときは泰然自若《じじゃく》としている。

心術の工夫、学問修養のないところに立命はない。

本質を見抜く

二〇一二年九月号

ジュリアス・シーザーには若かりし頃、二つのはっきりとした特質があった、という。一つは、いつも機嫌がよかったこと。もう一つは、事を為すにいつも覚悟が決まっていたこと。リーダーに大事な資質であろう。そのシーザーにこういう言葉がある。

「多くの人は見たいと欲するものしか見ない」

同じようなことをゲーテも言っている。

「人間は自分の聞きたい言葉しか聞かない」

天才二人の言葉は常人が嵌《はま》りがちな陥穽《かんせい》を見事に射抜いている。

物事の本質を見抜かずして、あらゆる事業は成り立たない。あらゆる道は全《まっと》うできない。多くの先達が本質を見抜くことの大事さを説くのは、それ故《ゆえ》である。

「観《かん》の目は強く見《けん》の目は弱く」と言ったのは宮本武蔵である。現象に惑わされることなく、全体を観る目を養え、ということである。

彼はこの訓練によって六十数回の戦いに必勝した。

幕末の儒者、佐藤一斎は言う。

「一物《いちぶつ》の是非《ぜひ》を見て、而《しこうし》て大体の是非を問わず。一時の利害に拘《かかわ》りて、而て久遠《くおん》の利害を察せず。為政比《か》くの如くなれば、国は危《あやう》し」

一つの物事について是か非かを見るだけで全体的な視点からはどうなのかを考えない。またその時だけの利害にこだわってそれが後世にどんな影響を及ぼすかに思いを馳《は》せない。国政の要職にある者がこのようだと国は危ない、というのである。

西郷隆盛の遺訓には次の言葉がある。

「正道を踏み、国を以《もっ》て斃《たお》るるの精神なくば、外国交際は全《まった》かる可《べ》からず。彼の強大に畏縮《いしゅく》し、円滑を主として、曲げて彼の意に従順する時は軽侮《けいぶ》を招き、好親却《こうしんかえ》って破れ、終《つい》に彼の制を受るに至らん」

正道から外れ、仲良くすることばかりを考えていると侮《あなど》られ、制圧されてしまう、ということである。

幕末を生きた先哲二人の言葉は時代を超え、現代の日本を見通したかのように鋭い。

いま、我が国固有の領土である北方領土、尖閣《せんかく》諸島、竹島などに対し、露中韓三国が係争を仕掛けてきている。核を保有し日本全域を弾道ミサイルの射程圏に収める北朝鮮にも、拉致《らち》被害者奪還で半歩の前進もない。ただ手を拱《こまね》いているのが我が国の現状である。

外患だけではない。内憂も深刻である。平成十五年、読売新聞が中学生以上の未成年者五千人に行ったアンケートに、その実態は如《にょ》実《じつ》である。日本が外国から侵略されたらどうするか――「安全な場所へ逃げる」四十四％、「降参する」十二％、「武器を持って抵抗する」十三％。国家としての最大事を蔑《ないがし》ろにして今日に漂流してきた弊害《へいがい》が、いま、日本の至る所に現れているのだ。

我われは本質を見抜く目を養わなければならない。それは国を国たらしめているものをしっかり把握して国を甦《よみがえ》らせる道であり、一人ひとりがこの生を真摯《しんし》に生きる道でもある。

では、どう養うか。その心得を安岡正篤《まさひろ》師が説いている。

一、目先に捉《とら》われず、長い目で見る。

二、物事の一面だけを見ないで、できるだけ多面的全体的に見る。

三、枝葉末節《しようまっせつ》にこだわることなく、根本を見る。

我われは難しい問題にぶつかる度にこの心得を忘れてはならぬ、と師は言う。拳々服膺《けんけんふくよう》したい。

心を高める 運命を伸ばす——

二〇一二年一〇月号

『致知』は本号をもって創刊三十四周年になる。随分と多くの方にお会いさせていただいた。長い歳月の実感である。

それぞれの世界でそれぞれの一道を切り拓いてこられた方々の話は多岐にわたり、実に魅力に富んでいたが、その人たちが共通して言われることがあった。伸びる人の条件である。

「どういう人が伸びますか」という質問に、職業のジャンルを超え、その道の頂点を極めた人たちが一様に答えたのは、

「素直な人が伸びる」

というシンプルな言葉だった。即《すなわ》ち、素直な人でなければ運命を伸ばすことはできないということである。

『生き方の流儀』（小社刊）という本がある。上智大学名誉教授の渡部昇一氏と日本将棋連盟会長の米長邦雄氏が、それぞれの道を通じて得た人生の極意を存分に語り合った好著である。その出版記念会の席でお二人が語られた運についての言葉が鮮烈に残っている。

渡部氏は運命を高めるための心得として、幸田露伴《こうだろはん》の説いた「惜《せき》福《ふく》」を挙げた。自分に舞い込んできた福を使い切ってしまわず一部をとっておく。そういう心掛けの人に幸運の女神は微笑《ほほえ》む、ということである。露伴はこの「惜福」とともに、「分福《ぶんぷく》」（自分の福を分け与える）、「植福《しょくふく》」（福を新たに植える）を運命発展の三要諦《ようてい》と説いている。

厳しい勝負の世界を戦い抜いてこられた米長氏は、運命を伸ばす核に心のあり方を置いているのが印象的だった。氏は言われた。

「ねたむ、そねむ、ひがむ、うらむ、にくむ。そういう気持ちを持っている人に運はついてこない」

それぞれの道を極めた人の言葉は、心を高め、運命を伸ばす妙《みょう》諦《てい》を簡潔に衝《つ》いて示唆《しさ》に富む。

セイコーの創業者、服部金太郎の若い頃の逸話がある。

金太郎が奉公していた商店が破産しかかった。すると、金太郎は自分の預金を全部、主人の前に差し出して言ったという。

「これはお店からいただいた給金の残りですから、自分で勝手に使ってはいけないと思い、貯めていたものです。それがお店のお役に立てていただけるなら、この上の喜びはありません」

この心のありようには気高《けだか》いものさえ覚える。この気高さが金太郎の人生を大きく発展させた礎《いしずえ》になったことは確かである。

本号にご登場の稲盛和夫氏が一貫して説いてこられたのも、「心を高めない限り、経営は伸びない」ということである。

その哲学は「才能を私物化してはならない」という一語に顕著である。才能は天から与えられたものだから公のために使うべきで、私のために使ってはならないというのである。稲盛哲学の真骨頂《しんこっちょう》である。心をその高みに置くことで、氏は今日の偉業を果たしたのだ。

それ境《きょう》は心に随《したが》って変ず
心の垢《けが》るるときは即ち境濁《にご》る（『性霊集《しょうりょうしゅう》』巻第二）

環境・運命は心に随って変わる。心が垢れれば、環境・運命も濁る。弘法大師もそう言っている。

心のありようがいかに大きな人生の差異となるか。そのことを肝に銘じ、自らの心を高め、運命を伸ばしたいものである。

一念、道を拓く

——二〇一二年一一月号

天野清三郎《あまのせいざぶろう》は十五歳で松下村塾《しょうかそんじゅく》に入塾した。四つ年上の先輩に高杉晋作がいた。清三郎は晋作とよく行動を共にした。だが、清三郎は劣等感を覚えるようになる。晋作の機略縦横、あらゆる事態に的確に対処していく姿に、とても真似《まね》ができないと思い始めたのである。では、自分は何をもって世に立っていけばいいのか。

清三郎の胸に刻まれているものがあった。「黒船を打ち負かすような軍艦を造らなければ日本は守れない」という松陰《しょういん》の言葉である。

「そうだ、自分は手先が器用だ。船造りになって日本を守ろう」

真の決意は行動を生む。二十四歳で脱藩しイギリスに密航、グラスゴー造船所で働くのである。そのうち、船造りの輪郭《りんかく》が呑《の》み込めてくると、数学や物理学の知識が不可欠であることが分かってくる。彼は働きながら夜間学校に通い、三年間で卒業する。当時の彼の語学力を思えば、その努力の凄《すさ》まじさは想像を超えるものがある。

しかし、三年の学びではまだおぼつかない。さらに三年の延長を願い出るが、受け入れられない。そこで今度はアメリカに渡り、やはり造船所で働きながら夜間学校で学ぶのだ。ここも三年で卒業する。彼が帰国したのは明治七（一八七四）年。三十一歳だった。

清三郎は長崎造船所の初代所長になり、日本の造船業の礎《いしずえ》となった。一念、まさに道を拓《ひら》いた典型の人である。

その少女の足に突然の激痛が走ったのは三歳の冬である。病院での診断は突発性脱疽《だっそ》。肉が焼け骨が腐る難病で、切断しないと命が危ないという。診断通りだった。それから間もなく、少女の左手が五本の指をつけたまま、手首からボロっともげ落ちた。悲嘆の底で両親は手術を決意する。少女は両腕を肘《ひじ》の関節から、両足を膝《ひざ》の関節から切り落とされた。少女は達磨《だるま》娘と言われるようになった。

少女七歳の時に父が死亡。そして九歳になった頃、それまで少女を舐《な》めるように可愛《かわい》がっていた母が一変する。猛烈な訓練を始めるのだ。手足のない少女に着物を与え、「ほどいてみよ」「鋏《はさみ》の使い方を考えよ」「針に糸を通してみよ」。できないとご飯を食べさせてもらえない。少女は必死だった。小刀を口にくわえて鉛筆を削る。口で字を書く。歯と唇を動かし肘から先がない腕に挟んだ針に糸を通す。その糸を舌でクルッと回し玉結びにする。文字通りの血が滲《にじ》む努力。それができるようになったのは十二歳の終わり頃だった。

ある時、近所の幼友達に人形の着物を縫ってやった。その着物は唾《つば》でベトベトだった。それでも幼友達は大喜びだったが、その母親は「汚い」と川に放り捨てた。それを聞いた少女は、「いつかは濡れていない着物を縫ってみせる」と奮い立った。少女が濡れていない単衣《ひとえぎぬ》一枚を仕立て上げたのは、十五歳の時だった。

この一念が、その後の少女の人生を拓く基になったのである。

その人の名は中村久子。後年、彼女はこう述べている。

「両手両足を切り落とされたこの体こそが、人間としてどう生きるかを教えてくれた最高最大の先生であった」

そしてこう断言する。

「人生に絶望なし。いかなる人生にも決して絶望はない」

折しも弊社から『日本の偉人100人』（上下）が出版された。登場する百人はいずれも、一念、道を拓いてきた人たちである。

大人の幸福論

――二〇一二年一二月号

我われは遠くから来た。そして遠くまで行くのだ——若年期に出合ったこの言葉をいまも時折思い出し、口ずさむことがある。誰の言葉かは知らない。ゴーギャンの絵に「我われはどこから来たのか。我われは何者か。我われはどこへ行くのか」と題された絵があるが、これに由来してつくられた言葉なのかもしれない。

人類の始まりは百三十七億年前のビッグバンにさかのぼる。素粒子や中性子が飛び交い、天も地もない雲霧朦朧《うんむもうろう》たる時期が何十億年も続く。やがて大気が冷え、物質のもととなる原子が生まれ、四十六億年前に地球が誕生した。その地球に、なぜかは分からないが水が生成し、その中に単細胞生命が生まれる。三十八億年前のことである。

単細胞生命は十数億年を経て雌雄《しゆう》に分かれる。雌から雄が分かれ出たのだ。生命の革命である。

ここから地球上の生命は曼陀羅《まんだら》のように多種多様な軌跡を描いて発展していく。人間もまた、その果てしない創造進化の中から誕生した。実に私たちは遠くから来たのだ。

太古から今日《こんにち》まで、生命は一貫して二つの原理によって存在している、という。一つは代謝であり、もう一つはコミュニケーションである。代謝によってエネルギーをつくる。コミュニケーションによって新しい生命を生み出す。この二つの原理によらなければ、あらゆる生命は存在し得ない。

この生命を生命たらしめている二つの原理は、人間の幸福の原理と対をなすように思われる。

即《すなわ》ち、あらゆる面で代謝（出と入）をよくすること。そして物を含めた他者とのコミュニケーションをよくすること。そこに人間の幸福感は生まれるのだ。聖賢の教えは、極論すれば、この二つを円滑にするための心得を説いたもの、とも言える。

脳の専門医、林成之《なりゆき》氏は、どんな人の脳も三つの本能を持っている、という。一は「生きたい」、二は「知りたい」、三は「仲間になりたい」という本能である。

この脳の本能から導き出せる「脳が求める生き方」は一つである。「世の中に貢献しつつ安定して生きたい」ということである。脳の本能を満たして具現するこの生き方は、そのまま人が幸福に生きる道と重なり合う。そこに大いなる宇宙意志をみる思いがする。

遠くから来た私たちは、宇宙意志のもとに、幸福を求めて遠くまで歩み続けているのかもしれない。

最後に、四十年ハガキ道を伝道してきた坂田道信さんの言葉を紹介する。

「どんな人と一緒になっても、どんなことに出くわしてもつぶされない人格をつくり、幸せに楽しくいられるような人になりたい」

大人の幸福論を説いて、これ以上の言葉はない。

二〇一三年

一月号～一二月号

不易流行

二〇一三年一月号

不易《ふえき》とは、変わらないということである。万古《ばんこ》不易、千歳《せんざい》不易ともいう。時代がいくら変わっても不変なものがある。また変えてはならないものがある、ということである。

流行とは、時とともに移り変わっていくもの、また変えていかなければならないもののことである。

俳人芭蕉《ばしょう》は奥の細道の旅でこの言葉を体得、発句《ほっく》の理念とした。『去来抄《きょらいしょう》』の中でこう言っている。

「不易を知らざれば基立《たち》がたく、流行を辨《わきま》へざれば風あらたならず」

不変の真理を知らなければ基礎が確立せず、時代の流れを知らなければ溌溂《はつらつ》とした句は作れない、ということである。

俳句に限らない。不易流行は人生の原理である。世の中は不易流行のバランスの上に成り立つ。変えるものと変えてはならないものをどう見極めるか、そこにあらゆる生命の盛衰《せいすい》がかかっている。

以前、こういう話を聞いた。ある人が地方都市に旅行し、市役所の人に古くからある神社を案内してもらった。その神社は五十年前に修復を行い、百の会社が協賛、寄付をしてくれた。さて、五十年経ったいま、そのうち何社が残っていると思われますか、と市役所の人に質問された。読者の皆さんはどう答えられるだろう。残ったのは、たった一社である。それも業態を変えて、残ったのである。

では、百年後に生き残れるのはどれくらいか。千社のうち二、三社が定説である。生存率〇・二、三%。企業という生命体を維持発展させていくことがいかに難しいかをこの数字は示している。

その中で何百年にもわたって存続発展しているところがある。本号にご登場いただいた裏千家、虎屋はともに五百年の伝統を有している。ちなみに日本には二百年以上続いている会社が三千社ある。韓国はゼロ、中国は九社だという。

何百年も続く老舗を観察すると、共通のものがあるように思える。

一つは創業の理念を大事にしていること。その時代その時代のトップが常に創業の理念に命を吹き込み、その理念を核に時代の変化を先取りしている。二つは情熱である。永続企業は社長から社員の末端までが目標に向け、情熱を共有している。三つは謙虚。慢心、傲慢《ごうまん》こそ企業発展の妨げになることを熟知し、きつく戒めている。四つは誠実。誠のない企業が発展した験《ためし》はない。

いずれも不易の基をなすものである。その不易を遵守《じゅんしゅ》していくところに生命の維持発展がある。

ローマは質実剛健の風や信仰心、勇気、礼節、婦徳といったローマをローマたらしめているものを守ろうとする意識が薄れて滅びたという。日本はどうか。日本を日本たらしめている不易を守ろうとしているだろうか。

最後に人を人たらしめる不易を紹介する。幕末の志士、真木和泉《まきいずみ》の言葉である。

「人と生《うま》れては、高きも賤《いや》しきも、せねばならぬものは學問なり。學問せねば、わが身に生れつきたる善あることもえしらず、まして他の人の徳あるもなきも辨へず。（中略）いたづらに五穀を食ひて、前向きてあゆむばかりのわざにては、犬猫といはんも同じことなり」

修身

二〇一三年二月号

『安岡正篤《まさひろ》活学一日一言』を刊行した。七年前に出版した『安岡正篤一日一言』の続篇である。前書同様、本書もまた人間と人生を説いて示唆に富み、懦夫《だふ》を奮い立たせる言葉に溢《あふ》れている。

その安岡師がこう言っている。

「幕末佐賀の名君鍋島閑叟《かんそう》の師・古賀穀堂《こくどう》の自警に〝自分は開闢《かいびゃく》以来の第一人になる〟の語がある。大変な天狗《てんぐ》と思われるかも知れません。然《しか》し違うのです。それは第一人を〝だい〟一人と読むからです。第は〝ただ〟と読むのです」（『安岡正篤一日一言』）

宇宙開闢以来の第一人《ただ》の自分である、粗末に生きてはならぬ、と穀堂は自戒したのだろう。

穀堂のみではない。私たちもまた開闢以来の第一人の人生を生きている。第一人の人生を生きるとは、自分の人生に責任を持つことである。言い換えれば、人は皆、自分の人生のリーダーとして生きなければならない、ということである。

古来、リーダーたる者には必須の条件がある。「修身」である。気まぐれ、わがまま、むらっ気を取り去り、自分という人間を少しでも立派に磨いていく。これが「修身」である。

経世の書『呂氏春秋《りょししゅんじゅう》』にこういう話がある。

殷《いん》の国を開いた湯王《とうおう》という王がいた。湯王は名宰相の伊尹《いいん》に、天下を取ろうと思うがどうすればよいか、と問う。伊尹が答えて言う。天下を取ろうなどという欲望に走ったら、決して天下は取れない。それどころか自分の身が先に取られてしまう。昔から聖王といわれるような人は、まず自分の身を創り上げてから天下を得た。天下を治めようとする者は、天下を取ろうなどという考えはさて措《お》いて、まず自分を修めなければならない。湯王は伊尹の諭しを実践した。

上に立つ者の必読書とされる『大学』が最も重んじるのも「修身」である。身を修めていない小人《しょうじん》が上に立つと災害が並び至る、とも指摘している。その修身の土台となるのが格物《かくぶつ》・致知《ちち》・誠意《せいい》・正心《せいしん》である。自分の立つ立場に真剣誠実に全力を尽くす。それが修身の根本と『大学』は教えている。

「修身」の度合いを心理学的に考察した人に薄衣《うすぎ》佐吉氏（故人）がいる。氏は心は発達するものであり、七つの段階があるという。

第一は自己中心の心。赤ちゃんがそれである。自分の欲求だけに生きている。第二は自立準備性の心。幼稚園児の頃である。用事を手伝ったりする。第三は自立力の段階。成人を迎え自立する。第四は開発力の時代。困難に立ち向かい、開発改善していく力を持つ。年齢的には三十～四十代か。第五は指導力。四十～五十代になり部下を指導していく。第六は包容力。好き嫌いを超えて人を包容していく。そして第七は感化力。その人がいることで自ずと感化を与える。最高の状態と言えよう。人間、晩年にはかくありたいものだ。

ここで留意したいのは、人は歳月とともに身体的年齢は増えるが、心の発達は必ずしも歳月に比例しないということである。薄衣氏によれば、年は取っても七十五％の人が二段階の状態で終わり、三段階までいくのは十五％、四段階以上に至るのは十％という。修身の厳しさを思わずにはいられない。

開闢以来の第一人として自らの心を高めていきたいものである。

生き方

二〇一三年三月号

佐藤一斎は、その著書『言志録《げんしろく》』でこう述べている。

人は須《すべか》らく自ら省察《せいさつ》すべし。

「天は何の故に我が身を生み出し、

我をして果たして何の用に供《きょう》せしむる。

我すでに天物《てんぶつ》なれば、必ず天役《てんえき》あり。

天役共《きょう》せずんば、天の咎《とが》必ず至らん」と。

省察して此《ここ》に到れば、則ち我が身の苟生《こうせい》すべからざるを知る。

（人は真剣に考える必要がある。「天はなぜ自分をこの世に生み出し、何の用をさせようとするのか。自分はすでに天の生じたものであるから、必ず天から命じられた役目がある。その役目をつつしんで果たさなければ、必ず天罰を受けるだろう」と。このように省察すると、うかうかと生きるべきではないことが分かる）

では、天役を知るにはどうするか。『致知』にご登場いただいた人たちの姿に思いを馳《は》せると、三つの資質が浮かび上がってくる。

一つは、与えられた環境の中で不平不満を言わず、最善の努力をしている、ということだ。一道を拓いた人たちに共通した第一の資質である。住友生命の社長・会長を務められた新井正明氏はその典型だろう。兵役にあった氏はノモンハン事件に参戦して被弾、右脚を付け根から切断した。二十六歳だった。帰還した氏を会社はあたたかく迎えてくれたが、若くして隻脚《せっきゃく》の身となった苦悩は限りなく深かった。その最中《さなか》、新井氏は安岡正篤《まさひろ》師の『経世瑣言《けいせいさげん》』で一つの言葉――「いかに忘れるか、何を忘れるかの修養は非常に好ましいものだ」に出合い、翻然《ほんぜん》とする。

「自分の身体はもう元には戻らない。ならば過去のどうにもならないことを悩むより、現在自分が置かれているところから将来に向かって人生を切り拓いていこう」

この瞬間から新井氏は真の人生を歩み始めた。

二つは、「他責」の人ではなく「自責」の人、であることである。

幸田露伴《こうだろはん》が『努力論』の中でこう指摘している。大きな成功を遂げた人は失敗を自分のせいにし、失敗者は失敗を人や運命のせいにする、その態度の差は人生の大きな差となって現れてくる、と。古今東西、不変の鉄則である。

三つは、燃える情熱を持っていること。当時八十六歳だった明治の実業人浅野総一郎氏が五十代だった新潮の創業者佐藤義亮《ぎりょう》氏に語った言葉が滋味《じみ》深い。心耳《しんじ》を澄ませたい。

「大抵の人は正月になると、また一つ年を取ってしまったと恐がるが、私は年なんか忘れている。そんなことを問題にするから早く年がよって老いぼれてしまう。世の中は一生勉強してゆく教場であって、毎年毎年、一階ずつ進んでゆくのだ。年を取るのは勉強の功を積むことに外ならない。毎日毎日が真剣勝負。真剣勝負の心構えでいる人にして初めて、毎日のように新しいことを教えてもらえる。私にとって、この人生学の教場を卒業するのはまず百歳と腹に決めている。昔から男の盛りは真っ八十という。あなたは五十代だそうだが、五十など青年。大いにおやりになるんですな」

三本の柱が立って物は安定する。人生を安定させる三つの柱を忘れぬ生き方を心掛けたい。

渾身満力

——二〇一三年四月号

渾身満力《こんしんまんりき》――画家中川一政《かずまさ》氏の愛した言葉である。
「渾」は「すべて」の意。即ち、全身全霊をかけることが渾身満力である。中川氏の生き方の根底を貫いていた言葉と思われる。

中川氏には弊誌にも登場願ったことがある。中川氏、八十九歳の時である。その折の言葉が忘れられない。一休禅師はその書も含めて「あとくちがいい」という表現で評価され、こう付け加えられた。

「エネルギーが強いからあとくちがよくなる。弱いと悪くなる」

自らの一道に渾身満力で打ち込んできた人でなくては発し得ない言葉であろう。

ジャンルを問わない。渾身満力は自らの一道を極めんとする人に欠かせない資質である。

そういう人たちの根底にあるのは天である。人を相手にするのではなく、天と相撲を取る。古哲の言葉を辿《たど》ると、名人たちは等しくその姿勢を人生の根底に置いていたことが分かる。渾身満力の力もそこから生まれてくる。

小社刊『運命を高めて生きる』という本がある。渡部昇一氏が新《に》渡戸《とべ》稲造の『修養』を繙《ひもと》いたものである。その中で新渡戸が磯間良甫という人の言葉を紹介している。

「賞なしとも怠らざるは上を敬い仕うるの礼なり。これは人にのみ仕うるにあらず。我が天道に仕うる冥理《めいり》と心得、なるたけの実意を尽くすは信を守るの至りなるべし」

報奨金が出なくても仕事に精いっぱい尽力することは天に仕える道であり、そこに絶対の信頼も生まれる、というのである。これは一個人の感懐《かんかい》ではない。明治という時代に生を得た人の多くはこういう価値観のもとに生きていたように思われる。

天保十（一八三九）年に生まれ、ＴＯＴＯ、日本ガイシ、ノリタケなどの母胎となった森村グループを創業した森村市左衛門は、明治四十年、六十八歳の時にある雑誌に要旨次のような談話を発表している。

「人は正直に全心全力を尽くして、一生懸命に働いて、天に貸してさえおけば、天は正直で決して勘定違いはありません。人ばかりを当てにして、人から礼を言われようとか、褒められようとか、そんなケチな考えで仕事をしているようでは、決して大きなものにはなりません。

労働は神聖なもので、決して無駄になったり骨折り損になどならない。正直な労働は枯れもせず腐りもせず、ちゃんと天が預かってくれる。どしどし働いて、できるだけ多く天に預けておく者ほど大きな収穫が得られる。私は初めからこういう考えで、ただ何がなしに天に貸すのだ、天に預けるのだと思い、今日まで働いてきたが、天はいかにも正直。三十年貸し続けたのが、今日現にどんどん返ってくるようになりました」

現代は「損得」を基準に生きている人が多いが、昔の人は「尊徳」を基準に生きていたことを、二人の先人の言葉は証《あか》している。なんの資源もない国が今日の繁栄を得たことと先人たちが示した生き方とは、無縁ではない。私たちも天に徳を積むべく渾身満力の生き方を心掛けたいものである。それが自己を生かす道であるだけでなく、人を生かす道にもなる。

知好楽

二〇一三年五月号

パナソニックの社名が松下電器だった時期、山下俊彦という社長がいた。昭和五十二年、先輩二十四人を飛び越えて社長になり、話題となった人である。弊誌にも親しくご登場いただいたが、率直、明晰《めいせき》なお人柄だった。この山下さんが色紙を頼まれると、好んで書かれたのが「知好楽《ちこうらく》」である。何の説明もなしに渡されると、依頼した方はその意味を取りかねたという。この出典は『論語』である。

子曰《いわ》く、これを知る者は、これを好む者に如《し》かず。これを好む者は、これを楽しむ者に如かず。

（これを知っているだけの者は、これを愛好する者におよばない。これを愛好する者は、これを真に楽しむ者にはおよばない）

極めてシンプルな人生の真理である。仕事でも人生でも、それを楽しむ境地に至って初めて真の妙味が出てくる、ということだろう。

稲盛和夫氏。京セラの創業者であり、経営破綻《はたん》に陥った日本航空を僅《わず》か二年八か月で再上場に導いた名経営者である。

この稲盛氏が新卒で入社した会社はスト続きで給料は遅配。嫌気がさした稲盛氏は自衛隊に転職しようとするが、実兄の反対を受け、そのまま会社に止《とど》まった。鬱々《うつうつ》とした日が続いた。会社から寮への帰り道、「故郷《ふるさと》」を歌うと思わず涙がこぼれたという。

こぼれた涙を拭《ぬぐ》って、こんな生活をしていても仕方がない、と稲盛氏は思った。自分は素晴らしい会社に勤めているのだ、素晴らしい仕事をしているのだ、と思うことにした。無理矢理そう思い込み、仕事に励んだ。すると不思議なもので、あれほど嫌だった会社が好きになり、仕事が面白くなってきたのだ。通勤の時間が惜しくなり、布団や鍋釜を工場に持ち込み、寝泊まりして仕事に打ち込むようになる。仕事が楽しくてならなくなったのだ。そのうちに一つの部署のリーダーを任され、赤字続きの会社で唯一黒字を出す部門にまで成長させた。稲盛氏は言う。

「会社を好きになったこと、仕事を好きになったこと、そのことによって今日の私がある」

知好楽の人生に及ぼす影響がいかに大きいかを示す範例である。

ここでいう「楽」は、趣味や娯楽に興じる楽しさとは趣を異にする。その違いを明確にするために、先哲の多くは「真楽《しんらく》」という言い方をする。何事であれ対象と一体になった時に生命の深奥《しんおう》から湧き上がってくる楽しみが「真楽」である。物事に無我夢中、真剣に打ち込んでいる、まさにその時に味わう楽しさが真楽なのである。人生の醍醐味《だいごみ》とは、この真楽を味わうことに他ならない。

松下幸之助氏の言葉がある。

「人間は自らの一念が後退する時、前に立ちはだかる障害がもの凄《すご》く大きく見える。それは動かすことができない現実だと思う。そう思うところに敗北の要因がある」

こうも言う。

「困難に直面すると却《かえ》って心が躍り、敢然と戦いを挑んでこれを打破していく。そんな人間でありたい」

困難に直面して一念が後退することなく、むしろ心が躍るというのは、その困難と一体になることである。一体となって困難を乗り越える。そこに言い尽くせない人生の深い楽しみがある。

そういう楽しみを味わえる人になりたいものである。

一灯照隅

二〇一三年六月号

『安岡正篤《まさひろ》活学一日一言』を上梓《じょうし》したことは、二月号本欄で紹介した。前書『安岡正篤一日一言』は修己修身を主題に言葉を選んだのに対し、本書は修めた己をもって人（外物）を治めることに主題を置き、言葉を精選《せいせん》させていただいた。

安岡師の著作は膨大《ぼうだい》である。その中から「寸言胸を打つ」言葉を選び出す作業は、海女《あま》が大海に真珠を探す営みに似て容易ではないが、楽しく充実した作業であった。

言葉の重複を避けるため二書を精読する中で、湧き上がってくる思いがあった。人はいかにして生きるかを一貫して説いているのが安岡教学だが、その教えをあえて一語に凝縮させていただけば、「一灯照隅」に突き当たるのではないか、という思いである。

一灯照隅とは自分のいる場を照らす、ということである。人は皆、一人ひとりが一灯となり、自分のいる場を照らして生きねばならない、と安岡師は説く。

安岡師の言葉の海に取り組む中で、この一灯照隅には二つの局面がある、と思うようになった。一つは、自分の周りを自分がいることによって照らす。もう一つは、「自分自身という場」を照らす、ということである。

そもそも自分とは何か。考えてみると、自分の身体で自分が作ったものなど一つもない。全部、天地宇宙から与えられたもの、言い換えれば借りたものである。心もまた然《しか》りである。借りたものはいずれ時が来れば返さなければならない。ならば、天地宇宙から借りている自分という場をまず照らさなければならない。自分自身という場を照らさずして、自分のいる場を照らすことはできない。

では、自分という場を照らすにはどうすればよいか。その道標を二つの漢字が示しているように思われる。

一つは「主」である。主の「丶」は炎、「王」は台座。いまいる場で燃えて生きる。燃えて生きれば自《おの》ずと周囲を照らす。それが自分の人生を自分が主人として生きる、ということである。いまいる場で燃えて生きなくて、主人として生きることはできない。

もう一つは「孝」である。孝という字は、子が幼い時は親が子を抱き、親が老いれば子が親を背負うところからきているという。孝は親孝行のことだけではない。老人と若者、先輩と後輩が連続統一していくことである。その連続統一するところに生命の発展はある。断絶すると生命は衰亡する。

しかし、放置して何もしないと、両者は容易に断絶する。そうならないように鞭《むち》（攵）をもって指し示していく。それが「教」だと安岡師は説いている。

まず自分という人間を照らす。それによって自分の周りを照らす。さらにその火を他の人に点じていく。のみならず、その火を次の時代を担う世代にも継いでいく。一灯照隅の本質はそこにあるのではないだろうか。

燭《しょく》の火を燭に移すや春の夕　蕪村

一灯照隅の連鎖が万灯となって、この国を照らしていくことを祈念してやまない。

歩歩是道場

二〇一三年七月号

歩歩是道場《ほほこれどうじょう》、という言葉がある。禅の言葉である。日常の一挙手一投足、そのすべてが自己を鍛える道場だ、という意味である。

「歩歩とはいま、ここのこと」

百歳の禅僧松原泰道師（故人）にそう教わった。道場は静謐《せいひつ》な山中にだけあるのではない。いま、自分が置かれている立場、状況は、そのまま自己を磨く道場である。いつであれ、どんな所であれ、心がけ次第で自分を高める修行の場になる。また、そういう生き方をしなければならない――泰道師の声はいまも耳の奥に響いている。

歴史に鮮やかな軌跡を残した人は、一様に歩歩是道場を体現した人である。例えば、西郷隆盛である。

西郷は島津久光の逆鱗《げきりん》に触れ、三十六歳で徳之島へ、さらに沖永良部島《おきのえらぶじま》に遠島となる。沖永良部島は鹿児島から五百三十六キロ。四十年前はフェリーで二十数時間を要した。いまでも十七、八時間はかかる。西郷の時代はその距離を船頭が人力で漕いでいったのである。

当時、この島に流されるのは死刑に次ぐ重刑だった。西郷はその島で戸も壁もない獣の檻《おり》のような吹きさらしの獄舎《ごくしゃ》に幽閉された。同時に一族郎党を含め、西郷家の財産はすべて没収されていた。

常人なら絶望に打ちひしがれて不思議はない。この状況の中で西郷は八百冊の本を詰めた行李《こうり》三つを獄舎に持ち込み、猛烈な勉強を始めるのである。西郷が友人の桂右衛門《かつらうえもん》に送った手紙がある。

「徳之島より当島（沖永良部島）へ引き移り候処《そうろう》、直様《すぐさま》牢中に召し入れられ却《かえ》つて身の為には有難く、余念なく一筋に志操を研《みが》き候事にて、（中略）益々《ますます》志は堅固に突き立て申す事にて、御一笑成し下さるべく候」

歩歩を道場とした大西郷の面目躍如《めんもくやくじょ》である。西郷は遠島流罪《るざい》という悲運の場を、徹底した自己研鑽《けんさん》に励むことで最高の修養の場と化したのだ。

曹洞宗を開いた道元もまた、歩歩是道場を貫いた人である。一つの言葉がある。

「設《たと》ひ発病して死すべくとも、猶只是《なおただこ》れを修すべし。病ひ無ふして修せず、此の身をいたはり用ひて何の用ぞ。病ひして死せば本意なり」

たとえ病気になって死のうと、仏道修行をやり抜くべきである。まして病気でもないのに修行もせず、自分自身の体をいたわり、その体を何の用に役立てようというのか。仏道修行を続ける中で病気になって死んでも、それはそれで本望ではないか、と道元は言う。

事実、道元はこの言葉のように人生を生きた。

道元は死の床で『法華経《ほけきょう》』の「如来神力品《にょらいじんりきほん》」の言葉を柱に書き、その言葉を唱えながら亡くなったという。その言葉とは、

「是の処は即ち是れ道場」

いまわの際《きわ》にあるこの場所も、自分を高めていく道場なのだ、というのである。道に徹した人の死を賭《と》した究極の教えである。

このほど『致知』創刊三十五周年を記念して、『新輯《しんしゅう》森信三全集』（全八巻）が出版されるが、国民教育の師父と仰がれた森信三先生の言葉を最後に紹介して稿を擱《お》きたい。

「休息は睡眠以外には不要――という人間に成ること。すべてはそこから始まるのです」

歩歩是道場の人生を歩まれた人ならではの言葉である。

その生を楽しみ　その寿を保つ——

二〇一三年八月号

楽其生　保其寿。中国の古典『忠経《ちゅうきょう》』にある六文字である。

その生を楽しみその寿《じゅ》を保つ――本誌にゆかりの深い新井正明氏はこの言葉を好まれ、よく口にされた。その生を楽しむとは自分の生業《なりわい》を楽しむということ。仕事を楽しむことができれば、自《おの》ずとその寿を保って長生きができる。新井氏は言葉の意味をそう説明されていた。事実、氏はこの言葉どおりの人生を生きられた。

二十六歳の時、ノモンハン事件で負傷、右脚切断、隻脚《せっきゃく》の身となられた。「人より遅く来て早く帰ってよろしい」という上司の言葉を有り難く受け止めながらも、人より早く出社し、人よりも遅くまで働き、社長、会長としてすぐれたリーダーシップを発揮、社を業界上位に躍進させ、数え九十二歳までその寿を保たれた。

その新井氏が生涯の心訓とされたのが安岡正篤《まさひろ》師の「健康の三原則」である。曰《いわ》く、「一、心中常に喜神を含む――どんなことにあっても心の奥深いところにいつも喜ぶ心を持つ　二、心中絶えず感謝の念を含む　三、常に陰徳を志す」。「その生を楽しみその寿を保つ」ために忘れてはならない三原則といえよう。

この六文字について、新井氏には思い出がある。

氏が静岡支社長の時期、安岡師に二人の弟子がいた。一人は農業をしている人。日本は敗戦で混乱状態になったが、こういう時だからこそ安岡師の教えを広めなければと、自分も学び、人にも熱心に説いて回った。もう一人は金物屋さん。師の教えを学ぶことは熱心だが、人に説くようなことはせず、一所懸命家業に打ち込んでいた。これに対し、「商売ばかりやっていて、けしからん」と農業の人は腹を立てた。人に師の教えを説くべきだ、というわけである。

安岡師は言った。

「金物屋さんはやはり金物屋さんとして立派に商売をやらなければならない。だから、金物屋の主人として一所懸命やるのは正しいことだ。その上で道を求めるということが大切だ」

活学を説き続けた人の明快な言である。

『致知』は今年九月一日発行の十月号で創刊満三十五周年になるが、思えば、『致知』に深いご縁をいただいた方たちは皆一様に、この六文字を堪能《たんのう》した人生を生きられた人たちであることに思い至る。

森信三先生、九十七歳。　平澤興《こう》先生、八十九歳。

坂村真民《しんみん》先生、九十八歳。　安岡正篤先生、八十六歳。

それぞれの一道に徹し、その一道を楽しまれた方たちである。

古人の跡を求めず、古人の求めたるところを求めよ――松尾芭蕉の愛した南山大師の言葉である。私たちもまた先人の求めたるところを求めて人生を生きたいものである。

ドイツの大文豪ゲーテもまた、人生を楽しみ、八十二歳の寿を保った人である。そのゲーテが「処世のおきて」と題し、「気持ちのよい生活を作ろうと思うなら」という前置きをつけて遺した言葉を記す。

済んだことをくよくよせぬこと
滅多なことに腹を立てぬこと
いつも現在を楽しむこと
とりわけ人を憎まぬこと
未来を神にまかせること

洋の東西を超えて、人生の達人の言葉はシンプルで、深い。

※『忠経』は『孝経』に擬して作られた。易姓革命の国柄の故『孝経』ほど重んじられなかった。

心の持ち方

二〇一三年九月号

常岡一郎、と聞いても知る人は多くないだろう。明治三十二（一八九九）年、福岡県生まれ。少年期から頭脳明晰《めいせき》、正義感が強く、慶應義塾大学予科一年の時には島崎藤村《しまざきとうそん》らを招いて講演会を開催、自らその前座を務めるといった才気煥発《かんぱつ》な青春時代を送った。議論をすればたちまち相手を論破。カミソリと渾名《あだな》されたという。

この人の人生に暗雲が立ちこめたのは大学卒業目前。肺結核で倒れたのである。一転して病床に伏す身となり、近寄ってくる者はいなくなり、孤独を嘆く日々を過ごすことになった。

そんなある日、一人の見舞客が訪れ、常岡に言った。

「比叡山《ひえいざん》も高野山《こうやさん》ももとは誰も住まない田舎だった。そこに徳の高い人が住み、人々が集う所となった。あなたは人々が群れる東京という都会に住んでいるが、周りに誰も寄ってこない田舎だ。そんな人間でどうする。徳を積んで病気と縁を切りなさい」

このひと言に常岡は奮起、大学を中退し修養生活に身を投じる決心をした。柳行李《やなぎごうり》にトイレの掃除道具を入れ、各地を回って奉仕作業を始めたのである。常岡は言う。

「闘病十五年、五千日。病を見つめながら自らを練った。病を治すことをやめ、病で自分の性格を直すことに全心全力を尽くし、九死に一生の中から心魂を練ってきた」

ついに病を克服した常岡は昭和十（一九三五）年、修養団体・中心社を立ち上げ、月刊誌『中心』を発行、講演に人生相談に全国を行脚《あんぎゃ》、九十歳まで人としての道を説き続けた。

すべてを人のために使い切り、出し切った人生だった。

この常岡氏の著作から三百六十六語を選び、このほど『常岡一郎一日一言』を出版した。人を深い内省に導かずにはおかない言葉に溢《あふ》れているが、その編集作業を通じて気づいたことがある。氏が一貫して言っているのは、人生は心の持ち方が大事であり、心の持ち方によって人生は決まる、ということである。どんな運命に出合っても一人ひとりが心を鍛え、磨き、幸福な人生を送ってほしい――この語録集からは氏のそんな祈りが聞こえてくるようである。

以下、紙幅の許す限り氏の言葉を紹介する。

▼自分一人の尊さを知る。今日一日、今一刻の有り難さを知る。これを離れて人生はない。大切にせねばならぬのは今日一日の生き方である。自分一人のみがき方である。大きい理想、高い希望も大切である。しかし、それは今日、今、自分自身からのみ生まれて来る。

▼仕事は辛い。しかしこれもつとめだ。こう思って働く人は疲れやすい。辛いが辛抱《しんぼう》する人もある。辛抱は暗い心の姿である。いつかは限度が来る。明るくひらける道は、仕事をたのしむことである。

働くことが好きな心。これには暗さがわかない。働くほど自信が出来る。よろこびもわく。なんでも勇んで取り組む構え。常に明るく働く心構え。これが一番たのしい生き方になる。

▼心の花。これは心の開いた姿である。悲しみは心を閉ざす。病みわずらい、怨《うら》み、のろい。これは暗い心、開けない心である。いままでうらみのろっていた心も、なるほどそうかとうなずけば明るく晴れる。心が開ける。うなずく心、陽気な心、感謝の心、感激の心、これが心の花の開いた姿である。

一言よく人を生かす——

二〇一三年一〇月号

一言《いちげん》よく人を生かす、という。一言よく人を殺す、ともいう。言葉の人間に及ぼす力はまことに甚大《じんだい》である。

『致知』はこの十月号で創刊満三十五周年を迎えた。振り返れば『致知』の歴史もまた、その折その折の一言に支えられ、導かれての三十五年だったことに思い至る。無数の忘れ得ぬ人、忘れ得ぬ言葉の恩沢《おんたく》によって、『致知』の今日はある。

「『致知』の読者が十万人になったら、日本は変わる」

平成三年六月、『致知』が大きな困難に見舞われ、逆風の中、道を見失いかけた時、森信三先生に投げかけていただいた言葉である。以来、「『致知』読者十万人」は本誌の羅針盤《らしんばん》となり、全社員が一致団結、これを実現すべく懸命の努力を繰り返して今日に来た。

そして、ついにその時は来た。この七月二十五日、『致知』の読者が十万人を突破、十万七百人になったのである。長年思い描いていた山頂に達し、全社員が歓声を上げた。

「ロープウェイで来た人は登山家と同じ太陽を見ることはできない」――フランスの思想家アランの言葉である。

ロープウェイで楽々と登ってきた人が見る太陽と、鍛練を重ね長い時間をかけてようやく山頂に達した人が見る太陽は、まったく別の太陽だというのである。苦難の中にあった当時、自らを励ますべく唱えていたこの言葉を、いま実感として噛《か》みしめている。

心を揺さぶられ、魂を燃やす言葉をいただいたのは森信三先生だけではない。平澤興《こう》先生。坂村真民《しんみん》先生。忘れ得ぬ人である。いずれも明治生まれのお三方にお会いし薫陶《くんとう》をいただいたことは、何物にも代え難い本誌の宝である。また、直接お会いすることはできなかったが、著書を通じて接した安岡正篤《まさひろ》先生の言葉の世界。これら先師との出会いが『致知』の精神的源流となったことは確かである。

政治評論家の伊藤昌哉《まさや》氏の言葉も忘れられない。逆風にさらされた当時、『致知』の部数は日ごとに目減りし、半分近くに落ち込んだ。伊藤氏は言われた。

「半分以下になったかと思ったが、まだ半分以上の読者が残っている。やめていったのは浮動票が消えたんだ。本物のファンは残っている。『致知』は単なる雑誌ではない。人づくりの雑誌だ。人づくりの雑誌ということは国づくりの雑誌だ。だから頑張れ」

困難の極みの中で『致知』の使命を説いていただいた一言は、本誌の大きな力となった。

三十五年の歴史を紡《つむ》ぐ中で陰に陽にご恩をいただいた人、力をいただいた言葉は限りなく、この紙幅には書き切れない。

天地《あめつち》の和して一輪福寿草《ふくじゅそう》　咲くやこの花幾世《いくよ》経るとも

二宮尊徳の道歌である。天地の心と働きが和して一輪の花が咲く。『致知』もまた天地の恵みをいただいて今日がある。その恩沢に感謝合掌するのみである。

最後に、寺田一清《いっせい》氏から伺った森信三先生の言葉を掲げる。

「二〇二五年に日本は立ち上がる兆《きざ》しが見えるであろう。二〇五〇年になったら、列国は日本の底力を認めざるを得なくなるであろう」

この言葉を実現すべく、本誌もまたさらに前進する。

道を深める

——二〇一三年一一月号

イチロー選手が八月二十一日、日米通算四〇〇〇本安打を達成した。その瞬間、観客は総立ちになり、チーム仲間はベンチから飛び出し、一塁塁上のイチロー選手を祝福した。試合はしばし中断、球場全体が大きな感動に包まれた。

この朗報に、以前聞いたイチロー選手の言葉を思い出した。

「小さなことを積み重ねることが、とんでもないところへ行くただ一つの道」

この人もまた自らの一道を深めた人、京都大学元総長・平澤興《こう》氏にはこんな言葉がある。

「努力することの本当の意味は人に勝つということではなく、天から与えられた能力をどこまで発揮させるかにある」

道を深めた人の言葉は、それぞれに味わい深い。

仕事は道の追求である。一つの道を深めることで人は自己を深め、人生を深めていく。では、道を深めるにはどうすればよいか。まず第一は、道を深めようと決意することである。決意しない限り、道は深まらない。

第二は、優れた先達を見つけることである。古来、どんな偉人も独りで大成した人はいない。

人ではなく古教に触れ、求道を深めた人もいる。希代の名横綱・双《ふた》葉山《ばやま》がそうである。

双葉山はそれほど目立つ力士ではなかった。それがある時を機に急に強くなったという。当時は春夏の二場所制、取組も十一日間だった。双葉山の記録をたどると、昭和十年夏場所は四勝七敗。それが翌十一年春場所は九勝二敗。この取組七日目から勝ち続け、十四年春場所四日目、安藝ノ海《あきのうみ》に敗れるまで六十九連勝の快挙となった。私見だが、双葉山は昭和十年暮れか翌年初春、安岡正篤《まさひろ》師に会い、「木鶏《もっけい》」の話を聞いたのだ。それは相撲道を真剣に模索していた彼の全身を貫く感動となり、指針となったと思われる。

この双葉山に深い影響を受けたのが、横綱・白鵬《はくほう》である。白鵬は贔《ひい》屓筋《きすじ》から「双葉山に似ている」としきりに言われて関心を持ち、記録に残されている双葉山の映像を観て愕然《がくぜん》とする。いまの力士との決定的な違いは、その立ち合いの姿である。少しも力《りき》まない。すっと立つ。絶対に待ったをしない。しかもその右目は子供の頃の怪我《けが》で見えなかったという。以来、白鵬は双葉山を師と仰ぎ、双葉山の求めた相撲道が白鵬の求めるところとなった。白鵬の大横綱としての真骨頂《しんこっちょう》はここにある。

第三は、バカになることである。一心不乱、無我夢中になることである。京セラの創業期、稲盛和夫氏と共に働いた伊藤謙介氏（元社長）の話を聞いて驚いた。寝食を忘れて働いていた伊藤氏は、東京オリンピックを知らなかったという。狂がつく徹底ぶりが京セラの成長にはあったのだ。

第四は、続けることである。『中庸《ちゅうよう》』にある「悠久《ゆうきゅう》は物を成す所以《ゆえん》なり」は古今不変の鉄則である。

最後に二宮尊徳の言葉を掲げたい。

「忠勤《ちゅうきん》を尽《つ》くして至善《しぜん》と思う者は忠信《ちゅうしん》にあらず。忠勤を尽くして報《ほう》徳《とく》と思う者は忠信なり」――この心なくして、道は深まらない。

活路を見出す

――二〇一三年一二月号

『致知』創刊三十五周年記念大会は九月十四日、全国から千四百人の参加者を得て盛況裏《せいきょうり》に終了した。参加者の発する熱は三十周年を上回る高まりを見せた。「すごい会だった」「素晴らしかった」の言葉を残され、興奮冷めやらぬ面持ちでお客様は会場を後にされた。「こんな堅い雑誌は誰も読まない」と創刊時から言われてきた身には、感無量の思いがする。

人生を真剣に生きる人の糧になる――『致知』の創刊理念である。その理念を深めるべく、一号一号、祈るような思いで編集を積み重ねて三十五年、『致知』は全国津々浦々、十万人を超す人々に求められる雑誌になった。〝まず初めに理念あり〟と言うが、『致知』の活路を開いてくれたのは、この理念だったように思える。

会は伊與田覺《いよたさとる》先生の先導による『大学』の素読から始まった。弊社の若手社員六名も先導の補佐として壇上に立たせていただいた。

千四百人による『大学』素読は圧巻だった。驚いたのは、その素読が一糸《いっし》乱れぬことだった。二千年の時空を超え、『大学』の教えがここに溶け合った瞬間だった。〝道縁《どうえん》は無窮《むきゅう》〟を実感した。九十年、孔子の求めたるところを求めてこられた当年九十八歳の伊與田先生の先導なればこそ現出できた光景だった。

不肖《ふしょう》は「『致知』三十五年の歩み――忘れ得ぬ人　忘れ得ぬ言葉」と題して、この三十五年の大恩ある方々との出会いを話させていただいた。

二十代の若き愛読者お二人、荒川貴雄《たかお》、牛木宏昌《ひろまさ》両君の「致知と私」の清冽《せいれつ》な発表は、若い世代にも『致知』が浸透していることを如実《にょじつ》に伝え、会場を新鮮な空気に染め上げた。

続くシンポジウム。短い時間ながら、中條高德《たかのり》、渡部昇一、鈴木秀子、村上和雄、四人の先生方の『致知』に対する愛情と期待に溢《あふ》れたスピーチは、参加者に大きな感動を与えるものとなった。

基調講演は京セラ名誉会長・稲盛和夫氏による「運命的な出会いが人生をつくる」。氏は二十七歳で京セラを、五十二歳で第二電電（現ＫＤＤＩ）を創業された。両社は現在、それぞれ売上高一・三兆円、三・六兆円の巨大企業となった。加えて、破綻に陥《おち》った日本航空の再建を依頼され、就任一年で一千億円を超す黒字を計上、二年八か月で再上場を果たした。実績は讃《たた》えて余りある。その稲盛氏が一時間十五分、淡々《たんたん》とした口調で一貫して説かれたのは、自分の今日《こんにち》あるは人生のいろいろな局面で出会った多くの人たちのおかげ、ということだった。

家庭の事情で進学は諦《あきら》めていたのに、担任の先生がご両親を説得してくれたこと。京セラ創業時には家を担保にして協力してくれた人があったこと。そういう「運命的な出会い」のおかげで自分の人生はある、決して自分一人の力で今日があるのではない――。

人生に活路を見出していくには何が大事か。稲盛氏のお話はその要諦《ようてい》を端的に示している。氏が「謙虚にして驕《おご》らず、さらに努力を」「自分の才能を私物化してはならない」を信条としてきたのも、数多《あまた》のおかげの思いがあるからである。大事業を成し遂げたいまもなお、その原点を忘れない氏の姿に、私たちが汲み取るべきものは多い。

最後に、本誌三十五年の折節、活路を開いてくれた言葉を二つ。

「思い上がらず、下坐《げざ》に徹して生きる時、天が君を助けてくれる」
――森信三

「神は見ている。心を静めて、誠を尽くせ」――廣池千九郎《ひろいけちくろう》

二〇一四年

一月号〜一二月号

君子、時中す――

二〇一四年一月号

君子はよく時中《じちゅう》す——東洋古典の名著『中庸《ちゅうよう》』にある言葉である。

原文は「君子而時中」。安岡正篤《まさひろ》師によれば、「而」は「して」と普通は読むが、明《みん》代の大学者兪曲園《ゆきょくえん》はこれを「能（よく）」と読むべきと注釈している、という。さらに、「中」には相対立しているものを統一（相結ぶ）して一段高いところへ進めるという意味と同時に「あたる」という意味がある、と説明している（『洗心講座』）。

立派なリーダーはその時その場にふさわしい手を打ち、あらゆる矛盾、相剋《そうこく》を克服してどこまでも進歩向上していく。これが「君子、時中す」の意味である。「時中」はリーダーに求められるもっとも重要な資質と言える。

その意味で忘れられない人がいる。明治天皇である。

明治天皇は明治十九年十月二十九日、東京帝国大学に行幸《ぎょうこう》、授業をつぶさに見学された。皇居に戻られたのち、侍講《じこう》・元田永孚《もとだながざね》を召《め》されて次のように仰《おお》せられたという。

「朕《ちん》過日大学に臨す。設くる所の学科を巡視するに、理科・化科・植物科・医科・法科等は益々その進歩を見る可《べ》し雖《いえど》も、主本とする修身《しゅうしん》の学科に於《おい》ては曾《かつ》て見る所無し」

先日大学の授業を巡視したが、理科や医科などは目覚ましく進歩しているけれども、もっとも大事にしなければならない修身の学科はこれといったものが見られない、と憂慮されたのである。

「抑《そもそも》大学は日本教育高等の学校にして、高等の人材を成就《じょうじゅ》すべき所なり。然《しか》るに今の学科にして、政治治要の道を講習し得べき人材を求めんと欲するも決して得べからず。仮令《たとい》理化医科等の卒業にてその人物を成したりとも、入て相となる可き者に非《あら》ず。（中略）此中より真成の人物を育成するは決して得難きなり」

大学は日本教育の最高学府、優れた人材を育成する所であるが、いまのような学科を教えているだけでは、専門に優れた人材は育つだろうが、国家の相となるようなリーダーを得ることはできない——明治天皇の慨嘆《がいたん》が直接聞こえてきそうな『聖喩記《せいゆき》』の一文である。

明治に入り、西洋の文明が怒濤《どとう》のように押し寄せ、その技術文明に遅れてはならじと日本国中が浮き足立っていた。例えば、初代文部大臣の森有礼《ありのり》は、日本語を廃し英語を国語にしようとしていた、という事実もある。そのような時に一人、明治天皇だけは時流に流されず、いま何をすべきか、何が重要かを知悉《ちしつ》していた、すなわち時中していたことを、この一文から窺《うかが》うことができる。

東京帝国大学の授業がどう改変されたかは知らないが、明治天皇のこの思いを広く国民に及ぼすべく、元田永孚が井上毅《こわし》と協力、明治二十三年十月三十日「教育に関する勅語」を発布、これが永く日本国民の精神的規範となったことは、周知するところである。

『人生に生かす易経』の著者・竹村亞希子氏は「時流」と「時中」の違いを述べられている。

時流は現象としてあるもの。だが、『易経』は時流を重んじない。いやむしろ、時流にのる者は時流によって滅ぶという。君子は時流にのってはならない。時中しなければならない。春、種をまけば秋に実がなる。冬に種をまいても実は結ばない。冬は種をまく時ではなく、土を作る時である。時の変化は限りないが、どんな時にも「時中」はある。それを見極め、時に中していきたいものである。

一意専心

二〇一四年二月号

塙保己一《はなわほきいち》は延享《えんきょう》三（一七四六）年、武蔵国児玉郡保木野《ほきの》（現・埼玉県本庄市）に生まれた。生家は裕福な農家だったが、五歳の時、思いがけない病魔に襲われる。目が次第に光を失っていったのだ。母きよは保己一を背負い、片道八キロの道を一日も欠かさず藤岡（現・群馬県藤岡市）の医師のもとに通い続けた。なんとしても我が子の目を治したい一念だった。しかし、保己一は七歳で完全に失明した。さらに、十二歳で最愛の母が亡くなってしまう。保己一は杖を頼りに毎日墓地に行き、母の墓石に向かって泣き続けた。

涙の中で一つの決意が生まれた。江戸に出て学問で身を立てよう。保己一は耳にしたことはすべて記憶するほどの抜群の記憶力の持ち主だったのである。保己一の情熱は父を動かした。絹商人に手を引かれ、保己一は江戸に旅立つ。十五歳だった。

江戸時代、盲人の進む道は限られていた。検校《けんぎょう》という役職者に率いられた盲人一座に入り、按摩《あんま》や鍼灸《しんきゅう》の修業をする、琵琶《びわ》や三味線《しゃみせん》の芸能に勤《いそ》しむ、あるいは座頭金《ざとうがね》という金貸しの知識を学ぶ、などして世渡りの技能を身につけ、互いに助け合って生活していく仕組みになっていた。選べる職業はそれだけだった。

保己一もまた雨富須賀一《あめとみすがいち》検校の盲人一座に入門した。だが、保己一の望みは学問である。悶々《もんもん》とした日々が続き、思い切って師匠の雨富検校に本心を明かす。「私は学問がしたいのです」。破門覚悟の告白だった。保己一の幸運はこの雨富検校に出会ったことだった。「人間、本心からやりたいことに打ち込むのは結構なことだ」と検校はいい、学問することを許されたのである。

保己一の目覚ましい研鑽《けんさん》が始まる。目が見えない保己一は誰かに本を読んでもらうしかない。全身を耳にし、耳にしたことはすべて身につけていく。盲目の身で学問に励む少年がいる、とたちまち江戸の町の評判になった。

保己一の真剣な姿に多くの援助者が現れる。保己一はついに当代随一と謳《うた》われる国学者賀茂真淵《かものまぶち》の門人になることができた。残念ながらその半年後に真淵は亡くなるが、この半年間に保己一は六国史《りっこくし》（『日本書紀』をはじめとする日本の六つの正史）を読破、後の偉業を築く土台となった。六国史に記されているのは九世紀の光孝《こうこう》天皇まで。以降は日本の歴史として整理されていない。後の世の人のため、宇多《うだ》天皇以降の歴史をきちんとした形で残さねば、と保己一は『史料』と大文献集『群書類従《ぐんしょるいじゅう》』の編纂《へんさん》を決意する。

『群書類従』編纂の取り組みが始まったのは安永八（一七七九）年。保己一、三十四歳。『群書類従』に収める文献は厳選に厳選を重ね、徹底的に校訂を加えた。例えば『竹取物語』も五種類の異本を丹念に調べ、綿密に校訂している。まがい物は絶対に収めない。それが保己一の信念だった。

六百六十六冊、全五百三十巻。国学の金字塔『群書類従』が完成した時、保己一は七十四歳になっていた。その二年後に死去する。

昭和十二年、保己一の偉業を顕彰する「温古学会」を訪れたヘレン・ケラーはこう言ったという。

「小さい頃、私は母に励まされた。日本には幼い時に失明し、点字もない時代に努力して学問を積み、一流の学者になった塙保己一という人がいた。あなたも塙先生を手本に頑張りなさい」

一意専心の言葉そのままの人生を生きた偉人に学ぶものは多い。

自分の城は自分で守る

――二〇一四年三月号

自分の城は自分で守れ。トヨタの名番頭と言われた石田退三《たいぞう》氏の座右銘である。時代や環境がどうでも、経営者は自らの知恵と才覚で自分の会社を守らなければならない。言い訳をする経営者をそう叱咤《しった》したのである。経営者に限らない。自分の城を自分で守るのはこの世に生を得た人すべてにとって必須の姿勢であり、課題だろう。

明治初頭、欧米から圧倒的な物質文明が押し寄せてくる中、明治天皇の炯眼《けいがん》が教育勅語を発布させ日本人の精神的支柱となったことは、本誌一月号で述べた。歴史を振り返ると、小国日本が清国ばかりか超大国ロシアにも勝利したのは奇蹟《きせき》に近いことが分かる。もし敗れていたらいまの日本はない。アジア諸国の独立もなく、白人支配の世界が続いていた可能性は高い。私たちはあの時代に明治天皇と天皇を支える重臣たちがいたことに感謝しなければならない。

「外にはするどきわしの爪あり。獅子の牙《きば》あり。印度《インド》、埃及《エジプト》の前例をきゝても、身うちふるひ、たましひわなゝかるゝを……」

まだ無名だった作家樋口一葉《ひぐちいちよう》の、明治二十六年十二月二日の日記（塵中《じんちゅう》日記）である。インドやエジプトのような植民地にされてはならぬと身を焦がすような思いを述べ、「さても恥《はづ》かしきは女子《おなご》の身なれど」と注記して次のような一首を詠んでいる。

吹《ふき》かへす秋のの風にをみなへし
ひとりはもれぬものにぞ有《あり》ける

秋風の冷たさに女郎花《おみなえし》は枯れるが、日本が他国に侵略されようとする時に、女の身ではあっても傍観しているわけにはいかない、の意である。当時、一葉は二十一歳。うら若き一女性までが国を守らんとする気概に溢《あふ》れていたのだ。日清日露の戦いに日本が勝利した要因は何かを、一葉の日記は教えている。

その日本人の気高い美質は昭和二十年八月の敗戦で壊された。日本は六年八か月もの間占領され、その間GHQは言論を統制して日本人の精神を破壊した。戦後六十九年経ったいまも、日本はその後遺症から立ち直っていない。だが、日本人の美質は消滅してしまったのではない。そのことを示したのが三年前の東日本大震災である。震災後に東北の人たちが見せた行動は、全世界を驚嘆させた。

「住民たちは調和を保ち、商店などの略奪や暴動はショックを受けるほど全然なかった」（アメリカ・CNNテレビ）

「信号機が停電しているのにドライバーは互いに譲り合い、避難所でも被災者は列を作り、少ない食糧を平等に分配し、しかも全員が感謝の意を表している。我われ中国人は道徳面でまだまだ日本人に及ばないし、日本人に学ばなければならない」（中国・新華社通信）

日本人の精神にはまだ清冽《せいれつ》な地下水が流れている。この水を清冽なまま次代に引き継いでいくのが、先に生きる私たちの使命である。

歴史家はローマ崩壊の理由を三つ挙げている。一つはローマ人が自ら国を守る意欲を失い、防衛を外国人傭兵に委ねたこと。二つはローマ人がゲルマン民族の服装や風習を真似《まね》るのがブームになったこと。三つはローマの言葉が外国語と交じって堕落したこと。ローマはローマたらしめているものを守る意識がなくなり、滅びたのである。

最後に、古《いにしえ》の哲人、呂新吾《りょしんご》の言葉を紹介する。

「我を亡《ほろ》ぼす者は我なり。人、自ら亡ぼさずんば、誰かよくこれを亡ぼさん」

少年老い易く学成り難し

二〇一四年四月号

少年老い易《やす》く学成り難《な》し《がた》　一寸《いっすん》の光陰《こういん》軽んずべからず
未《いま》だ覚《さ》めず池塘春草《ちとうしゅんそう》の夢　階前《かいぜん》の梧葉《ごよう》已《すで》に秋声《しゅうせい》

南宋《なんそう》の大儒者《じゅしゃ》、朱熹《しゅき》の有名な詩である。題は「偶成《ぐうせい》」。越智直正氏はその著『男児志を立つ』の中で、この詩をこう解釈されている。

「年をとるのは早いが、理想を成就《じょうじゅ》するのは難しい。わずかな時も無駄にしてはならない。石段の脇に繁るアオギリの葉が秋の訪れでいつしか色づいているように、自分自身が人生の秋ともいうべき初老の時期にさしかかってしまった。少年時代を楽しむうち、早くも老境は迫ってくる」

「学」を単なる勉学ではなく「理想」と捉えているところに、古典を生きる糧とされてきた人ならではの独自性がある。

歴史を辿《たど》ると、一寸の光陰を惜《お》しんで学んだ多くの先達に出会う。

『福翁自伝《ふくおうじでん》』によると、福沢諭吉は緒方洪庵《こうあん》の適塾《てきじゅく》での修業で、布団を敷《し》き夜具をかけ枕をして寝たことがなかった。寝るのは机に寄りかかるか床《とこ》の間《ま》を枕にするぐらい。それほどに勉強したのだ。

江戸中期の思想家、自然科学者、そして儒医の三浦梅園《ばいえん》の少年時代を、安岡正篤《まさひろ》師はその著『青年の大成』でこう紹介する。

「先生（梅園）の始めて綱斎《けいさい》（綾部有終）の門に入りし時は、綱斎の年六十六歳なりき。富永（大分県豊後の一村）より杵築《きつき》城下へは山越《ごえ》四里許《ばかり》なるを、十六歳の一少年は日々経《けい》を抱きて往復するに、常に跣足《はだし》なりき」。健気《けなげ》な少年の姿である。

「師綱斎、見て之《これ》を憐《あわれ》み、家人に命じて草履《ぞうり》を与へしむ。少年謝して之を受け、穿《は》きて出づと雖《いえど》も、門を出づるや直《すぐ》に脱ぎ、砂を払ひ、之を懐《ふところ》にして帰る。翌日来るや跣足平日の如し。而《しこう》して師の門に至るや、復《ま》た草履を懐より取出し、穿きて入る」

毎日十六キロの道を裸足で歩いて勉学に励み、師の家に入る時は師の厚意を無にしないように草履を履く。少年梅園のこの姿に目頭が熱くなる、と安岡師は述べている。

勝海舟もまた、「貧・骨に到り」と表現するような極貧の中で勉強した。「夏夜幗《かや》無く、冬夜衾《ふとん》無く、たゞ日夜机に倚《よ》って眠る」という毎日。飯を炊くにも薪《たきぎ》がなく「自ら椽《たるき》を破り柱を割《さ》いて」飯を炊いた。「困難ここに至ってまた感激を生じ」と日記に記している。

そういう生活の中で海舟はオランダ語の習得に励んだ。辞書は高価で手が出ないので、借料を払って借り受け、それを一年かけて二部写し取り、一部は自分用。もう一部は売って金に換えた。学ぶべきは、この精神のタフさである。

ここで忘れてはならないのは、先達の先達たる所以《ゆえん》は、若年期だけでなく、生涯学ばんとする姿勢を貫いた、ということである。

「業《ぎょう》高くして廃せず等身の書」という古言がある。

いかに学業を積んでも、地位や身分がいくら高くなっても、その時の自分にふさわしい書を持ち、学び続けよ、ということである。

晩年の安岡正篤師もこんな一言を残している。

「老年廃せず少年の学」。老年になっても若き頃に聖賢の人たらんと燃えた情熱を失ってはならない、ということである。

人生は生涯をかけて自分を完成させていく修養の道程——朱熹の詩が教えているのも、畢竟《ひっきょう》そのことである。

焦点を定めて生きる

――二〇一四年五月号

子供の頃、虫メガネに太陽の光を集めて紙を燃やした経験は多くの人が持っているに違いない。太陽の光を一点に集中させてじっと固定していると焦《こ》げ目の点ができ、かすかな煙を上げて広がり、紙がにわかに燃え出す。焦点をふらふらさせていてはこうはならない。単純な遊びだが、この現象はそのまま、人生のあり方を示唆しているように思える。焦点を定めて生きないと人生は拡散し、何の結晶も得ぬままに終わってしまう、ということである。

剣豪塚原卜伝《つかはらぼくでん》にこんな逸話がある。武者修行で全国を旅していた頃である。大きな石が道を塞《ふさ》いでいた。数人がかりでのけようとしたが、びくともするものではない。そこに石工がやってきて、石の一点に槌《つち》を打ち込んだ。大きな石はたちどころに割れた。どうしてそういうことができるのか、と卜伝は聞いた。

「石には目があります。そこに槌を当てるとたやすく割れます。目でないところをいくら打っても割れるものではありません」

それが石工の答えだった。卜伝は大いに感じ入り、剣の極意を会得したという。焦点を定めることの大事さを教えてくれる話である。

二宮尊徳《にのみやそんとく》はまさに焦点を定めて人生を生きた人である。尊徳は天明七（一七八七）年に生まれ、七十歳で生を終えた。それは幕末の国家的動乱期で、内憂外患《ないゆうがいかん》の時代であった。その時期に尊徳は貧困にあえぐ農民救済に焦点を定め、国事を一切論じず、一滴の血も流さず、一発の銃弾も撃たず、荒廃《こうはい》した全国六百余村を復興し、疲弊《ひへい》した藩の財政を再建した。その根本は四つの教えに尽きる。

「至誠《しせい》を本《もと》とし、勤労を主とし、分度《ぶんど》を体とし、推譲《すいじょう》を用とす」

まごころを根本に置き、懸命に働き、自分の分限に応じて暮らし、今年得たものは来年のために譲る。子孫に譲り、社会に譲る——この報徳思想の普及と実践が、偉大な成果を生んだのだ。

尊徳にはこういう言葉もある。

「それ我道《わがみち》は人々の心の荒蕪《こうぶ》を開くを本意とす。心の荒蕪一人開くる時は、地の荒蕪は何万町あるも憂《うれう》るにたらざるが故なり」

我が道は人々の心の荒蕪を開拓するのが本意である。一人の心の荒れ地を開拓すれば、土地の荒れ地が何《ヘクタル》あろうが心配することはない。必ず開拓できる、というのである。人心の荒蕪を開拓する——この一点に焦点を定めて生きたのが尊徳の人生であった。

最後に『菜根譚《さいこんたん》』の言葉を紹介する。

「末路晩年《まつろばんねん》、君子宜《くんしよろ》しく精神百倍すべし」

物事の終わり、また人生の晩年、君子たる者は精神を百倍にして立ち向かっていけ、という。

また、こうもいう。

「人の小過《しょうか》（小さなあやまち）を責めず、人の陰私《いんし》（そっとしておきたい隠し事）を発《あば》かず、人の旧悪（ふるい悪事）を念《おも》わず。三者以《もっ》て徳を養うべく、また以て害に遠ざかるべし」

この三つを実行すれば徳を養うことができ、つまらぬ恨みを買わないで済む、というのである。

人生、どこに焦点を定めて生きていくか。先哲の言葉はそれを端的に示してくれている。

長の一念

二〇一四年六月号

中国の古い昔、法遠《ほうおん》という坊さんが師匠に弟子入りを願い出た。禅門は簡単に入門を許さない。玄関で待っていると師匠が現れ、いきなり桶《おけ》の水をバサッとかけた。他の志願者は皆腹を立て帰っていったが法遠だけは残り続け、入門を許された。弟子になって間もないある日、師匠が外出した。法遠は蔵に入り、普段は食べられないご馳走《ちそう》をつくって皆に振る舞った。ところが、思いがけず予定より早く師匠が戻ってきた。師匠は激怒し、法遠を寺から追い出したばかりか、ご馳走した分を町で托鉢《たくはつ》してお金で返せ、と要求した。法遠は風雨の日も厭《いと》わず托鉢を続け、ようやくお金を返した。すると師匠は「おまえが托鉢している間野宿をしていたのは寺の土地だから家賃を払え」と迫った。法遠はその言葉に従い、また黙々と托鉢を続けた。その様子をじっと見ていた師匠は弟子を集め、自分の後継者が決まった、と宣言し、法遠を皆に紹介した――。

弊社主催の徳望塾で円覚寺《えんがくじ》の横田南嶺《なんれい》管長が述べられた話である。これに続いて、横田管長はご自分のことを話された。

横田管長は四十五歳で円覚寺の管長に選ばれたが、なぜ自分が選ばれたのか分からない。ただ一つ、これかなと思うものがある。それは「ここを離れない」という一事。どんなことがあってもここから離れない。ここを見限らない。ここに踏みとどまる。自分が貫き得たのはこの一つ。それを師匠は見てくれていたのではないか、と横田管長は話されていた。ここを離れない――長の一念はここに始まりここに尽きるのではないだろうか。

国であれ会社であれ家庭であれ、あらゆる組織はそこにいる長がどういう一念を持っているかで決まる。それがすべてといっていい。

『致知』三十五年、様々な分野の長にお会いしてきたが、すぐれた長には共通して二つの条件があることを強く感じる。一は「修身」、二は「場を高める」。この二点に意を注がない長は長たる資格がない、と断言できる。

気まま、わがまま、ムラッ気を取り去る。修身とはこのことである。さらには、公平無私、自己犠牲、先義後利《せんぎこうり》（目先の利益を追わない。義務が先、娯楽は後）を率先垂範《そっせんすいはん》することである。長が私意をほしいままにして、組織が健全に成長するわけがない。

次に場を高めること。長たる者は自分のいる場に理想を掲げ、そこに集うすべての人をその理想に向け、モチベートしていく人でなければならない。「適切な目標を示さず、社員に希望を与えない経営者は失格である」とは松下幸之助の言葉だが、まさに至言である。

加えてもう一つ、長の一念を安岡正篤《まさひろ》師が明示している。

「偉くなることは必ずしも富士山のように仰《あお》がれるためになるのではない。なるほど富士山は立派だけれど、それよりも立派なものは大地である。山を載せて一向に重しとしない。限りなき谷やら川やらを載せて敢《あ》えて厭《いと》わない。常に坦々《たんたん》としておる。この大地こそ徳である。われわれもこの大地のような徳を持たねばならぬ」

最後に、最近逝去された経営コンサルタントの船井幸雄さんの晩年の言葉を付記する。

「四十余年経営コンサルタントをやってきて分かったことがある。どうしたら経営がうまくいくか。それはそこにいる人が命を懸けている。それが第一条件。いるところに命を懸ける。これが大事」

長として欠かせない姿勢であり、一念である。

自分の花を咲かせる

——二〇一四年七月号

人間各自、その心の底には一個の天真《てんしん》を宿している――森信三著『修身教授録』でこの一節に触れた時、心が吸いつけられるような戦慄《せんりつ》を覚えた。人は皆、天からその人だけの真実を授かってこの世に生まれてくる。その真実を発揮していくことこそ、すべての人に課せられた使命である。自分の花を咲かせるとは、この天真を発揮して生きることに他ならない。

昔、ある人にこういう話を聞いた。オリンポスの神々が集まり、「幸せになる秘訣《ひけつ》をどこに隠したら、人間がそれを見つけた時にもっとも感謝するか」を話し合った。「高い山の上がいい」「いや、深い海の底だ」「それよりも地中深く埋めるのがいい」と議論百出。すると、一人の神が「人間の心の奥深いところに隠すのが一番だ」と言い、全員がその意見に賛成した、という話である。

幸せの秘訣は人間の心の奥深くにある。自分の花を咲かせる秘訣は心の中にある、ということである。だが、心の奥深く隠されているが故に、秘訣に気づかぬままに人生を終える人も少なくない。どうすればその秘訣に気づき、自分の花を咲かせることができるのか。

まず、自らの命に目覚めること。自分がここにいるのは両親がいたからであり、その両親にもそれぞれ両親があり、それが連綿と続いて、いま自分はここにいる。どこかで組み合わせが変わっていたら、あるいは途絶えていたら、自分はここにいない。自分の命は自分のものではない。すべて与えられたものだ。その自覚こそ、自分の花を咲かせる土壌になる。

次に大事なのは「一つ事」を見つけること。この一事をもって人生に立っていく。あるいはいま携わっている仕事をもって自分の一つ事にする。そう決意することである。

第三に大事なのは、その一つ事に本気になること。折しも相田みつを美術館で「坂村真民と相田みつをの世界」展が開催されている。それぞれ独自の花を咲かせた二人に「本気」と題する詩がある。

「本気になると／世界が変わってくる／自分が変わってくる／変わってこなかったら／まだ本気になってない証拠だ／本気な恋／本気な仕事／ああ／人間一度／こいつを／つかまんことには」――坂村真民

「なんでもいいからさ／本気でやってごらん／本気でやれば／たのしいから／本気でやれば／つかれないから／つかれても／つかれが／さわやかだから」――相田みつを

こういう言葉もある。

「プロというのは寝ても覚めても仕事のことを考えている。生活すべてが仕事。そこがアマチュアとの絶対差だ」――相田みつを

「一に求道《ぐどう》　二に求道　三に求道　四に求道　死ぬまで求道」――坂村真民

一道に命を懸けた人の凄《すさ》まじい気迫が伝わってくる。この覚悟と実践なしに自分の花を咲かせることはできない、ということだろう。

最後に、花を咲かせようとする者に天は力も与えるが、試練も与える。その時の心得。

「風雪に耐えただけ
土の中に根が張るんだな」――相田みつを

「苦がその人を鍛えあげる
磨きあげる　本ものにする」――坂村真民

一刹那正念場

二〇一四年八月号

一刹那《いちせつな》とは一瞬ということである。正念場《しょうねんば》は歌舞伎からきた言葉。一曲・一場の最も重要なところ、ここぞという大事な場面を指す。一瞬一瞬を人生の最も大事なところ、人生の勝負どころ、本番と捉えて真剣に生きよ、と教えている言葉が一刹那正念場である。

人生は山登りに譬《たと》えられる。山登りには登る人と下りる人がいる。それは年齢ではない。「九十％の人は山を下りている。九十％の人は力を出し切っていないからだ。人生の山を登っている人は十％」と言うのは人材教育家の井垣利英《いがきとしえ》さん。

なるほど、と思う。そういえば、明治期のリーダーたちは、「自分が一日怠ければ、日本の進歩が一日遅れる」という気概を持って生きていた。当時の日本には山を登っている人が多かった、ということである。だから日本は日清日露の戦いに勝利し、世界に伍《ご》していくことができたのだといえる。

井垣さんはこうも言う。「一時間は一分が六十回。一日は一時間が二十四回。ひと月は一日が三十回。一年はひと月が十二回。十年は一年が十回」。十年後どんな自分になっているか。何となくいまよりもよくなっている、と思っている人が多い。しかし、いまの生き方がそのまま十年後のその人の生き方であり、年を取った分だけ人生は下り坂になっている。そうならないためには、いま目の前にあることに全力を尽くすこと、その姿勢を習慣にすること――井垣さんの言葉は一刹那正念場に生きる大事さを説いてあまりある。

一道を極めた人は皆、一刹那正念場を体現して生きた人である。

詩人の坂村真民さんにこういう一文がある。

《三万六千五百朝（棟方志功《むなかたしこう》）
なんといういい言葉だろうか。百年生きたって僅《わず》か三万六千五百朝だ。一朝だってムダにしてはならないんだと、腹にしみわたるような言葉だ》

百年生きたって三万六千五百朝しかない。はやるような思いで棟方志功は研鑽《けんさん》したのだろう。そして、坂村真民さんもその言葉に深く共感し、この一文を刻んだのだろう。お二人の思いが私たちの腹にも沁《し》みわたってくる。

生前ご親交の深かったお二人をお迎えし、画壇《がだん》の孤峰《こほう》・中川一政《かずまさ》さんのことを語り合っていただいたが、中川さんもまた、一刹那正念場を生きた人であった。

中川さんが九十七歳の時に揮毫《きごう》した「正念場」の書がある。初めてその書を見た時の畏怖《いふ》に近い感動を忘れることができない。この人は九十七歳にしてなお正念場の日々を生きようとしているのか。九十七歳になってこれからが本当の人生の正念場だと思っているのか。求道一筋に生きんとする人の気迫が、書には溢《あふ》れてていた。

中川さんが残された極めつけの言葉を二つ。

「稽古《けいこ》をしてはならぬ。いつも真剣勝負をしなければならぬ」

「一つ山を登れば、彼方にまた大きな山が控えている。それをまた登ろうとする。力つきるまで」

すべての道に生きる者に不可欠の覚悟というべきだろう。本誌もまた、その覚悟をもって一道を歩み続けたい。

万事入精

二〇一四年九月号

初めてこの言葉に触れた時、すっと背筋が伸びるような思いがした。万事入精《ばんじにっせい》――万事に丹精を込めていく。あらゆることに誠心誠意を尽くしていく。万事を成す所以《ゆえん》を一語に凝縮した宝玉《ほうぎょく》のような言葉である。

住友家の創業者・住友政友《まさとも》の言葉だという。政友が奉公人のために商売の心得を説いた「文殊院旨意書《もんじゅいんしいがき》」の冒頭にこう記されている。

「商事《あきないごと》は言うに及ばず候《そうら》へども万事精に入れらるべく候《そうろう》」

一六五〇年頃、徳川将軍で言えば三代目家光の時期に説かれた教えは時空を超え、現代にも万古不易《ばんこふえき》の光を放っている。

住友家に限らない。万事入精は古《いにしえ》より日本人のDNAとして連綿と受け継がれてきた資質のように思われる。あらゆる事物に精緻《せいち》を極めようとする日本文化のありようは、その発露《はつろ》ともいえよう。

もう随分前のことになるが、ヤナセの創業者・梁瀬《やなせ》次郎さんから聞いた話がある。梁瀬さんは戦後の復興を担って総理大臣を務めた吉田茂氏と親しかった。ある時、吉田氏が言ったという。

「日本は戦争で全土が焦土と化した。その日本が僅《わず》かな期間で目覚ましい復興を遂げた。なぜだと思うか。資源など全《まった》くない日本がなぜこんなにも早く復興できたのか。日本には一つだけだが、貴重な資源があったからだ。それは日本人の勤勉性という資源だ」

梁瀬さんは膝《ひざ》を打って共感した。

勤勉性は万事入精と同義である。何事も疎《おろそ》かにせず、懸命に取り組む。一億国民の勤勉性、即ち万事入精の精神が日本の驚異的な復興の基であったことを私たちは肝に銘じたい。

『安岡正篤《まさひろ》一日一言』に「傳家寶《でんかほう》」と題する一文がある。その一節。

事の前に在りては怠惰《たいだ》
事に当っては疎忽《そこつ》
事の後に於《お》ては安逸《あんいつ》
是《こ》れ百事成らざる所以《ゆえん》なり

大事なことがあるのに準備もしないで怠けている。実行の場面ではいい加減で軽率。終わったら何の反省もせず、ああやれやれと気を緩めてしまう。こんなことを繰り返していては何事も成功しない、という戒めである。この教えを噛《か》みしめたい。事の前にあっては準備万端、事に当たっては全心全力、事の後は必ず反省・検証する。私たちはこの姿勢を忘れてはなるまい。

『森信三訓言集』は万事入精の人生を生きるための心得が随所に散りばめられた名著である。そのいくつかを紹介する。

▼人間は片手間仕事をしてはならぬ。やるからには生命を打込んでやらねばならぬ。

▼人間の修養は一つずつである。その時その時、自分の為すべきことを正確に行うことである。

▼すべて一芸一能に身を入れるものは、その道に浸り切らねばならぬ。躰中《からだ》の全細胞が、画なら画、短歌なら短歌にむかって、同一方向に整列するほどでいなければなるまい。つまりわが躰の一切が画に融け込み、歌と一体にならねばならぬ。

九十七年、万事入精の人生を生きられた森信三先生の原点の言葉である。拳々服膺《けんけんふくよう》したい。

夢に挑む

――二〇一四年一〇月号

地球上にはどれくらいの生物がいるのだろうか。おそらく何百万種、いや何千万種の生物が生息しているのだろう。だが、地球上の全生物中、夢を見、夢に挑み、それを実現させてきたのは人間だけである。人間だけになぜそれが可能だったのだろうか。

一九七四年、アメリカのジョハンソン博士のグループが、エチオピアのハダールで人類の祖先の頭蓋骨《ずがいこつ》を含むほぼ全身骨格を発掘、それをルーシーと名づけた。この骨格の研究によって、人類誕生は四百万年前、誕生の地はアフリカというのが定説になった、と脳生理学者の大島清氏から伺ったことがある。ルーシーは骨格年齢から見てほぼ二十歳。これは当時の平均寿命だったという。身長百十センチ。体重二十七キロ。ルーシーがサルでも類人猿でもなく人類だと言える根拠は、その額《ひたい》である。サルやチンパンジーの額は水平だが、現代人は垂直。ルーシーの額には垂直に向かう特徴があるのだ。そして重要なのは大後頭孔《だいこうとうこう》——脊髄《せきずい》が頭蓋骨に出てくる穴。牛や馬など四足歩行の動物は、これが斜め後ろについている。ルーシーのそれは真下。これはルーシーが直立して歩いた証拠である。直立二足歩行。これこそ人間を人間たらしめた最大のもの、なのである。

二本足で歩くことで両手が使えるようになり、その手は道具を使うようになり、火をおこし、言葉を話すようになる。このことは、人間だけが夢を見るようになることと真っすぐに繋《つな》がっているように思えるのである。

人類の歴史は夢に挑んできた歴史である。文明史は夢の挑戦史と言っていい。夢に挑み、幾多の困難を乗り越えて夢を実現した人たちには、等しく共通したものがある。困難を「障害物」ではなく「跳躍《ちょうやく》台」にしたことである。「すべての逆境にはそれと同等かそれ以上に大きな恩恵の種子が含まれている」とナポレオン・ヒルは言っているが、そのことを身体で知っていたということである。

その典型はトーマス・エジソンである。エジソンは一八四七年、アメリカ・オハイオ州に生まれ、八十四歳でその生涯を閉じた。その間に成した発明、改良は三千に及ぶ。三十歳で電話機や蓄音機を生み出し、その翌年、三十一歳で人類史上に画期をもたらした実験に取りかかる。白熱電球の発明である。実験に打ち込むこと一年。五千回もの失敗を繰り返し、一八七九年、三十二歳のエジソンはついに白熱電球四十五時間連続点灯に成功した。いまから百三十五年前。それまで人類は夜はローソクやランプで暮らしていた。夜は暗いものと決まっていた。その生活を電灯という灯りを創り出すことで一変させたのだ。有名な逸話がある。「電球を完成させるのに五千回も失敗したそうですね」という新聞記者の質問に、エジソンはこう答えたのだ。「五千回も失敗したって？　そんなことはない。うまくいかない五千通りの方法を発見するのに成功したんだよ」

折しも本号ご登場のトヨタ名誉会長・張《ちょう》富士夫氏が創業者・豊田佐吉翁の言葉「百忍千鍛事遂《ひゃくにんせんたんことつい》に全《まっと》うす」を紹介している。エジソンの言葉と見事に重なり合うことを見落としてはならない。

最後に、どなたの言葉だったのか失念したが、昔、手帳に書き留めておいた言葉を記す。

「夢を持て。希望を持て。夢を持たぬ人生は動物的には生きていても、人間的には死んでいる人生」

魂を伝承する

——二〇一四年一一月号

人間には血脈と同時に法脈というものがある、と故伊藤昌哉《まさや》氏（政治評論家）から教わったことがある。血脈とは文字通り血を継ぐことであり、法脈とは心、精神——魂を伝承することである。

多くの会社を見てきたが、血脈の人というだけで会社を継がせて失敗する事例は多い。血脈の人が法脈の人になっているかどうか。それが事業継承の成否を分ける大きなポイントなのだと痛感する。血脈の人でなくとも法脈の人であれば、事業を立派に継承することができる。あらゆる道、事業の継承は法脈の人を得るかどうかの一点にかかっている、といえる。

小川三夫氏が初めて法隆寺五重塔を見たのは高校二年の修学旅行の時だった。「この塔は千三百年前に建ったものです」というガイドの説明に、千三百年前にこの大きな木をどうやって運んだのか。塔の上のあの相輪《そうりん》はどうやってあそこに運び上げたのか。感嘆は大きな感動に変わり、この建物を創った人の血と汗と信念を学びたいと、宮大工になることを瞬時に決意したというのは、天賦《てんぷ》の才と言うべきかもしれない。

小川氏は高校卒業と同時に、当時「法隆寺の鬼」「最後の宮大工棟梁《とうりょう》」といわれた西岡常一《つねかず》氏に弟子入りを申し込む。だが、「いまは仕事がないし、高卒でこの道に入るのは遅い」と入門を許されなかった。氏は長野の仏壇屋で修業しながら時期を待つ。ようやく弟子入りの願いが叶《かな》ったのは、二十二歳の時だった。

入門した小川氏に棟梁は「一年間はテレビ、ラジオ、新聞に一切目をくれるな。ただただ刃物研ぎだけをしなさい」と言った。小川氏はその教えを忠実に守った。三か月ほど経った頃、棟梁が鉋《かんな》で木をすうっと引き、一枚の鉋屑《かんなくず》を渡してくれた。それは真綿を広げたような鉋屑だった。小川氏はそれを研ぎ場の窓ガラスに張り、刃物を研いでは削り、練習した。二十年間の棟梁との生活で直接手本を示されたのは、その鉋屑一枚だけだったという。だが、志の高い弟子は師の一挙手一投足《いっきょしゅいっとうそく》から無限の教えを吸収していった。

そんな小川氏にも迷いの時はあったのだろう。ある時、薬師寺の管長を務めていた高田好胤《こういん》さんにこう言われたという。

「私は世間からタレント坊主といわれているが、そんなことは構わない。薬師寺のことだけを考えて私はやっている。お前も余計なことを考えず、西岡常一棟梁のことだけを考えて仕事をしなさいや」

こんなことをしていて、一人前の宮大工になれるのだろうか——ふと兆《きざ》す小川氏の迷いを一気に吹き払ってくれる言葉だった。

小川氏は言う。「批判の目があったら学べません。素直でないと本当の技術は入っていきません」。

渡部昇一氏が豊臣秀吉について書いている。秀吉は織田信長に対して、あの人はすごい人だ、俺は到底及ばないという謙虚な姿勢を素直に出して接していた、と記し、こう締めくくっている。

「人は心底尊敬した人物から知らず知らずのうちに多くのものを学ぶ。学者でも偉い先生に心底から尊敬している弟子は器量がどんどん大きくなる。しかし、先生を批判したり表面的に奉《たてまつ》るだけになると成長が止まる」

魂を伝承し法脈の人となる要諦《ようてい》が、お二人の言葉に凝縮している。

発想力

二〇一四年一二月号

一つの局面が出現する。どのように対処し如何《いか》に克服していくか。幾《いく》つもの方法が考えられる。だが、それは確かな成果に結びつかなくては意味がない。確かな成果をもたらす方法を発想する力量。それが発想力である。それは同時に発想を実行、実現する力をも含む。

人類の歴史は先人が展開してきた数々の発想力によって形造られてきた、といえる。その発想力の典型のような人物がおり、出来事がある。織田信長と桶狭間《おけはざま》の戦いである。

永禄三（一五六〇）年五月十日、今川義元《いまがわよしもと》率いる約三万の軍勢が尾張に向け進撃を開始した。十八日、沓掛城《くつかけじょう》に入った義元は軍議を開き、十九日未明を期して一斉攻撃を開始し、本隊は夕刻大高《おおだか》城《じょう》に入ることを決めた、といわれる。

対する織田側は軍勢約三千。圧倒的な兵力差である。織田の命運もこれまでかと家臣は悲痛な面持《おもも》ちだったが、信長は出先の砦《とりで》五か所に計約千人の兵を配しただけで何の命令も出さず、清洲城《きよすじょう》に籠《こ》もって動かない。「運の末には知恵の鏡も曇るとはこのことなり」と愚痴《ぐち》る重臣もいたという。

だが、信長は何もしなかったのではない。秘《ひそ》かに綿密な情報網を張り巡らし、敵の動向に全神経を注いでいたのだ。

十八日深夜（十九日未明ともいう）、今川軍先鋒《せんぽう》が丸根《まるね》、鷲津《わしづ》両砦への攻撃開始の報《しら》せとともに、「義元十九日大高泊まり」の情報を信長は手にした。信長は動き出す。幸若舞《こうわかまい》「敦盛《あつもり》」を舞った後、全軍出陣の号令を発し、側近数騎を従えただけで駆け出した。

夜明け頃、熱田《あつた》神宮に到着。ここで約一千の織田軍がようやく追いつく。信長は「神殿の奥で武具の音がした。これは吉兆だ」と全軍の士気を鼓舞《こぶ》、先頭に立って進軍し、善照寺《ぜんしょうじ》砦の高地に馬を止めた。正午頃だったという。

その間、今川軍は織田側の砦を次々と攻略。「義元が戈先《ほこさき》には天《てん》魔鬼神《まきじん》も忍《たま》べからず。心地はよしと悦《よろこ》んで緩々《ゆるゆる》として謡をうたはせ陣を居《す》えられ候《そうろう》」と『信長公記《しんちょうこうき》』にある。

さて、どうするか。その時、謀将簗田正綱《やなだまさつな》から「義元、軍をとどめて昼食中。場所は田楽狭間《でんがくはざま》」の報せが届く。それは信長が鶴首《かくしゅ》して待っていた情報だった。

豪雨が上がった午後二時、信長は義元本陣に奇襲攻撃をかける。義元の本陣は土地の有力者が献上した酒肴《しゅこう》に酔い、豪雨を避けて幕《ばく》舎《しゃ》に入っていた。信長はその隙《すき》を突き、義元の首を討った。主将を失って今川軍は崩壊した。

うつけといわれた若年期に馬で山野を駆け巡り、地形を熟知していたことは発想の下敷きになった。桶狭間の複雑な地形が勝負どころ、という発想である。そして、相手は三万の軍勢ではなく義元ただ一人、という発想が結びついて、この勝利となったのだ。

時に信長二十六歳。まさに発想力の勝利である。

最後に松下幸之助の言葉を二つ紹介する。経営の一道を極め続けた人の言葉は、普遍の真理を衝《つ》いてまことに味わい深い。

「かつてない困難からはかつてない革新が生まれ、
かつてない革新からはかつてない飛躍が生まれる」

「執念のある者は可能性から発想する。
執念のない者は困難から発想する」

二〇一五年

一月号～一二月号

堅忍不抜

二〇一五年一月号

一九一三年、一人の若者がフランスのプロヴァンス地方の、普通の人なら足を踏み入れないような山道を歩いていた。海抜千三百メートルのそのあたりはどこまで行っても草木もまばらの全《まった》くの荒れ地だった。

若者は三日ほど歩き続け、かつて数戸の人家があったらしい廃墟《はいきょ》に辿《たど》り着いた。若者の水筒は昨夜から空っぽ。水を探したが、一つあった泉は涸《か》れ果てていた。

さらに歩くこと五時間。遙《はる》か彼方《かなた》に立っている小さな影が見えた。近づくと羊飼いの男だった。周りには三十頭ほどの羊が寝そべっている。男は皮袋から水を飲ませてくれ、高原の窪地《くぼち》にある小屋に連れていってくれた。そこには深い井戸があり、水はそこから汲み上げているのだった。

男はどっしりとした石造りの小屋に住んでいた。そこここに修理の手が加えられ、以前は廃屋《はいおく》だったことが分かる。男は無口だったが、温かいスープをふるまってくれ、若者が泊まることを承知してくれた。食事が済むと男は小さな袋からドングリを広げ、丹念に選《え》り分ける。完全な形をしたドングリを百粒選び出し、それから床《とこ》についた。

翌朝、若者はもう一日泊まらせてほしいと頼み、仕事に出掛ける男についていった。小さな谷間で羊を放すと、男はさらに山道を登っていく。二百メートルほど登ったところで男は地面に鉄棒を突き立てて穴を掘り、その穴に一つひとつドングリを落としては土を被《かぶ》せていく。

「このドングリはカシワの木の種だ。三年前からこの荒れ地にカシワの木を植えている」

若者の質問に男はそう答えた。

まず十万個の種を植えた。そのうち、二万個が芽を出した。その半分がだめになっても、残る一万本のカシワの木がこの不毛の地に根付くことになる、と。

年齢を聞くと、男は五十五歳だという。以前は農場を持ち、家族と一緒に暮らしていたが、突然一人息子を失い、間もなく奥さんも後を追った。男は孤独の世界に籠《こ》もるようになった。だが、何かためになる仕事がしたいと、不毛の地に生命の種を植え付けることを始めたのだという。

「もう三十年もすれば一万本のカシワの木が育つわけですね」

若者が言うと、男は言った。

「もし神さまがわしをあと三十年も生かしてくださるならばの話だが……。その間ずっと植え続ければ、いまの一万本なんて大海のひとしずくになる」

翌日、若者は男と別れて旅立った。

その翌年第一次大戦が始まり、若者は五年の歳月を戦場で過ごした。戦争から戻ると、若者はまた羊飼いを訪ねていった。一九一〇年に植えたカシワの木は十歳になり、若者の背丈をとうに越していた。その素晴らしい光景に若者は言葉を失い、ただ林の中を歩き回った。

林は三つの区域に分かれ、長さ十一キロメートル、幅三キロメートルに及んでいた。それはこの無口な男がなんの技巧も凝《こ》らさず、手と頭でつくり上げたものだ。涸れていた小川にとうとう水が流れ、小さな牧場や菜園や花畑が次々に生まれた。

ただこの変化はとてもゆるやかに現れたので、気ぜわしい日常を送る人びとを、驚かすことはなかった。豊かに育った若木を見ても、大地と自然のほんの気まぐれのせいと考えて、感動する者はなかった。一人の男がつくり上げた見事な作品だとは、誰にも想像できなかった。

一九二〇年から、若者は一年をおかず男を訪ね続けた。親交が深まるにつれ、また自身も年齢を重ねるにつれ、若者は気づいた。男にはなんの迷いも疑いもないように見えたが、どんな大成功の陰にも逆境に打ち勝つ苦労があり、いかに激しい情熱を傾けようと勝利を確実にするためには、時に絶望と闘わなければならない、ということを。

ある年、男は一万本ものカエデを植えたが苗は全滅、彼は絶望の淵《ふち》に立たされた。カエデを諦《あきら》め一年後にブナを植え、これがようやくカシワ以上に育った。この類希《たぐいまれ》な不屈の精神は全く孤独の中で鍛えられたのだ。

男は第一次大戦中と同様、第二次大戦中も黙々と木を植え続け、一九四七年、バノンの養老院で安らかに八十九歳の生涯を閉じた。

フランスの作家ジャン・ジオノ作『木を植えた男』に描かれた男の物語である。

「古《いにしえ》の大事を立つる者は、ただ超世の才を有するのみにあらずして、また必ず堅忍不抜《けんにんふばつ》の志あり」――と蘇東坡《そとうば》は言っている。

古今東西、人類の歴史には堅忍不抜の人生を生きた多くの先達の姿がある。それらの人たちの生き方に思いを馳《は》せ、私たちもまた自らの人生を全うしたいものである。

未来をひらく

——二〇一五年二月号

日本には二百年以上続いている会社が三千社ある、という。五百年以上続いてきた会社は百二十四社。千年以上というのも十九社あるというから、日本の企業の長寿力は世界の中でも群を抜く。

五百年、千年続くとなると、常に未来をひらいていかなければ叶《かな》わない。時代の激流に流されず、その時代その時代に深く根を張り未来をひらいてきた企業には、どういう特長があるのだろうか。

老舗を研究してきた田中真澄氏は、老舗に共通する精神を二つあげている。一は「地味にコツコツ泥臭く」。二は「おれがおれがの〝が〟をすてて、おかげおかげの〝げ〟で生きる」。

『ビジョナリーカンパニー』の著者（ジェームズ・C・コリンズとジェリー・I・ポラス）は、長年にわたり素晴らしい業績をあげてきた会社が衰退する理由の第一に、「傲慢《ごうまん》」をあげている。自ら培《つちか》った成功譚《たん》にあぐらをかく時に企業は崩壊する、というのだ。

個人の運命も同様だ。時代、国を超えて古《いにしえ》の先哲が等しく説くのは、傲慢になった時、天はその人の足をすくう、ということである。

未来をひらくにはもう一つ、学ぶべき普遍の条件がある。

幾世紀にもわたってヨーロッパを制してきた大国ローマはなぜ衰退したのか。紀元前一世紀、ローマの休日は百五十九日あった、という。そのうち九十三日が無料の見せ物の開催日数だった。それが紀元四世紀になると休日は二百日になり、無料見せ物開催日数は百七十五日にふくらむ。建国時の勤勉、質実の風はどこへやら、一年の半分を無料のパンとサーカスに明け暮れる遊民の国になった。

国民が働かなくなり、防衛は外国人傭兵《ようへい》に任せ、民風が堕落した。この三つの悪循環によって、ローマは亡国の道を辿《たど》った。

弘法大師空海の言葉がある。

「三綱《さんこう》弛《ゆる》び紊《みだ》れて
五常《ごじょう》廃《すた》れ絶《た》ゆるときは
則《すなわ》ち旱澇《かんろう》飢饉《ききん》し、邦国《ほうこく》荒涼《こうりょう》たり」

君臣、父子、夫婦の大事な道が弛み乱れ、人間として常に行うべき仁義礼智信の五つの道が廃れ絶えてしまう時は、日照りや長雨が起こり、飢饉となり、国は荒廃する、ということである。

あらゆる荒廃は心の荒蕪《こうぶ》から起こる、といったのは二宮尊徳だが、その尊徳はこうもいう。

「それ我《わが》道は人々の心の荒蕪を開くを本意とす。心の荒蕪一人開く時は地の荒蕪は何万町あるも憂《うれう》るにたらざるなり」

自分が目指しているのは人々の心の荒蕪をひらくことだ。一人の心の荒蕪がひらかれたら、何万町の荒れた地もすぐに豊かな地に変えることができるから憂えることはない、というのである。

一個人の心のありようがその人の運命の昇沈を決め、一国の興廃を決める――私たちの未来をひらくエキスは、歴史に凝縮している。

最後に『大学』の言葉を紹介する。

「一家仁《じん》なれば一国仁に興《おこ》る／一家譲《じょう》なれば一国譲に興る／一人《いちじん》貪戻《たんれい》なれば一国乱を作《おこ》す／その機此の如《かく》し／これを一言《いちげん》事を僨《やぶ》り／一人《いちにん》国を定むと謂う」

上に立つ者が思いやりの心、譲る心をもっていると国中がそうなるが、貪欲な心をもっていると人民もそれに倣《なら》い乱を起こす。上に立つ者の一言一行が一国の治乱を決する、の意である。

未来をひらく原点はここにあることを、我われは肝に銘じたい。

成功の要諦

二〇一五年三月号

慈雲尊者《じうんそんじゃ》。宗旨宗派を超えて仏教の真髄を道破したといわれる江戸中期の高僧である。哲学者の森信三師は、道元《どうげん》、親鸞《しんらん》にまさるとも劣らない、と高く評価されている。名筆家としても知られ、「本来人」の書がある（左掲）。

人らしい人になれ、という意味のようだが、縦に長く引き伸ばされた「本」の字を見ていて、これは「本《もと》来たりて人となる」と読むのではないかと思った。人は誰でもその人だけの真実を天から授かって生まれてくる。天真である。尊者のいう「本」とはこのことである。天真を発揮した時に人は初めて人となる。天真を発揮しないと本当の人にはなれない。人間の成功とはそのことだ、と尊者は「本来人」の三文字で私たちに教えてくれているのではないかと思う。

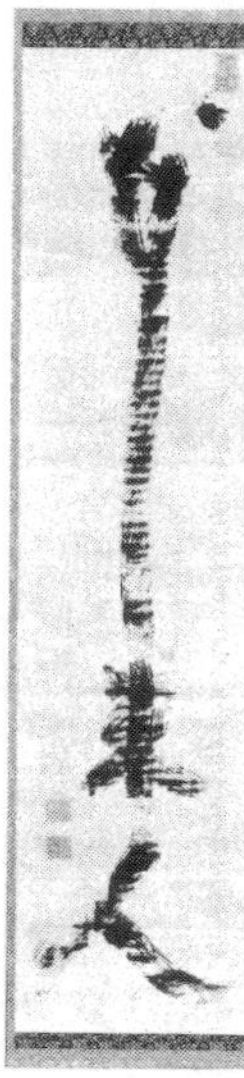

経営の王道を生涯求め続けた松下幸之助氏に、これに符合する言葉がある。

「成功とは自分の天分を発揮し尽くすことだ」

成功の本質を衝いて深妙である。

このほど、京セラ名誉会長稲盛和夫氏の『成功の要諦《ようてい》』を弊社より出版した。稲盛氏五十五歳から八十一歳までの六篇の講演録が収められている。折節《おりふし》に語られたものだが、時代国柄を超えて普遍の哲理に溢《あふ》れ、一篇一篇がまさに稲盛流経営哲学の教科書といえる。

六十年前、鹿児島から一人の青年が出てきた。大学は志望校に入れず、卒業しても就職先がなく、自分は運がないと思っていた。この青年が京セラを創業し、第二電電を起こし、五兆円もの企業を率いる大経営者になろうとは、誰が想像し得たろう。

その稲盛氏がいかにして今日の成功を得たか。本書の全篇にそのヒントが鏤《ちりば》められている。

本書の前書きでも触れたが、古来、人の上に立つ人の必読書とされる『大学』の冒頭に、「大学の道は明徳を明らかにするにあり」とある。人の上に立つ人にとって一番大事なのは明徳を明らかにすることだ、というのである。明徳とは法則のことである。あらゆるものに法則がある。会社ならこうすれば発展し、こうすればだめになるという法則がある。人間の運命にも盛衰を分ける法則がある。その法則を明らかにし人々に知らしめていくことが、人の上に立つ人にとって一番の大事だ、と『大学』は教えている。

稲盛氏は破綻《はたん》したＪＡＬの再建を引き受け、二年八か月で再上場に導いた。この一事だけでも、稲盛氏が体得された明徳の大きさ、深さをうかがうことができる。

本書を通読して、二つの感慨がある。

一つは、人間は意識が大事、意識がその人の運命を決める、ということである。稲盛氏も最初に入った会社に不平不満を持っていた時は運命が開けなかった。自分は素晴らしい会社で素晴らしい仕事をしていると思い、感謝するようになって、運命が好転したという。

二つは、稲盛氏も自分の人格を一人でつくったのではない、多くの人たちとの縁、めぐり会いの中で人格を形成していった、ということである。稲盛氏はいただいた恩に報いんとして生きてこられた。

この実践が氏を大きな高みに導いた。成功の要諦の核をそこにみる思いがする。

一を抱く

二〇一五年四月号

毎年初日の出を拝むたびに、湧き出るように浮かんでくる和歌がある。明治天皇の御製《ぎょせい》である。

あさみどり澄みわたりたる大空の廣《ひろ》きをおのが心ともがな

さしのぼる朝日のごとくさはやかにもたまほしきは心なりけり

自己修養のお心の強さが伝わってくる御製である。明治天皇はそういうお方であったのだろう。御製をもう一首。

冬ふかき池のなかにもほとばしる水ひとすぢはこほらざりけり

池の全面が凍ってしまうような真冬の寒さでも、ほとばしる水は凍らない、と詠《よ》まれている。

明治というのは西欧の技術文明が怒濤《どとう》のように押し寄せ、日本が国のあり方を見失いかけている時代でもあった。明治二十二年、『日本』という新聞を発刊した陸羯南《くがかつなん》は、その創刊の辞に当時の様相をこう述べている。

「近世の日本は其《そ》の本領を失い自ら固有の事物を棄《す》つるの極《きわみ》、殆《ほとん》ど全国民を挙《あ》げて泰西《たいせい》（西洋）に帰化せんとし、日本と名づくる此《こ》の島地は漸《ようや》く将《まさ》に輿地図《よちず》（世界地図）の上にただ空名を懸《か》くるのみならんとす」

全国民が西洋に心を奪われ浮き足立っている様子が、端的に記されている。こういう潮流の中で明治天皇の御製は詠まれたのである。どのような時代の変遷に遭おうとも、日本は日本を日本たらしめているものを見失ってはならぬ――明治天皇が抱かれた一とは、これではなかったろうか。深く噛《か》みしめたい三首の御製である。

話を転じる。去る一月二十四日、弊社は東京プリンスホテルで新春大会を開催した。講師にお招きしたのは裏千家の千玄室《せんげんしつ》大宗匠と女優の山本富士子さん。千氏は八歳から茶道の修業に入り、九十一歳の今日まで八十余年、茶道一筋の人である。山本さんは十八歳で初代のミス日本に選ばれ、以来、女優一筋の道を歩んできた。

千氏で目を見張らされたのは、動作の俊敏さである。会場に向かう姿をお見かけしたが、走らなければ追いつけないほどの速度で歩かれる。一時間二十分の講演も終始背筋をビシッと伸ばし、千二百人の聴衆を時に笑わせ時に涙させ、会場を感動の渦に巻き込まれた。

山本富士子さんは会場にその着物姿を現しただけで大きな拍手が湧いた。年齢を超えた美しさへの感嘆の拍手だった。自らが心の糧としてきた言葉を紹介された講演は、透き通った明るい声が真っ直ぐ聴衆の胸に入ってきて、新春の幕開けにふさわしい大会になった。

お二人の体には半世紀以上、ひたすら一道を歩まれた人、自らの心に一《いち》を抱《だ》き続けてきた人だけが発し得る輝きがあった。

お二人の話を拝聴しながら、一つの言葉を思い出していた。禅の言葉、「向上向下《こうじょうこうげ》の道」である。

「人は皆生まれると、知らぬうちに向上門をくぐり、向上に励む。己とは何かを問いかけ、一歩一歩向上の道を上っていく。しかし、それは独りの道である。一人を究《きわ》めんとする孤独の道。その道の先には向下門という門がある。それは自分が究めたことを世の人々に示せるか、どんな人にも分かる言葉で示せるかを試される門。この向下門を下り得た者のみが本当の意味での人生の合格者だ」

お二人はこの向上向下の道を歩まれている。それは生涯にわたって「一を抱く」者のみに可能な世界である。

二度とない人生、私たちもまた一を抱いて生きたいものである。

人生心得帖

二〇一五年五月号

幕末の儒者、佐藤一斎の言葉。
「一燈《いっとう》を提《さ》げて暗夜を行く。暗夜を憂《うれ》うることなかれ。ただ一燈を頼め」

人生行路は暗夜を行くようなものだが、一燈があれば転んだり道を踏み外したりすることはない、と一斎は教えている。

では、一燈とは何か。古今東西の先哲が残した、生きていく上での範となる人生心得こそ、その一燈になるのではないだろうか。

清《しん》代末、十三年に及ぶ太平天国の乱を平定した哲人政治家、曾国藩《そうこくはん》が自分の息子に、お前の態度は浮ついている、その欠点を正すには早起き・有恒《ゆうこう》・重厚に留意せよ、と教えている。この三つの中でも特筆すべきは有恒だろう。恒有《つねあ》り。ムラッ気がなく一貫している、ということである。恒のない者が大成することはない。

また、曾国藩は息子にこうも教えている。
「父はお前が大官になることは願わない。読書明理の君子《くんし》になってほしい。勤倹《きんけん》自ら持し、労苦に習い、順境にも逆境にも変わりなく処していくのが君子である」

現代にも通じる心得であろう。

経団連会長を務め、国鉄民営化に大きな役割を果たした土光《どこう》敏夫氏は、ビジネスマンにこういう言葉を残している。
「会社で八時間懸命に働くのは当たり前。当たり前でないのは会社が終わってからの時間をどうするかだ」

パブソンという人が過去百年に世界の実業界で活躍した人たちを調べて、同様のことを言っている。
「彼らが成功した要因は、彼らが例外なしに会社が終わってからの時間が大切だと思っていた点に求められる」

一人の時間をどう使うか。それが運命を決めるということである。

弊社刊の致知手帳の付録にも「人生心得帖」がついている。その中から、二つの言葉を紹介する。
「成功している人はみな、途中であまり道を変えていない。いろんな困難があっても志を失わず、最後までやり遂げた人が概して成功している」——松下幸之助
「制限の中において初めて名人はその腕を示す」——ゲーテ

人生を深く生きた人ならではの肝に銘じたい人生指針である。

作家の三浦綾子さんの言葉もズシリと心に響く。
「馴《な》れるということは何と恐ろしいことであろう。馴れることによって感謝すべきことを不満の種にしてしまうのだ」

最後に、陸紹珩《りくしょうこう》の編著になる『酔古堂剣掃《すいこどうけんすい》』にある言葉。
「君子に三惜《さんせき》あり／この生を学ばず、一に惜しむべきなり／この日間過《かんか》す、二に惜しむべきなり／この身一敗《みいっぱい》、三に惜しむべきなり」

君子に三つの惜しむべきことがある。一に折角《せっかく》人間に生まれて、どう生きるか学ぼうとしないこと。二に毎日をだらだら過ごしてしまうこと。三に自分の人生を自分で失敗に持っていってしまうこと。

自分で自分の人生を失敗に持っていく愚は避けたい。自分なりの人生心得帖を持ちたいものである。

天地を開く

――二〇一五年六月号

ここに一冊の本がある。『修身教授録』。著者は森信三先生。五百三十ページを超える大冊である。初版は昭和十五年。国語教育の第一人者といわれた芦田恵之助《あしだえのすけ》氏が部厚い謄写《とうしゃ》版刷りを読み感動、全五巻にまとめ発刊し、当時の隠れたベストセラーとなった。縁あって弊社がこれを新装出版したのが平成元年。いまも熱心な読者を得てすでに四十版を重ね、驚異のロングセラーになっている。

昭和十二年、大阪天王寺師範専攻科で倫理・哲学を教えていた森信三先生は、本科一部生の「修身」も受け持つことになった。先生は真に役立つ授業をと考えられ、検定教科書は使わず、自分で選んだテーマを口述、生徒に筆録させた。口述はもっとも筆録の遅い生徒に合わせたという。こうして古典的名著となる貴重な記録が残ることになった。その中から昭和十二年四月～昭和十四年三月の二年分の講義を改めて編集したのが、弊社刊の本書である。

本書を読み返すたびに抱くのは、僅《わず》か一時間の授業でよくこれだけ濃密な内容を盛り込んだ講義ができたものだ、という感慨である。当時、先生は四十歳前後だった。

森先生は全身で授業に取り組み、一天地を開かれたのである。

森信三先生は明治二十九年、愛知県知多郡に端山《はしやま》家三人兄弟の末っ子として生まれた。祖父は第一回国会議員であり、愛知県会議長を四期十六年も務めた地方の名士だった。だが、先生が生まれた翌年に母が不縁となり去る。先生は小作農の森家にもらわれた。養父母は共に律儀で実直な人。これが救いで、先生終生の感謝となる。

小学校を首席で卒業するも養家の事情で中学受験を断念、母校の給仕となる。十七歳で愛知第一師範入学。二十一歳で卒業、二十三歳で広島高等師範へ。ここを二十七歳で卒業し、二十八歳で京都大学哲学科（本科三年）入学。卒業後さらに大学院で五年間学び首席で卒業。この年齢の嵩《かさ》みは先生の苦学の軌跡を示すものだが、結局、京都で職に就けず、母校の広島高師にも迎えられなかった。先生は住み慣れた京都を離れ、大阪郊外に移り住んだ。その時、「天地の間にただ一人立つ」の感慨にむせんだという。

端山家から森家の養子となり中学進学を断念したのが第一の逆境なら、これは第二の逆境だった。だが、この逆境こそ森信三先生がその後の人生に一天地を築いていく礎《いしずえ》になったのだと思われる。

『修身教授録』の授業が行われていた頃、専攻科の生徒がやはり先生の授業内容や様子を記録していた。それは『森信三訓言集』として出版されている。その中にこういう言葉がある。

「人間は他との比較をやめて、ひたすら自己の職務に専念すれば、そこに一天地が開けるものである。それは人は、全的統一の立場に立てば、すべて外なき故に独立自全、全体が小宇宙となり、一天地となるが故である」

「すべて人間というものは、たとえ頭脳は大した人ではなくても、その人が真に自覚さえすれば、一個の天地を拓くことが出来るものです。だから人間は、世間的な約束事などには囚われないで、自分のしたいことは徹底的にやり抜くんです。そうすれば、そこに一つの火が点《とも》されます。如何《いか》に長いトンネルでも、掘る手を止めねば、何時かは必ず貫通するようなものです」

人はどんな境遇においても一天地を開くことができる。森先生の生き方が私たちに教えてくれているのはそのことである。

生きる力

二〇一五年七月号

青年は臨済宗妙心寺派の寺に妹三人の一人息子として生まれた。小学校で教師に僧職を否定されたこともあったのだろう、青年は寺を継ぐのを嫌い、大学を出るとサラリーマンになった。その日の気分だけで過ごす若者にとって、サラリーマンは気楽な稼業だった。

ある日、会社の行事で講演会が開かれた。講師は鎌倉円覚寺管長の朝比奈宗源《あさひなそうげん》老師。青年は寺の出ということで課を代表して講演会に出席する羽目になった。寺を嫌った自分がなんで坊主の話を聞かにゃならんのか――。気分は乗らない。青年は会場の片隅に座ると、早速睡魔に襲われた。と、朦朧《もうろう》とした頭に老師の声が響いてきた。「人間は仏心の中に生まれ、仏心の中にいて、仏心の中に息を閉じよ」。青年はムカッとなり、途中で会場を出た。サラリーマンに話すのに仏教用語なんか使うな、現代語で勝負しろ――。しばらくして、人事担当から電話が入った。朝比奈老師が貴賓室《きひん》に戻られたから、寺出身のよしみで老師にインタビューせよ、という。面白い、天下の名僧とやらをからかってやろうじゃないか――。

老師と対座した青年は、「私には仏心とやらが全《まった》く理解できません」と切り出した。「お前さんは幾つじゃ」と老師。「二十五歳です」「二十五歳か。それじゃ仏心は分からん」「どうしてですか」「お前さん、わしの話をどこを向いて聞いておった?」「先生のお顔を見つめて聞いておりました」「そうか。わしの面《つら》の皮一枚しか見ておらなかったのか。それじゃ仏心は分からん」「どこを見たら仏心が分かるというのですか」「そうじゃな。人間の目に見えぬものを見るんじゃ」「そんなもの、見えるわけがないじゃないですか」。

そう吐き捨てる青年に、老師は「わしはお前さんと話をしているのが退屈じゃ。わしはもう帰るぞ」と立ち上がった。「なぜ私と話をするのが退屈なんですか。理由を言ってください」と青年はなおも迫った。老師は真顔で言った。「わしにはお前さんが、一生は一回しかないことを意識して生きているとは思えん。そんな若造としゃべる気がせんのじゃ」「一生は一回しかないなんてことは、小学生だって知ってますよ」。

老師は青年を見据えて言った。「ほう、そうか。それならわしが質問しよう。一生は一回しかないな。もう二度と人間に生まれることはないな」「はい」「じゃ、聞くぞ。その二度とない人生をお前さんはどういう命題を持って生きていくのか。お前さんの人生のテーマを言ってみい」。青年は息が詰まった。そんなことは考えてもみなかった。

「黙っていては分からん。お前さんの人生のテーマは何だ。さあ、言え。さあ」。うろたえる青年に老師は続ける。「一生は一回しかないというのに、二十五歳にもなって人生のテーマがないとはなあ。人生には分かっているものが二つある。生と死だ。その生と死を結ぶ一回をどう生きるか。こんな大切なことを分からんままに生きていていいと思うか」「思いません」「だろう。だから古人は、一生一道、使命に燃えて生きろと言った。使命とは、お前さんは一体何に命を使っておるかということじゃ。さあ、言え。言ってみよ」。

老師の気迫に青年はうつむくばかりだった。

数日後、青年は「そうだ、自分は朝比奈老師のような人間になりたい」と決意、禅の一道に自分を投げ出し、以後の人生を禅僧として生き切った。いまは亡き松原哲明《てつみょう》氏の若き日の話である。

生きる力の根源をこの逸話に見る。二度とない人生をどう生きるか。そのテーマを定めた時、そこに生きる力は湧いてくるのである。

力闘向上

二〇一五年八月号

去る五月十六日、北海道の京王プラザホテル札幌を会場に全国各地から千名の参加者を得て、第五回社内木鶏全国大会を開催した。

今回発表企業に選ばれたのは、北海道地区代表・リージョンズ、東北地区代表・ヤマイシ、関西地区代表・ヒロセ、中国地区代表・タイピック、九州地区代表・阿蘇立野病院の五社。いずれも社内木鶏を導入し、社員が変わり会社が変化していった事例を感動的に語り、エールを切り、参加者から惜しみない拍手が送られた。参加者全員の投票の結果、感動大賞に輝いたのはヒロセであった。

「一人のめざめは百人に及び、百人のめざめは千人に及び、千人のめざめは社会全体に及ぶ」

社内木鶏企業の発表を聞くたびに胸に浮かぶのは、この松下幸之助氏の言葉である。一人の社長のめざめが周囲を大きく変えていく実例が、社内木鶏企業の発表には溢《あふ》れている。

特に今回、大賞に選ばれたヒロセの社員、松谷晋さんの発表には心を揺さぶられた。「人々の心の中に明徳と名づけたる無価の宝あり」（すべての人の心の中に明徳という値段のつけられない宝がある）と中江藤樹は言っているが、社内木鶏こそその明徳を発揮させる最高の道場になると、松谷さんの発表で教えられた。

松谷さんは三十三歳でヒロセに途中入社した。頭は金髪。気に入らないと上司だろうと食ってかかっていく。そういう社員だった。

社長が社内木鶏を始めることを告げた時も、「なにィ、本を読んで感想文を書くゥ?　人前で発表するゥ?」と反発。「たかが汲み取り屋、ゴミ取り屋やん。何でそんなことせなあかんねん」と社長に直談判に及んだ。社長は言ったという。

「私はそれが嫌やねん。あんたたちが自分の仕事に誇りも持てへん。世間からは、きつい、危険、汚い、レベルの低い社員って思われているのが、私は悔しくてたまらんのや。そやから私は木鶏会を通じて本を読む力、読んで感想を書く文章力、感想を人前で発表する発言力をつけて、あんたたちが世間に馬鹿にされない、自分の仕事に誇りを持てる会社にしたいんや」

涙声だった。社長の熱い思いは電流のように松谷さんを貫いた。

「冷め切っていた心に熱い火が灯り、この社長に応えたいと思い、真剣に社内木鶏に取り組むようになった。最初は一、二行だった感想文も、いまでは用紙いっぱい書けるようになった」と言う。

最後にこう締めくくる。

「こんな私を見捨てずに根気よく、熱い思いでまっとうな人間に導いてくれて、人を思いやる心、感謝、感激、感動の心を養わせてくれた社長に、心から感謝します。そして木鶏会を通じて教養力、自分の仕事に誇りを持てるよう導いてくれた致知出版社の方々に、心から感謝致します」

力闘向上《りきとうこうじょう》。松下幸之助氏の言葉である。

「事業を経営することも商売を営むことも、そのこと自体が真剣の戦いである以上、これを戦い抜く精神が旺盛でなければ、結局敗者にならざるを得ない。ただし、その戦いたるや、正々堂々でなくてはならぬ。よい意味における闘争心、正しい意味における競争精神なきところ、事業の成功も個人の向上も絶対に望めない」

三K（危険・汚い・きつい）の三文字を「感謝・感激・感動」に変えたいと決意し、全社員の反発に遭いながらそれを果敢に実行、貫徹した女性社長の姿に、力闘向上の精神の化身《けしん》を見るのである。

百術は一誠に如かず

――二〇一五年九月号

百術不如一誠。百術は一誠に如《し》かず。どのような権謀術数を弄《ろう》そうとも、一つの誠を貫くことにかなうものはない――この言葉の出典は詳《つまび》らかではないが、古来、日本人がその精神の根底に等しく有していた価値観であったように思われる。即ち日本人を日本人たらしめていた価値観である。

この言葉の典型のように生きた先人は多い。二宮尊徳（金次郎）はその最たる人である。

尊徳が衰退荒廃《こうはい》した桜町の復興を小田原藩主・大久保忠真《ただざね》から依頼されたのは文政四（一八二一）年。尊徳は固辞したが、忠真の三度にわたる丁重な要請に、ついにこれを引き受けた。尊徳が妻波子と三歳になる弥太郎を連れて桜町に移ったのは三十七歳の時だ。

この時、尊徳は自分の家屋敷、田畑をすべて売り払っている。背水の陣で一家を挙げての桜町赴任。尊徳の覚悟がうかがえる。私財を売り払って得た七十八両は、桜町の復興資金に充てている。

桜町は百年の衰退の結果、土地は痩《や》せ、人心は荒廃を極めていた。日が昇っても雨戸を開けない家が多い。無頼《ぶらい》、怠惰《たいだ》の風が領内の村を覆っていた。

赴任した尊徳は朝四時起床、村中を隅々まで巡回することから始めた。領内百五十戸の家と家族の様子や人柄、四千石の領地の有様《ありさま》を頭に刻みつけるためである。この朝四時起床、そして夜は十二時就寝、食事は一飯一汁（時に一菜）の生活は、尊徳が桜町の再建を果たすまで続いた。

尊徳が第一に取りかかったのは、荒れた神社仏寺の修復だった。桜町衰退の最大の因《いん》は人心の荒廃にあると見て、感謝報恩の心を興す拠《よ》り所を神社仏寺の修復に向けたのである。また、屋根や便所などが壊れた家もすぐに直した。そういう状態では気が滅入り、働く意欲が削《そ》がれるからである。善行者、篤行者《とっこう》の表彰も熱心に行った。

こうした努力は人々の勤労意欲を徐々に甦《よみがえ》らせ、形のある成果になっていった。村人は尊徳に信頼を寄せ、その教えに従うようになった。だが、中にはそっぽを向き、妨害する者もいた。厄介なのは、小田原藩から派遣される勤番の武士に、尊徳の施策を批判中傷する者がいたことである。中でも尊徳が桜町に来て六年目に赴任してきた豊田正作は、反対派の百姓と結託《けったく》、復興をことごとく妨害した。

文政十二年正月、尊徳は江戸に出て藩主に新年の挨拶を済ますと消息を絶った。桜町は大騒ぎとなった。八方手を尽くして捜《さが》すと、尊徳は成田山新勝寺で二十一日間の断食《だんじき》修行に入っていたのである。そして四月六日、満願の日。尊徳は「不動尊とは動かざること尊し」と悟りを得、「たとえ背中に火がついても桜町から離れない」と不動の決心をし、一杯のおかゆをすすって二十里（八十キロ）の道を下駄《げた》で歩いて桜町まで帰ったという。

以後、反対者は消え、復興は急速に進み、十年目の天保二（一八三一）年、ついに桜町の再建は成就した。

悟りを得たあとの道歌がある。

「見渡せば敵も身方《みかた》もなかりけりおのれおのれが心にぞある」

「打つ心あれば打たるる世の中よ打たぬ心の打たるるはなし」

『報徳記』にある尊徳の言葉が甦ってくる。

「一人の心はまことに僅々《きんきん》たるが如《ごと》しといえども、その至誠に至りては鬼神これが為に感じ、天地の大なるもの、これが為に感動す」

百術不如一誠を体現した人の生き方に学ぶものは多い。

先哲遺訓

——二〇一五年一〇月号

「人古今《ここん》に通ぜず、聖賢を師とせずんば、則《すなわ》ち鄙夫《ひふ》のみ。読書尚友《しょうゆう》は君子の事なり」

吉田松陰の言葉である。人は古今の中から学ぶべき聖賢をみつけて師としなければ、つまらない人間になってしまう。自分を少しでも立派にしようと思う者は、読書を通じて古《いにしえ》の聖賢を師友としなければならない、ということである。

金蘭生輯録《しゅうろく》『格言聯璧《かくげんれんぺき》』にはこういう言葉がある。

魚・水を離るれば則ち鱗《うろこ》枯る
心・書を離るれば則ち神索《さび》し

魚が水から離れると鱗が枯れて死んでしまう。同じように、心が聖賢の書から離れてしまえば、薄っぺらなさびしいものになってしまう、の意である。

なぜ先哲遺訓に学ぶのか。学ばなければならないのか。二人の先賢の言葉に余すところがない。

本誌も創刊以来今日まで歩み得たのは、たくさんの先哲遺訓に導かれた賜《たまもの》に他ならない。

◎人間は本物に出会わなければ、本物になれない。
——坂村真民

◎本物は続く。続けるから、本物になる。
——東井義雄

◎一流の人は、弁解をしない。
——三浦綾子

いずれも心を鼓舞鼓吹《こすい》された言葉である。

歩まれた道はそれぞれに異なるが、明治に生を得て大正、昭和の長きにわたって自らの一道を深められた四人の先哲からも、直接間接、大きな恩恵をいただいた。

◎与えられた運命の先に、自分の人生を築いていく。それが人物というものであり、人物の条件である。
——安岡正篤《まさひろ》

◎努力することの本当の意味は人に勝つことではなく、天から与えられた能力をどこまで発展させられるかにある。
——平澤 興《こう》

◎人間の真価はその人がいつまで道を求めるか、その緊張持続の長短によって、測り得べし。

——森　信三

◎強固な信念がなければ価値ある生き方はできない。柔軟な融通さがなければ、心豊かな生き方はできない。

——松下幸之助

噛《か》みしめれば噛みしめるほど味わい深い先哲遺訓である。『致知』三十七年の歴史の折節《おりふし》に、これらの言葉によって与えられた力の大きさを思わずにはいられない。

伊與田覺《いよたさとる》氏のご労作『仮名論語』の愛蔵版を、このほど弊社より出版した。七歳から百歳になる今日まで九十三年、毎日『論語』を一章ずつ読み続けている氏からは、先哲遺訓に学ぶ姿勢を身をもって教わった。

永年師と仰いできた安岡正篤師が八十六歳で亡くなったのは、伊與田氏六十七歳の時。師を失い、次第に立つ気力をなくしていく自分を、氏はどうすることもできなかった。翌年、安岡師一周忌の席で新井正明氏（関西師友協会会長・故人）が『論語』の一節を引用して挨拶を述べた。伊與田氏はこれに非常な衝撃を受けた。その一節とは——。

「子曰《しのたま》わく、力足らざる者は中道《ちゅうどう》にして廢《はい》す。今女《なんじ》は畫《かぎ》れり」

（力のない者は中途で倒れる。お前はやりもしないで、自分でできないと言っているだけだ）

これが頂門《ちょうもん》の一針《いっしん》となった。伊與田氏は『論語』全文に仮名をつけて浄書《じょうしょ》することを決意。香を焚《た》き、一字一字に祈りを込めて書き上げたのが『仮名論語』である。

真に先哲の遺訓に学ぶなら、人は七十歳からでも新たな人生をスタートさせることができる。伊與田氏の人生はそのことを私たちに教えてくれている。

その伊與田氏の言葉。

「自己自身を修めるにはあまり効果を期待せず、静々《しずしず》と人知れずやられるといい。それを三十年、四十年とずっと続けていくと、風格というものができてくる」

こうも言う。

「西洋の老いは悲惨《ひさん》さがつきまといますが、東洋的な老いは人間完成に向けた熟成期なのです。年をとるほど立派になり、息をひきとる時にもっともすぐれた品格を備える。そういう人生でありたいものです」

九十余年、先哲の遺訓を噛みしめ、自省自修してきた人の言葉には人を奮起させる力がある。

遠慮——遠きを慮る——

二〇一五年一一月号

遠慮《えんりょ》とは、遠《とお》きを慮《おもんばか》ることである。〝遠き〟には二つの意味がある。時間的な遠い将来と空間的な広がりである。

よき人間関係を保つにも遠慮は必要で、そのために我々の祖先は礼という規範をつくった。時空間の遠きに思いを馳《は》せ、人に対しては言動を控え目にする。それができる人を大人という。子供は遠慮を知らない。礼を弁《わきま》えない。つまり、遠慮を知らず礼を弁えない人は、肉体的には大人であっても精神的には幼児性の域を脱していない人、ということになる。心したいことである。

いま・ここ・自分の都合だけでなく、遠い将来に思いを馳せ、彼方此方《あなたこなた》を慮る。そういう父祖の営みがあることによって、私たちはこの時代の繁栄を生きていることを知らなければならない。

学識の人、小泉信三《しんぞう》（慶應義塾大学塾長）にこんな言葉がある。

「日本の国土は自然によって与えられたものではない。長い年月の間に我々の祖先が手を加え造りあげ、我々に伝えてきたものである。土地の開墾《かいこん》、耕作、道路、橋、ダム、港湾……有形のものばかりではない。宗教、道徳、制度、風俗、学問、芸術、その総《すべ》てを含む日本の文化。これこそ我々が祖先から受け継いで子孫に伝える最も大切なものである」

私たちの住む世界は父祖たちの遠慮の賜《たまもの》なのである。

個人の人生にも遠慮は欠かせない。『論語』衛霊公《えいれいこう》第十五にいう。

「人、遠き慮りなければ必ず近き憂いあり」

もし人が遠い将来を見通し、広く周囲を見回して深い思慮《しりょ》を巡らせておかないと、必ず手近なところに憂うべきことが起きてくる、ということである。人間通孔子ならではの身に沁《し》みる言葉である。

二宮尊徳もよく遠慮した人である。有名な秋ナスの話がある。

天保四（一八三三）年の初夏、ナスを食べたら秋ナスの味がした。地上は初夏でも地中はすでに秋になっていると感じた尊徳は、桜町の農民にヒエを播《ま》くよう指示した。果たせるかな、その年は冷害で稲は実らず凶作になったが、桜町では飢える者は一人も出なかった。

尊徳の抜きん出たところは、冷害は一年では終わらないと判断し、桜町の農民に天保五、六、七年と続けてヒエやアワ、大豆を植えさせ、それを蓄えさせていったことである。尊徳の予想通り大凶作は天保七、八年と続いて大飢饉《ききん》となり、全国の餓死者は数十万人にも及んだ。だが、桜町の餓死者は皆無だった。尊徳の深い遠慮が桜町の村民を救ったのである。

我が国の現代にも遠き慮りをされた先達がいる。例えば哲学者の森信三氏と事業家の松下幸之助氏はこういう言葉を残している。

「二〇二五年になったら、日本は再び立ち上がる兆しをみせるであろう。二〇五〇年になったら、列国は日本の底力を認めざるを得なくなるだろう」――森信三

「これからの日本は精神大国というか、徳行国家をめざして進んでいかなければならない」――松下幸之助

日本がそういう国になるには、一人ひとりのありようが問われる。福澤諭吉の言葉が重なってくる。「独立自尊之《これ》修身」。修身とは一人ひとりが独立自尊することだ、というのである。この前提なくして国の未来はない。そしてその鍵を握るのは教育以外にはない。

二人の先達が示すビジョンに日本を近づけるべく、各人が遠き慮りをなさねばならない時が来ている。

人間という奇跡を生きる――

二〇一五年一二月号

人間の命は奇跡の連続の上に成り立っている――このことは本欄でも何度か紹介してきた。中でも忘れられない話がある。本号にもご登場いただいている村上和雄、桜井邦朋《くにとも》両氏から伺った話である。

「人間の持っている遺伝子情報は、一粒の米を六十億に分けたほどの極小スペースに、一ページ千文字で千ページある大百科辞典三千二百冊分が入っている」――村上和雄氏

「太陽の中心核では四つの水素が融合して一つのヘリウムを作るが、水素の質量の〇・七%がエネルギーに転換して放出され、それによって太陽は輝いている。この放出量が〇・七一%だったら星の進化スピードが早すぎて、太陽はすでにない。〇・六九%だとスピードが遅くなり、ヘリウム結合ができず、百三十七億年たっても炭素が作られず、生命は生まれていない」――桜井邦朋氏

鮮烈だった。何かとてつもなく大きな意志が働いている。そうとしか思えない宇宙現象である。

一つの生命細胞が生まれる確率は、一億円の宝くじに百万回続けて当たるような確率であり、現代科学はいまだに一つの細胞も作れていない、とも教わった。

先日、上野の国立科学博物館で開催されていた『生命大躍進展』を見て、三十八億年前に地球の水中に生まれた単細胞生命が人類になるまでに、三回の大躍進があったことを知った。

第一の大躍進は五億年前。生物が目を持ったことである。

地球に誕生した生命は、三十億年以上もの間、単細胞生命のままだった。約五億年前、なぜか遺伝子が四倍になり、余分の遺伝子が新しい機能を進化させ、複雑な形をした目を持つ生物が突如現れた。その代表格はアノマロカリスというエビのような形をした体長一メートルほどの肉食動物。高性能の目を武器に獲物を巧みに捕らえた。よく見える目の獲得は生存競争における優位性の獲得であったのだ。

第二の大躍進は、哺乳類《ほにゅう》が胎盤《たいばん》を獲得したこと。胎内で育てることで赤ちゃんの生存率が高まったのである。

どうして胎盤を手に入れることができたのか。一億七千年前、その頃の哺乳類に強力なレトロウイルスが流行した。多くは命を落としたが、生き残った哺乳類の体内でレトロウイルスが生殖胎の内部に入り込み、ウイルスの遺伝子が組み込まれ、胎盤ができたのだという。ウイルス感染という逆境が生命を進化させたのだ。

第三は、哺乳類が大脳新皮質を獲得、脳が大きくなったこと。脳の形成に働く遺伝子にはアクセルとブレーキの役割をするものがある。哺乳類は一時的にブレーキ遺伝子が故障し、それによって脳細胞が増殖、大脳新皮質が形成される要因になったという。遺伝子の故障という不慮の事故で、人類は言葉と知性を獲得したのである。

こう辿《たど》ると、信じられないような偶然が積み重なって生命は進化してきたように思えるが、先の両氏のお話を重ねると、そこに一貫して流れる宇宙意志のようなものを感じずにはいられない。

私たちは限りない宇宙の恵みの中に生きているという思いが胸に迫ってくる。私たち一人ひとりの生命は無数の奇跡によって織り成され、いま、ここにある。

そのことに思いを馳《は》せ、自らの生を全《まっと》うすることこそ、すべての人に課せられた使命なのではないだろうか。

二〇一六年

一月号～一二月号

リーダーシップの神髄

——二〇一六年一月号

そこにどういう人がいるか。

大は国家から小は家庭に至るまで、複数の人間からなる集団は、それがどのような組織であれ、そこにどういう人がいるかで決まる。リーダーシップのあり方、その神髄が問われる所以《ゆえん》である。

神髄とは奥義のこと。辞書にそうある。本誌もリーダーシップについて度々取り上げてきたが、では、その奥義とは何だろうか。

まず第一は、リーダーは方向を示す人でなければならない。理想、夢を掲げることができる人、とも言える。目指すものを持たない組織に発展はない。リーダーは理想、夢を熱く語れる人でありたい。

第二は、人生には様々なことが起こる。自分の手に余るような想定外のことも起こる。リーダーは何が起ころうと倒れない、へこたれない人でありたい。

その人望を高く評価されていた住友生命の新井正明氏が言われたことを思い出す。

「人は窮地に立つと、逃げるか、ごまかすか、あるいは病気になるか。そのいずれかを辿《たど》る人が多いが、追い詰められた時に、その人の本当の値打ちが分かる」

本誌十月号でも渡部昇一氏が同じことを言われている。頭がよく、人柄がよくても、ガッツのない人はリーダーたり得ない、と。ガッツこそ、あらゆる条件に先立つリーダーの神髄と言える。

第三は、「君子、未萌《みほう》に見る」。

まだ事が起こらない前に、その前兆を察知して手を打っていく。時代の流れを読むことも、リーダーに欠かせない資質である。

第四は、「君子、時中《じちゅう》す」。

「中」には「当たる」の意がある。「時中」は時に当たって、その時に適《かな》ったことをすること。また、「中」には「結ぶ」の意もある。相矛盾するものを結んで、より高いものを創造することである。

まだ事が起こらない前に予兆を察知し、それに相応《ふさわ》しい手を打ち、新たな価値を創っていく。リーダーに不可欠の資質であろう。

これに付随して明代の哲人、呂新吾《りょしんご》にこういう言葉がある。

「福を無形に造り、禍《か》を未然に消す」

人の知らない間に福を造り、それが起こる前に禍を防いでおく。リーダーシップのあるべき姿を示してこれ以上の言葉はない。

第五は、私心がないこと。組織のことより自分の都合が先立つような人はリーダーたり得ない。言い換えれば、リーダーは集団のために損な役割を引き受けられる人でなければならない。

以前、稲盛和夫氏（京セラ創業者）の言われたことが焼きついている。会社は無機質の生命体。会社が自分からこうしてほしいと言うことはない。何も言わない会社に代わり、会社はどうしてほしいと思っているのかを考える。それが経営者である、と。

最後に、これらに先駆けて大事な条件がある。それは「真摯《しんし》さ」である。

ドラッカーは、リーダーにはマネジメント能力や先見性など幾つもの能力が求められるが、リーダーが絶対に持っていなければならない資質として、真摯さを挙げている。

真摯さとは真剣で誠実であるということ。先に挙げた五項目は、真摯さがあってこそ光を放つ。そして、この真摯さの一貫持続こそが、その人の徳望の基になる。徳望こそがリーダーシップの神髄の至高である。

一生一事一貫

二〇一六年二月号

このところ、『致知』を愛読する二十代三十代の人たちが増えてきた。『致知』をテキストに学び合う二十歳から三十五歳までの会――「致知若獅子《わかじし》の会」も東京、大阪を中心に全国に広がりつつある。

昨年九月二十六日、弊社主催の「二十代三十代のための人間力養成講座」を開催した。今回が四回目になる講座だが、過去最高となる千四百人もの人たちが全国各地から参集、熱気溢《あふ》れる会となった。

その国がどういう二十代三十代をもっているかでその国の将来は決まる。その思いから、人間学を学ぶ若者を一人でも多く増やさねばと始めた人間力養成講座だが、回を追うごとに確かな手応えを得てきた。そのことを主催者として何よりも嬉しく思う。

講座終了後、一通のお手紙をいただいた。千葉県船橋市で小学校教師を務めておられる宮本将輝さんからである。

「あれから早くも一週間、私の心の中に生じた一つの情熱の火が未だに燃え続けています。燃えている者にしか火を灯すことはできない。この言葉が片時も心を離れず、未だかつてないほどに情熱を持って仕事に励むことができています。子どもの様子にも変化が見られ始めました。……日本の未来をこの教室から照らすのだ、という強い意志を持って、この先も精進します」

『致知』の灯した小さな火が一人の小学校教師の心に燃え移り、さらに広がりつつある。その連鎖に、日本の未来に確かな光を見る思いがする。

人間学誌『致知』は三十八年前に創刊された。創刊時、こんな堅い雑誌は誰も読まない、と多くの人から言われた。

しかし、「いつの時代でも仕事にも人生にも真剣に取り組んでいる人はいる。そういう人たちの心の糧になる雑誌を創ろう」という理念を掲げて三十八年、堅い、難しいと言われながらも、『致知』は徐々に多くの読者に支えられるようになり、いま多くの若者の心もとらえる雑誌になった。

創刊時、不肖は三十歳。縁あってこの雑誌の編集に携わり、三十一歳で編集長を拝命、以後幾多の試練に見舞われながらも、諸縁に恵まれ、今日まで歩ませていただいた身には、感無量の思いがする。

十年一区切り必死の二年、という。物事が成功するには十年が必要だが、ただ十年あればいいのではない。その間、寝食を忘れた必死の二年がなければ物事は成就しない、という教えだが、編集長になった頃はまさにそういう時期だった。

ある人が車の中で鼻歌を歌い口笛を吹いているのを見て、ああ自分はこの一、二年、口笛など吹いたことがないと気づいた。それほど仕事に打ち込んでいた。一心不乱、無我夢中だった。

そしていま、思う。三十八年たったいまも、仕事に懸ける情熱はいささかも衰えてはいない。いや、当時に勝るとも劣らない情熱が、いまなお燃えている。

一生一事一貫《いっしょういちじいっかん》で歩み来た人生を幸いに思う。

折《おり》しも、この人も一生一事一貫の人生を歩まれた平澤興《こう》先生の講話選集・全五巻セットが出版される。その平澤先生の言葉。

「生きるとは燃えることなり。
いざやいざ進まん　この道　我が燃える道」

願いに生きる

二〇一六年三月号

この世に生を受けた誰もが、その人なりの願いを持って生きている。自己一身の名利栄達を求める願いもあれば、一切衆生《しゅじょう》の悩みを救わんとする大願もある。人々の抱く願いは千差万別である。だが、どんな願いであれ、願いに生きることは尊い。願いを抱いて生きることができるのは、人間だけだからである。「忘己利他慈悲《もうこりたじひ》の極み」と仏教は教える。一つの願いが他者をも幸福に導くものであれば、その尊さはいや増す。何を願うか。どんな願いを抱くか。その内容が人間の格を創る、とは多くの先賢が示すところである。

駿河には過ぎたるものが二つあり　富士のお山と原の白隠《はくいん》――と謳《うた》われた名僧白隠。だが、十九歳の頃、禅に失望したことがある。中国唐代に巌頭《がんとう》という禅の高僧がいた。この人は賊《ぞく》に殺される。その時の巌頭の叫び声が数里四方に響いたと聞き、悟りを開いた和尚でもその程度か、と禅に不信を持ったのである。

白隠は禅の修行に打ち込めなくなり、文学や書画に傾いていく。果ては当時詩文の第一人者とされていた美濃国瑞雲寺《ずいうんじ》の馬翁《ばおう》和尚を訪ね、もっぱら文学作品を読みふけって日を過ごした。だが、そういう生活に虚しさを覚えていたのだろう。ある日、馬翁和尚の蔵書を虫干しすることになり、白隠は手伝った。うず高く積まれた書物の山。白隠はそれに礼拝し、自分の師となる一書を授けたまえと祈《き》禱《とう》、一冊を抜き取った。それが『禅関策進《ぜんかんさくしん》』だった。その中に慈《じ》明《みょう》という僧の話が出ていた。慈明は徹夜で坐禅を組み、眠くなると、古人は「刻苦光明必ず盛大なり《こっくこうみょう》」（骨を折れば折るほど、その結果輝く光明はいや増す）と言っていると自分を叱咤《しった》、錐《きり》で腿《もも》を刺して修行した、とある。白隠は目が醒《さ》めた。自分は慈明ほど努力をしているか。否である。それからの白隠は「刻苦光明必ず盛大なり」を座右の銘とし、策進（自分を鞭《むち》打ち進む）したという。

後年、白隠は「衆生本来仏なり」（人は皆本来仏である）と説き、禅の教えの神髄をやさしく表現した『坐禅和讃《わさん》』を著し、一般の人々を覚醒に導くべく願い続けて八十四年の生涯を生きた。衆生済《さい》度《ど》の願いに生きた人生だった。

話は変わる。この正月、弊社新刊の『平澤興《こう》講話選集「生きる力」』を精読した。「その人の体から滲《にじ》み出る味わいでその人が分かる」とは平澤先生の持論だったが、どの巻のどのページにも先生のお人柄が滲む言葉に溢《あふ》れ、魅せられた。平澤先生ご自身はどういう願いに生きておられたのか。それは二つの言葉に凝縮できるように思う。

●人は単に年をとるだけではいけない。
どこまでも成長しなければならぬ。

●若人を希望をもって成長させる。
愛のある目で見る人にはそれが出来る。

こういう言葉も忘れ難い。

●君がおらぬと、周囲が困るような人になりなさい。

――『生きよう今日も喜んで』（弊社刊）より

最後に、本号にご登場いただいた横田滋・早紀江ご夫妻。当時中学一年生だっためぐみさんを拉致されて三十八年、そのご心中は察するに余りある。お二人の願いが一日も早く叶《かな》うことを、国を挙げての祈願としたい。

夷険一節

二〇一六年四月号

夷険一節《いけんいっせつ》――北宋《ほくそう》の政治家であり、学者、文化人として活躍した欧陽脩《おうようしゅう》の言葉である。「夷険」は土地の平らな所と険しい所を表し、「節」は節操の意。「一節」は節義を守って変えないことである。

人生、いい時もあれば悪い時もある。順調な時、人はともすれば調子に乗り慢心しやすい。逆に不運な時はうろたえ、意気消沈しがちである。人生の順境、逆境に振り回されず、態度、姿勢が一貫していることが夷険一節である。

東洋の先哲が等しく説いた人生の大事な心得である。

夷険一節の言葉そのままの人生を生きた人は多い。吉田松陰はその典型である。

ペリー二回目の来航は一八五四年の一月。松陰は金子重輔《じゅうすけ》とともに下田沖に停泊中の米艦に乗り込もうとして失敗、捕らえられた。三月二十七日のことである。その時の回顧録がある。

「この夜平滑という番人の獄に下す。獄只《た》だ一畳敷、両人膝を交へて居る、頗《すこぶ》る其の狭きに苦しむ」

そういう中にあって、松陰は牢の番人に向かって日本の日本たる所以《ゆえん》、外国の悪しき点、人の人たる道を声高《こわだか》に説いた。松陰の話に牢番は涙して感動したという。いま目の前にいる人を感化してやまない。ここに松陰の特長がある。

その後、十月二十四日、松陰は萩の野山獄《のやまごく》に投じられた。野山獄には性格狷介《けんかい》ゆえに家族の要請で牢に入れられ、生涯出る当てのない十一人の囚人がいた。例えば、最高齢者は七十六歳で在獄四十九年。十九年、十六年といった人もいる。

その人たちを相手に、一番年若い松陰が『孟子《もうし》』の講義を始める。入獄翌年（一八五五年）の一月十二日から始まり、完了したのは六月十日。囚人たちはこれに感動したのだろう、六月十三日から輪講が始まり、十一月二十四日、松陰が出獄を許される直前まで続いた。輪講の際、松陰は毎回感想や批評を筆録。それが『講孟箚記《こうもうさっき》』（上巻）となった。

その中で松陰は諸葛孔明《しょかつこうめい》の「鞠躬尽力《きっきゅうじんりょく》、死《し》して後已《のちや》む」（身を鞠《まり》のように縮めて全力を出し切り、死ぬまで努力する）を引用、これを道を学ぶ者の根源とした上で、こう語る。

「今且《かつ》諸君と獄中に在りて学を講ずるの意を論ぜん」（いま皆さんとこの獄中で『孟子』の勉強をなぜするのか話し合おう）――我われはいつ世に戻れるかも分からない囚人だから、学問をしても意味がないと言う人もいる。だが、それは利をもとにした考えだ。人として生まれて人の道、子として生まれて子の道、士として生まれて士の道を知らないでいるのは恥の至りではないか。だから、いつ牢を出るのか分からなくても、自分という人間を高めるために書を読み、道を学ぶのだ――松陰の熱誠《ねっせい》が伝わってくるような文章である。

この一年足らずの学びは、確かな形となって現れる。松陰が出獄した後、性格が変わったということで、一年を経ずして七人の囚人が放免となったのである。

いつ、どこにいても、いま目の前にいる人、いま目の前にある環境を少しでも高めずにはいられない――松陰はそういうやむにやまれぬ思いを持って、生涯を生きた。その意味では、夷険一節を超え、夷険を止揚《しよう》した人といえる。その姿に学ぶべきものは多い。

視座を高める

二〇一六年五月号

課長の宮崎（仮名）はある日、専務に呼ばれて、「地方営業所の立て直しをやってくれ」と指示された。その営業所は立て続けに五人も所長が替わっていた。そのうち三人は、そのまま会社を去っている。「あの人、あそこに行くの？　左遷《させん》だね」——社内の誰もがそう言った。宮崎自身もそう思った。

帰宅して妻に話した。「どうしてあなたがあんな所へ」と泣き騒ぐかと思ったら、ニコニコ笑って、「難しい営業所らしいけど、何とかなるわよ。行くのが楽しみ」と言った。「だってあなた、いまの会社が好きなんでしょ。社長さんを尊敬してるんでしょ」。

のしかかっていた暗雲がいっぺんに吹き飛んだ。宮崎の覚悟は決まった。就任三年、宮崎はメキメキ業績を伸ばし、売り上げで全営業所のトップとなり、所長会議で表彰された。

これは左遷だ、と思い込んだままなら、こういう結果にはならなかったに違いない。妻のひと言を契機に、宮崎は視座を高めることで自暴自棄に陥らず、運命を好転させたのである——人材育成家・染谷和巳《そめやかずみ》氏が著書に書いている話である。

歴史に目を移す。江戸幕末期、備中松山《びっちゅうまつやま》藩は財政危機に瀕《ひん》していた。藩主板倉勝静《かつきよ》は山田方谷《ほうこく》を元締《もとじめ》兼吟味役《ぎんみやく》、つまり財務大臣に大抜擢《ばってき》した。方谷はその重責を見事に果たし、十万両（現在の貨幣価値で約二百億円）の借金を八年で返済。そればかりか新たに十万両の蓄財を残した。本誌三月号「二十代をどう生きるか」で全日空相談役の大橋洋治氏が、その方谷のこういう言葉を紹介している。

「それ善く天下の事を制する者は、事の外に立ちて、事の内に屈せず」

十万両の借金というドツボにはまっていては、改革はできない。数字のドツボにはまらず、より高い視点に立った時、打つべき手は見えてくる、ということだろう。

即ち、方谷は視座《しざ》を高めることで藩の危機を救ったのである。

視座が低いと人は状況や環境に振り回される。視座を高めることで人は打つ手が見え、状況や環境を変えていくことができる。言い換えれば、視座を高めない限り、人は運命を高めることはできない、とも言える。視座を高めることは人生の大事である。

新渡戸《にとべ》稲造は『武士道』の著者として有名だが、新渡戸には『修養』という著書もある。六百二十二㌻。発行二か月で十一刷を重ねたベストセラーである。この本を渡部昇一氏がやさしく解説、『運命を高めて生きる—新渡戸稲造の名著「修養」に学ぶ』と題して弊社から出版している。その中にこういう話がある。

新渡戸は三十五歳の時に大病した。治るには八、九年はかかるというのが医師の見立てだった。彼が絶望に打ちひしがれたのは当然だろう。だが、いや、病気も修養の種にすればよい、病からも得るものはある、と見方を変えたら、いま自分は人生の半ばにきてひと休みしているのだ、という気持ちになった。そう思って療養していると一年ほどで治り、三十七歳の時に『武士道』を著すまでに元気を回復した、という。病気に対する視座を高めることで新渡戸の運命は大きく変わった。視座の大事さを語って余りある逸話である。

私たちもまた、視座を高めて人生の万変に処していきたい。

関を越える

――二〇一六年六月号

関。「かん」とも「せき」とも読む。「出入りを取り締まる門」と辞書にはある。

江戸時代、国境《くにざかい》に関所を設け、人や物の往来を取り締まった。通行手形がなければ関所を越えて他国へ行くことは許されなかった。容易に通過できない関所を難関といった。

人生にも関所がある。

「人生はしばしば出合わねばならぬ関所を幾つも通り抜ける旅路である」とは安岡正篤《まさひろ》師の言葉である。関所を越えることで人は人生に新しい世界を開いていくのである。

禅家の修行では、厳しさが極点に達したところで、よく「関」の一語を浴びせかける、という。それを越えることで、禅者は無礙《むげ》自在の境地に到達していく。在家も同じだろう。

関は人間を磨く通過門である。

本誌は、人生の関所を越えてきたたくさんの事例を紹介し続けてきた、といえる。なかでも、これほどの難関を越えてきた例は滅多《めった》にあるまい、と思われる人がいる。今年の新春大会にご登場いただき、千二百人の聴衆の心を深い感動で包んだ福島智《さとし》さん（東京大学教授）である。

福島さんのお話を初めてうかがった時、肌がチリチリ痛むような衝撃を覚えた。

福島さんは三歳で右目を、九歳で左目を失明、全盲となった。生来が楽天的、と本人はおっしゃるが、視力を失っても音の世界がある、耳を使えば外の世界と繋《つな》がることができると考え、実際、音楽やスポーツや落語に夢中になっていた、という。

だが、さらなる過酷な試練が全盲の少年を襲う。十四歳の頃から右耳が聞こえなくなり、十八歳、高校二年の時に残された左耳も聞こえなくなってしまったのである。

全盲聾《ろう》――光と音からまったく閉ざされた世界。福島さんはその時の状態を「真っ暗な真空の宇宙空間に、ただ一人で浮かんでいる感じ」と表現している。

なぜぼくだけこんなに苦しまなければならないのか、これから先、ぼくはどうやって生きていけばよいのか……不安、恐怖、絶望。懊悩《おうのう》の日々が続いた。

そんなある日。母親の令子さんが福島さんの指を点字タイプライターのキーに見立てて「さとしわかるか」と打った。「ああ、わかるで」と福島さんは答えた。

母親のこの指点字は壮大な転機となった。福島さんは真っ暗な宇宙空間から人間の世界に戻ってきたのだ。その時の感動を福島さんは詩に綴《つづ》っている。

指先の宇宙

ぼくが光と音を失ったとき
そこにはことばがなかった
そして世界がなかった

ぼくは闇と静寂の中でただ一人
ことばをなくして座っていた

ぼくの指にきみの指が触れたとき
そこにことばが生まれた
ことばは光を放ちメロディーを呼び戻した

ぼくが指先を通してきみとコミュニケートするとき
そこに新たな宇宙が生まれ
ぼくは再び世界を発見した

コミュニケーションはぼくの命
ぼくの命はいつもことばとともにある

指先の宇宙で紡《つむ》ぎ出されたことばとともに
この詩の意味するものは大きい。福島さんだけではない。すべての人の命は言葉とともにある。言葉のないところに人間の命はない。福島さんは身をもって、そのことを私たちに示してくれている。

同時にもう一つ大事なこと、絶望の淵《ふち》から人間を救うのは言葉である、ということ。どのような人生の難関も言葉という通行証を手にすることで乗り越えることができる、ということ。そのことをこの詩は私たちに教えている。

福島さんのお話を聞き、著書を読んで強く感じたことがある。福島さんには四つの特質がある、ということである。

一つは非常に明るいこと。二つはユーモアがある。三つは常に人に何かを与えようとしている。そして四つは、自分が主語の人生を生きている、ということ。

そこには被害者意識は微塵《みじん》もない。被害者意識で生きている人は何ごとであれ人のせいにする。人のせいにしている人に難関は越えられない。人生は開けない。

この四つの資質こそ、福島さんをして、普通の人なら絶望してしまいかねない人生の難関を越えさせた秘訣《ひけつ》であるように思うのである。

腹中書あり

二〇一六年七月号

「腹中書《ふくちゅうしょ》あり」は安岡正篤《まさひろ》師の座右銘「六中観《りくちゅうかん》」にある言葉である。
忙中閑《かん》あり——忙中に摑《つか》んだものこそ本物の閑である。
苦中楽あり——苦中に摑んだ楽こそ本当の楽である。
死中活あり——身を棄《す》ててこそ浮ぶ瀬もあれ。
壺中《こちゅう》天あり——どんな境涯でも自分だけの内面世界は作れる。
　どんな壺中の天を持つか。
意中人あり——心中に尊敬する人、相ゆるす人物を持つ。
腹中書あり——身心を養い、経綸《けいりん》に役立つ学問をする。
師は平生《へいぜい》ひそかにこの六つを反芻《はんすう》し、いかなる場合にも決して絶望したり、仕事に負けたり、屈託したり、精神的空虚に陥ったりしないように心掛けている、と言っている（『安岡正篤一日一言』）。

腹中に書を持つ生き方をした一人の女性のことを、円覚寺《えんがくじ》の横田南嶺《なんれい》管長が会報『円覚』に書かれている。

A子さんは若い身でがんになった。辛《つら》い闘病生活。その中で、病気を治すには体の治療だけでなく心も治さなければ、と思い立つ。そして手にした『致知』。中でも横田管長の連載に惹《ひ》きつけられた。

「坐禅の要領は、ほんの一時でも過ぎたことは気にしない、これから起こることも気にしない、この二つ」

ともすれば手術で失った体の一部を思い煩《わずら》い、これからの不安にとらわれがちなA子さん。そんな時、横田管長のこの簡潔な言葉に出逢い、いま現在をしっかり生きよう、こうして生きていることに感謝しよう、と思い直すことができたという。

「自分はお坊様のようにお寺で修行はできないが、病気とともに日常生活の中で生きている感謝、生かされている感謝を学ぶために、自分なりの修行をしたい」という手紙をA子さんは書き送ってきた。横田管長は「いま置かれている状況の中で、日常の生活の中で、感謝をもって生きることこそ最大の修行です」と返事した。

以来、手紙のやりとりが何度かあった。その中で、A子さんの容体が優《すぐ》れず実家に戻ったこと、まだ幼い子供がいることなどを横田管長は知ったという。そして、このように書かれた手紙がきた。

「この病を得なければ、私は心や人間、自分を高めようと読書や勉強をすることはなかったでしょう。悪いと思われても、そのかげにはよいことも隠されているのです。この間教会の前を通りかかったら、〈天の父よ、どんな不幸を吸っても吐く息は感謝でありますように〉という看板を見つけ、心に刻みました。病気でも苦しくても、いま私は生きています。それがすべての答えだと思います」

それがA子さんの最後の手紙となった。身内の方から亡くなったと横田管長が知らされたのは、それから間もなくだった。

大きな試練の中で『致知』に出逢い、師を見つけ、辛い日々を精いっぱいに生きた人の人生は、腹中に書を持つことの大事さを私たちに教えてくれている。

最後に、余震千五百回を超えた熊本地震。昨年「社内木鶏全国大会」に出場された阿蘇立野《あそたての》病院の上村理事長より連絡をいただいた。入院患者七十人は県外の病院に無事移送、建物は倒れないが内部は壊滅状態、再起のメドは立たないが、「厳しい状況にも前向きに頑張れるのは、『致知』で人間学を学んできたおかげです」とのこと。

腹中に書ありて困難に立ち向かう道友のあることを心強く思う。

思いを伝承する

――二〇一六年八月号

瀉瓶《しゃびょう》、という言葉がある。かめの水をそのまま他のかめに移し入れる、の意である。転じて、師は己の一道を通じて体得したものすべてを弟子に注ぎ込む、弟子もまた一滴もこぼさぬようにこれを受け止める、師と弟子の真剣な息が呼応して道は伝承される、ということである。思いを伝承する究極の姿を凝縮した一語である。

古来、多くの先哲が自らの思いを後進に伝えるべく、数多くの言葉を遺してきた。吉田松陰も「士規七則《しきしちそく》」の前文でそのことを述べている。

冊子を披繙《ひはん》せば、嘉言《かげん》林の如《ごと》く、躍々《やくやく》として人に迫る——先哲の言葉を記した書物を繙《ひもと》くと、素晴らしい言葉が林のように連なり、躍動《やくどう》するかのように迫ってくる、というのである。幼少期からこよなく書物を愛した松陰ならではの言である。

ちなみに、「士規七則」は松陰が叔父の子玉木彦介の元服に際し、立派な侍になってほしいという願いを込めて創案したもの。それは時代を超え、人物を導く指針となっている。松陰の思いは時空を超えて後世に伝承された、といえる。

士規七則は要約すると三つに帰す、と松陰は言っている。一は志を立てること。二は友を択《えら》ぶこと。三は聖賢の書を読むこと。この三つの実践によって人は磨かれる、というのである。

本誌もこれに倣《なら》い、士規七則の中から現代に生きる我われにも特に大事と思われる三つを紹介したい。

一、凡《およ》そ生まれて人たらば、宜《よろ》しく人の禽獣《きんじゅう》に異なる所以《ゆえん》を知るべし——人として生まれたからには、人と鳥や獣との違いがどこにあるかを知り、人としていかに生きるかを考えよ。

一、人古今《ここん》に通ぜず、聖賢を師とせずんば、則《すなわ》ち鄙夫《ひふ》のみ。読書尚友《しょうゆう》は君子の事なり——歴史に通じ、古今の聖賢を師として学ばなければ、いやしい人間になってしまう。君子は古《いにしえ》の書物の中に立派な人を見つけ、師としなければならない。

一、徳を成し材を達するには、師恩友益多きに居る。故《ゆえ》に君子は交遊を慎《つつし》む——徳を身につけ、能力を伸ばすには、師の導き友の助けが要る。だから、どういう人と付き合うかに慎重であれ。

吉田松陰が生涯一度も会えなかったことを惜しんだ人に橋本左内《さない》がいる。その左内の『啓発録《けいはつろく》』がこのほど、「いつか読んでみたかった日本の名著シリーズ」として出版された。その中で左内が述べている「人物を磨く要諦《ようてい》」は五つ。一、稚心《ちしん》（幼稚な心）を去れ。二、気を振るえ。三、志を立てよ。四、学に勉《つと》めよ。五、友を択べ。

先達が説く我づくりの原点は共通している。

最後に、この六月末、待望の『平澤興《こう》一日一言』が刊行された。平澤先生が後世に伝えんとされた思いが溢《あふ》れた一書である。アトランダムに取り出してみる。これを受け止めるのは我われである。

「若さを浪費するな。勉強を節約するな」

「年をとるほどに、私はいよいよ自らの人間の乏《とぼ》しさを感じるが、しかし、命のある限りは、やはり祈りをこめてなんとか自らの人間の味つけに燃え続けたいと思うのである。それは人間が人間を生きるということの中で、最も大切で最も意義深いことではなかろうか」

「今日一日は永久に戻らぬ一日である。素晴らしい未来のために悔いを残さぬよう、今日も一日しっかりやりたいものである」

恩を知り恩に報いる

——二〇一六年九月号

「人間は一人で大きくなったのではない。会社もまた一人で大きくなったのではない。あわただしい日々の中にも、ときに過去を振り返って、世と人の多くの恵みに感謝する心をお互いに持ちたい。その心こそが明日の歩みの真の力になるだろう」

松下幸之助氏の一文である。十歳で丁稚奉公《でっちぼうこう》となり、様々な試練を経ながら大を成した人の言葉には、胸を打つ響きがある。知恩報恩《ちおんほうおん》の大事さを改めて教えてくれる言葉である。

忘恩《ぼうおん》の徒《と》となる非を先哲は強く戒めている。弘法大師空海《こうぼうだいしくうかい》もいう。恩を忘るれば善根断絶《ぜんこんだんぜつ》す、と。恩を忘れると、将来に善きことをもたらす根が枯れてしまう、というのである。心したいことである。

話は飛ぶ。先日、本誌は台湾に行き、戦前に日本の教育を受けた何人かの台湾人から話を聞く機会を得、深い感動を覚えた。

台湾はオランダをはじめ、様々な国によって統治された三百年の歴史を持つ。中でも五十年にわたる日本の統治が台湾に及ぼした影響の大きさについて、誰もが熱っぽく語った。治安も衛生状態も悪かったかつての台湾を近代化に導き、今日の台湾の基礎を築いたのは日本人である、と。例えば、教育である。一九四三年の時点で台湾の児童就学率が七十一％に達していたのは、日本の施政によるものである。子供時代に日本統治下で日本人として育ち、その教育を受けたことによって、いまの自分がある。日本に感謝しなくてどうしよう、と彼らは柔らかな笑顔とともに異口同音に答えた。

事実、統治時代に台湾のために粉骨砕身《ふんこつさいしん》した日本人は数多い。中でも特筆すべきは烏山頭《うさんとう》ダムを造った八田與一《はったよいち》である。

台湾最大の嘉南《かなん》平野は、旱魃《かんばつ》と洪水と塩害の三重苦に喘《あえ》ぐ不毛の草原でしかなかった。六十万の住民は飲み水にも事欠いていた。台湾総督府の土木技手となった八田は、水源確保のため貯水量一億五千万トンのダムを造り、一万六千キロメートルに及ぶ給排水路を巡らせて嘉南平野全域を潤す計画を立てる。この時、八田三十二歳。

しかし、五十余名の死者を出す爆発事故もあり、工事は困難を極めた。だが、八田はひるまない。そして着工から十年、昭和五年に工事は遂に完成した。五月十五日に通水式が行われ、烏山頭ダムから全分水路に水が行き渡るのに実に三日を要したという。十五万ヘクタールの大地を潤す水を目にした嘉南の農民は、「神の恵みの水」と歓声をあげた。その八田は昭和十七年、軍の仕事でフィリピンに向かう途中、米海軍の魚雷を受け死亡する。享年五十六だった。

烏山頭ダムを見下ろす丘の上に八田の銅像と墓がある。台湾ではいまも五月八日の八田の命日に追悼式が催される。台湾の人々は八十年以上経ったいまも、八田の恩を忘れていない。

先の東日本大震災では、台湾から総額二百億円を超す世界最高額の民間義援金が寄せられた。今回の熊本地震でも台湾からの義援金が世界最高と聞く。八十余年前の恩に忘れずに報いようとする台湾の人々の心が痛いように伝わってくる。

人口僅《わず》か二千三百万人の国が活力、バイタリティーに溢《あふ》れている。そのことと知恩報恩の民族的精神とは決して無縁ではない。

恩を知り恩に報いようとする心の連鎖は、個人の運命のみならず、民族の運命をも高める。そのことを教えられた台湾の旅である。

人生の要訣

——二〇一六年一〇月号

ある先哲の遺訓がある。

「師に遇《あ》うも覚《さと》らず
師に覚るも勤めず
勤むるも道を守らず
或《あるい》は志固《かた》からず
固きも久《ひさ》しうする能《あた》わず」——道家・真誥《しんこう》

師に会ってもその価値に気づかず学ばない。学んでも実行しない。実行してもいい加減。あるいは志が定まらない。志が定まっても長く持続できない。こういう姿勢では人生にいかなる実も結べないことは自明だろう。

人間の通弊《つうへい》を戒める形で、先哲は私たちに人生の要訣《ようけつ》を解き明かしている。

『致知』はこの十月号で創刊三十八周年になる。この間、数多くの各界の一流といわれる人に取材させていただいた。そしていま、この経験は二つの感慨に凝縮している。

第一は、夢、志、理想、ビジョンを持たない個人も、会社も、国も、絶対に発展しない、ということである。あらゆる生命が発展するには、高く揚げる目標が不可欠なのだ。忘れてはならない人生の要訣である。

「志立たざれば天下に成すべきの事なし……。志立たざれば舵《かじ》なきの舟、銜《くつわ》なきの馬の如く、漂蕩奔逸《ひょうとうほんいつ》して、ついには何の底《とど》まる所ぞや」——志が立たなければ何事も成し得ない。舵のない舟、銜のない馬と同じで、どこに行くのか分からない人生になってしまう、という王陽明《おうようめい》の言葉である。まさにその通りである。

個人だけではない。企業という生命体の発展も同じである。それは三つの要訣にまとめることができる。ミッション、パッション、コミュニケーションである。使命を持ち、その使命に全員が奮い立ち、使命の実現に一致団結していく。この三つのションがフルに発揮されて企業は躍進していくのである。これが第一の感慨。

第二の感慨は、「そこにどういう人がいるか」。

家庭も会社も国も、そこにどういう人がいるかによって運命が決まる、ということである。

十九世紀のイギリスの歴史家バーカーの著作『オランダ興亡史』にこういう一文がある。

「その国の真の偉大さは領土や資源や貿易ではなく、国民の能力であり精神である。とくに、後者の国民精神の問題である。これらの旺盛《おうせい》な国民は必ず、どんなに困っても、また勃興《ぼっこう》する。航海に例をとれば、規律がありよく訓練された乗組員であれば荒海をくぐり抜けることもできるが、秩序が乱れ精神がこもらぬ船員では常に沈没の危険があるのと同じである」

至言である。大は国家から小は家庭まで、あらゆる組織はそこにいる人によって決まる。即ち、我づくりこそすべての根幹なのである。では、どうすれば我づくりはできるのか。その要訣を安岡正篤《まさひろ》師が示している。

「日常の出来事に一喜一憂せず、現在の仕事を自分の生涯の仕事として打ち込むこと。そして、それを信念にまで高めなければ自己の確立はあり得ない」

「人間はできるだけ早くから、良き師、良き友を持ち、良き書を読み、ひそかに自ら省み、自ら修めることである。人生は心がけと努力次第である」

最後に、明治天皇に『論語』を講じた元田永孚《もとだながざね》の言葉。

元田は、『論語』二十篇の大旨《たいし》は学の一字にあり、といい、こう述べる。

「故に、この学あれば、その天職を全《まっと》うす。
この学なければ、その天職を失う。
この学達すれば、聖人となり、この学達せざれば、庸愚《ようぐ》となる。
この学明らかなれば、天下平らかに、この学明らかならざれば、天下乱る。
人間天下万事の成敗、ただこの学の明暗にあるのみ」

人生の要訣、ここに極まれり、と思うのである。

闘魂

二〇一六年一一月号

今夏のリオオリンピックで、日本勢はめざましい活躍ぶりをみせ、日本国中を沸かせた。体操男子は団体で金、個人総合でも内村航平《こうへい》選手が大逆転で金メダル。これまで圧倒的な差を見せつけられていた陸上男子の四百メートルリレー、卓球男子の団体でも銀を獲得。バドミントンも女子ダブルスで史上初の金を手にした。柔道男子もまた史上初、全七階級でメダルを制覇した。

八年ぶりに日本に銅メダルを持ち帰ったシンクロ女子チームを率いる闘将、井村雅代《まさよ》ヘッドコーチは勝利の要因を「地獄のような猛練習に耐えた成果」と語った。それは種目を問わず、全メダリストに共通の思いであったろう。そしてもう一つ、全メダリストが共通して持っていたもの——闘魂である。

闘魂は格闘やスポーツの場だけの専用語ではない。

闘魂とは自分との闘いに勝つということである。この世に生きるすべての人に不可欠な資質である。事実、一道を極めた人は一様に闘魂の大事さを説いている。

独特の風貌《ふうぼう》と棋風で一世を風靡《ふうび》した将棋の名人、升田《ますだ》幸三は言う。

「勝負師にとって、闘魂は無論必要だが、それは相手と対立する敵《てき》愾心《がいしん》であってはならない。闘魂は外よりむしろ内に向けられるべきであり、邪念雑念を排して、我と我が心の闘いに勝つことである」

そして、こう付け加える。

「従って、真の闘魂とは一朝一夕に生まれてくるものではない。苦しい下積みが長ければ長いほど、一層深く張るものである」

百七歳まで人生を謳歌《おうか》した「しいのみ学園」創設者の昇地《しょうち》三郎さんは「人生は自分との闘いである」を信条とし、こう言っていた。

「自分の怠け心に打ち勝って自分の目標に向かわなくては、生きがいなんて見出せません。百年も生きておれば苦しいこと悲しいことがしょっちゅうあります。そんなことにいちいち挫《くじ》けるようじゃだめです。試練に打ち勝って常に前進していく。それが私の人生哲学」

百年にわたり人生と闘ってきた人の静かな闘魂には、人を鼓舞せずにはおかない力がある。

この人もまた生涯を燃えて生きた人、平澤興《こう》氏の言葉。

「一言で言えば、人生とは自己との対決だと、自分との勝負だと、私はそう思います。本当にひとりの人間としては自分と競争をして、自分との勝負に勝てる人、これがやっぱり、人間として立派な人間、人間として一番立派な生き方ではないか」

最後に、大正から昭和に活躍した社会教育家、後藤静香《せいこう》の詩。

十里の旅の第一歩　百里の旅の第一歩
同じ一歩でも覚悟がちがう
三笠山にのぼる第一歩　富士山にのぼる第一歩
同じ一歩でも覚悟がちがう
どこまで行くつもりか　どこまで登るつもりか
目標が　その日その日を支配する

どこまで行きどこまで登るか、目標の高低が闘魂の度を決める。

人を育てる

二〇一六年一二月号

人生には不変の原理が二つある、といつしか思うようになった。

一つは、人生は投じたものしか返ってこない、ということである。人生に何を投じたか。その質と量が人生を決定する。

もう一つは、人生は何をキャッチするか。同じ話を聞き、同じ体験をしても、そこからキャッチするものは人により千差万別である。キャッチするものの中身が人生を決める。

教育もまた、この二つの原理が相俟《あいま》って成就する。


その意味で、最近二人の方の話に心を揺さぶられた。

一人は円覚寺《えんがくじ》の横田南嶺《なんれい》管長。弊社主催の後継者育成塾で話されたことである。

禅門では公案を与え、それに答えさせる禅問答によって弟子を悟《ご》道《どう》に導いていく、という。一つの公案に対して四千、五千ある禅語の中から一語を選び、その公案の答えとするのである。与えられた公案をパスしなければ次の公案に移れない。一年でも二年でも同じところに踏み止まらなければならない。

横田管長は二十年、この禅問答を繰り返し、三十五歳の若さで老師と呼ばれるようになった。その日々の中で、横田管長は一つの気づきを得た、という。それは、姿勢が大事、ということである。

腰骨《こしぼね》を立て、臍下丹田《せいかたんでん》に力を入れ、呼吸を整える――これは坐禅と同じ姿勢である。この姿勢で禅語を探すと知恵が活発に働き、四千、五千の禅語の中からこれだという一語が閃《ひらめ》いてくるのだ。姿勢が崩れていると、ピタッとくる一語はまず閃かない。

横田管長はこう話され、ある将棋の名人の言葉を紹介された。

「名人クラスになると、実力はほとんど差がない。勝敗を分けるのは姿勢だ」

この話には深く感ずるものがあった。姿勢とは単に身体の姿、形のことだけではない。身体の姿勢は心の姿勢の反映である。そして、心の姿勢とは心がけ、心構えのことである。

心がけ、心構えが崩れていては、禅の公案のみならず人生の公案も解けないまま、人生に翻弄《ほんろう》されることになるのではないか――横田管長の話にそんな思いをめぐらせた。

二人目は、本号の表紙を飾っていただいたシンクロナイズドスイミングの日本代表ヘッドコーチ井村雅代《まさよ》さんの話。

本号でも人を育てる要諦《ようてい》を縦横に語っておられるが、オリンピックから凱旋《がいせん》直後、NHKの取材に答えた言葉がいまも鮮烈である。

「私と一緒に練習して、それで、ああ厳しい練習が終わってよかった、というような意識のレベルでは絶対にメダルは取れない。大事なのはその練習の後、では自分は何をするかを考え、さらに自分で練習するような人でなくてはメダルは取れない」

人を育てるには何が大事かを知悉《ちしつ》した人の言葉であろう。


イギリスの十八世紀の歴史家ギボンの言葉がある。

「あらゆる人は二つの教育を持っている。その一つは他人から受ける教育であり、他の一つは、これよりももっと大切なもので、自らが自らに与える教育である」

自らが自らに教育を与える――一人の人間をしてそういう意識にまで高めることこそ、人を育てる神髄《しんずい》ではないだろうか。

二〇一七年

一月号〜一二月号

青雲の志

二〇一七年一月号

青雲の志。立身出世の志、と国語辞典にはある。『大漢和辞典』を編まれた諸橋轍次《もろはしてつじ》博士は、徳を修めて聖賢《せいけん》の地位に至ろうとする志、と解説されている。

青雲とは高い空とそこに浮かぶ雲である。どこまで行っても到達できない。手が届かない。それでもその雲を目指してあくまでも努力の歩みを続ける。青雲の志にはそういう意味もあるのではないだろうか。翻《ひるがえ》って言えば、理想に生きること、これこそが青雲の志ではないか、と本誌は考える。

『致知』は今年、創刊三十九周年を迎える。こんな堅い雑誌は誰も読まないと言われながら、いまでは『致知』の到着を心待ちにしてくださる愛読者が全国津々浦々に及んでいる。

先日、通勤電車を降りようとした際、一人の主婦らしき女性に、「『致知』の愛読者です」と声を掛けられた。

「毎月素晴らしい雑誌をありがとうございます。そのことをお伝えしたくて……」

その人はそれだけを言い、足早に去っていかれた。名状《めいじょう》しがたい嬉しさとともに、身が引き締まる思いを覚えたことだった。

これも最近、一読者から分厚いお手紙をいただいた。初めて知るお名前で、三十九歳の男性である。九年の刑期を終え、このほど満期出所したという。在所中は他の受刑者との接触を禁じられ、長い拘禁生活で精神状態が限界に達しかけていた。そんな時に知人が『致知』の一年間購読を差し入れてくれた。手紙はこう記す。

「私は貪《むさぼ》るように『致知』を手に取り、ページを開くと、そこには人生の先輩方の珠玉にあふれた言葉があり、自暴自棄になって部屋の隅で腐りかけていた私に語りかけてきました……それからの私は毎月送られる『致知』を人生の手本として、何度も何度も読み返し、線を引き、ノートに書き写し、毎日に彩りが出て、とても充実したものになってきました。人間学を勉強していると、生きる活力が湧いてくるというか、心の底から生きる喜びを感じる事ができます」

そして、手紙はこう締め括《くく》られていた。

「あの時、私が『致知』と出会っていなければ、どうなっていたでしょうか……『致知』のおかげで私のこの十年は何よりもかけがえのないものとなり、人生の大きな転機となりました。私に希望と光を与えて頂き、本当に有難うございました」

『致知』三十九年の歴史は、人生を真剣に生きる人たちの心の糧となるという理念を灯《とも》し続けた歩みだった。弊社にとっての青雲の志である。その志に寸歩でも近づくべく、祈るような気持ちで『致知』を発行し続けてきたが、この営みがさまざまな事情を抱えていまを生きる人たちの心の糧となっていることを教えられ、感無量である。

この三十九年間、『致知』には青雲の志に生きたたくさんの先達にご登場いただいた。その人たちには共通する三つの特質があった。

一は、学びて厭《いと》わず人を教えて倦まず――学ぶことを好み、学んだことを人に教え倦《う》むことがない。

二は、命ある限り自分を成長させようとしている。

三は、一生感動する心を失っていない。

私たちもまた、この三つの共通項を常に帯し、人生を全《まっと》うしたい。

熱と誠

二〇一七年二月号

「人生には二本のレールが必要だ。新幹線も二本のレールがあるからどこまでも走って行ける」

森信三師が言っていたという。弟子の寺田一清さんから聞いた。

では、何をもって人生の二本のレールとするのか。思い浮かんだことがある。『致知』平成二十五年六月号にご登場いただいた北里柴三郎の曾孫、英郎《ひでろう》さんの話である。

一八九一（明治二十四）年、ベルリン滞在中の北里柴三郎を一人の青年が訪ねてきた。ストラスブルグ大学留学中の医化学生で、後に京都帝国大学総長となる荒木寅三郎である。時に柴三郎三十八歳、寅三郎二十五歳。

柴三郎は三十三歳で内務省衛生局からドイツへ留学、コッホのもとで研究に打ち込み、一八八九（明治二十二）年、当時誰もが成し得なかった破傷風菌《はしょうふうきん》の純粋培養に成功、世界の医学界を驚かせた。さらに翌年、破傷風菌に対する免疫抗体を発見し、これを応用した血清療法を確立、「世界の北里」と評価される存在になっていた。その柴三郎を一学究が訪ねたのである。

何か悩みがあるらしい後の帝大総長に、柴三郎はこう言った。

「君、人に熱と誠があれば、何事でも達成するよ。よく世の中が行き詰まったと言う人があるが、これは大いなる誤解である。世の中は決して行き詰まらぬ。もし行き詰まったものがあるなら、それは熱と誠がないからである。つまり行き詰まりは本人自身で、世の中は決して行き詰まるものではない」

当時、近代医学における欧米諸国と日本の格差は圧倒的なものがあった。この彼我《ひが》の差を克服すべく、さまざまな困難と闘いながら自ら一道を切り拓いてきた柴三郎。その体験が言わせた信念の言葉である。

この言葉が若き一学究の心に火をつけた。その火は荒木寅三郎の生涯を貫いて燃え続けたのではないか。そう思わせる一文が『平澤興《こう》一日一言』にある。

一九二〇（大正九）年九月十日、京都大学の入学式で、総長の荒木は訓辞を行った。その一語一語に全身を熱くして聞き入る新入生がいた。後に京大総長となる平澤興である。平澤はこう書いている。

「大正九年九月十日、それは私にとって生涯忘れえない、京都大学への入学式の日である。忘れえないのは、大学の大きさでも、講堂のすばらしさでもなく、総長荒木寅三郎先生の熱と誠に満ちた新入生に対する訓辞であった。総長の口から出る一語一語は、まさに燃えていた」

そして、こう続ける。

「先生は学徒にとり最も重要なものとして誠実、情熱、努力、謙虚を挙げられ、これらについて、それぞれ自らの体験と史上の実例などをもってくわしく説明され、われわれは催眠術にでもかかったように、全身全霊でこれを受けとめた。この訓辞は私にとって決して遠い過去のものではなく、私はさらにこれを私のからだであたため私自身の経験をも加え、その肉づけを続けて今日に至った。いわばこの訓辞は、生涯私とともにあって私を導いてくれたのである」

人生に大事な二本のレールとは何かが、この二つの逸話に鮮明である。

熱と誠。私たちもこの二本のレールをひた走りたいものである。

艱難汝を玉にす

——二〇一七年三月号

最近出逢った言葉の中で深く心に残った二つの言葉がある。

一つは「窮達《きゅうたつ》は命《めい》なり。吉凶《きっきょう》は人に由る」（『文選《もんぜん》』）。困窮《こんきゅう》したり、栄達に恵まれたりするのは運命であり、どうしようもないことだ。しかし、その困窮、栄達を吉にするか凶にするかはその人次第、ということである。

もう一つは、渋沢栄一が晩年好んで揮毫《きごう》したという言葉。

天意、夕陽を重んじ
人間、晩晴《ばんせい》を貴ぶ

一日懸命に働き、西の空を茜《あかね》色に染めてまさに沈まんとする夕陽の美しさは格別である。この夕陽のように人間も年とともに佳境に入り、晩年になるほど晴れわたっていく人生を送るのが貴いということである。

困窮を吉にするためにも、晩晴の人生を送るためにも、忘れてはならない大事な心得がある。それが「艱難汝《かんなんなんじ》を玉《たま》にす」の一語である。人生に降りかかってくる艱難こそ、自分を磨くために天から与えられた試練、と受け止めていく覚悟である。

例えば、渡部昇一先生は大学生時代よく勉励され、試験での総合点は二番目の学生に二百点以上の差をつける好成績を修めながら、念願の留学の機会が何年も与えられなかった。若い苦学生にとっては最大の艱難である。この艱難をいかに乗り切ったか。先生の言葉がある。

「自分を高めていく過程では、常に何かの形で壁にぶつかるものである。はたから見れば取るに足らない小さいことでも、当人にとっては大きいことである。そんなとき、なげやりになったり後退したりしないで進むためには、いくつかの方法がある。

私の場合、聖書の中の〝最後まで耐え忍ぶ者は遂《つい》には救われるべし〟という言葉と、昔漢文で習った〝志ある者は事竟《つい》に成る〟という言葉を、あたかも念仏のように唱えることで心を静めた。壁に突き当たったと感じるときは、散歩しながらでも、寝る前でも、この言葉を繰り返し唱えた」

「艱難汝を玉にす」――艱難に遭うことによって、人は立派な人物になる。その言葉の見事な実証を先生は私たちにみせてくれている。

艱難こそが人を磨くとは古来、多くの先達がさまざまに述べていることである。

「ある人問う、人艱難にあう、これ不幸なる事か。曰《いわ》く艱難はまた事を経ざる人の良薬なり。心を明らかにし、性を練り、変に通じ、権に達する。まさにこの処にありて力を得」（『格言聯璧《れんぺき》』）

艱難にあうのは不幸なことではない。これは人生経験の少ない人の良薬である。艱難を経験することで人は心を明敏にし、性格を練り鍛え、変化に対応する知恵を身につけ、物事を計画する力を養うことができる。まさに艱難によって人は力を得るのだ、という。

『自選　坂村真民詩集』をこの程復刊したが、真民先生にも若い頃病魔に侵され生死の境をさ迷われる中で詠まれたこういう詩がある。

「苦がその人を　鍛えあげる　磨きあげる　本ものにする」

最後にこの人も幾度の艱難を乗り越えて覚者になられた人、常岡一郎氏の言葉。

「逆境はつねにいつでも自分の敵ではない。ときには恩師となって人生に尊いものを教えてくれることがある。心の親となって自分の本質を守り育ててくれる。不幸、病気、逆境は大成する人格を育てる落ち葉である」（『常岡一郎一日一言』）

繁栄の法則

二〇一七年四月号

弊社執務室《しつむ》に一枚の色紙が掲げられている。二十数年前、当時住友生命会長であった新井正明氏（故人）からいただいたものである。

「徳は事業の基《もとい》。未《いま》だ基固まらずして棟宇《とうう》の堅久《けんきゅう》は非《あら》ざるなり」

　徳はあらゆる事業の本《もと》である。土台がしっかりしていない建物が脆《もろ》く長持ちしないように、徳なくして事業の繁栄はあり得ない、ということである。折に触れ、この言葉を噛《か》み締めてきた。

　初学徳に入る門——徳を身につけるためにまず最初に読むべき本といわれる『大学』に、次の一文がある。

「富は屋《おく》を潤《うるお》し、徳は身を潤す」——富があると自《おの》ずとその家屋に潤いが出てくるように、人間にも徳が備わっているとその人柄に潤いが出てくる、というのである。また、こういう一語もある。

「徳は本なり。財は末なり」——徳のある人にして初めて繁栄はある——古典の名著が等しく説くところである。

　数年前、たまたま乗ったタクシーの運転手からこんな話を聞いた。その人の本業は葬儀屋なのだが、本業が暇な時にタクシーの運転手をしているという。一年ほど前ある男性の母親が亡くなり、彼は依頼を受けて葬儀を執り行った。残った父親は世話になるというので、夫婦で蓄えた一億円の財産を息子であるその男性に与えた。そしてほぼ一年後、父親が亡くなった。ところが、葬儀はしない、骨だけにしてくれればいいという。一億円もの遺産をもらっていながら、どうして葬式をしないのかと聞くと、「いや、あの一億円は自分で使ったり、人に貸したりしているうちにあっという間になくなってしまった」と言った、という。

　徳のない人からは一億円の財もたちまち逃げていく。この事実が物語るものは大きい。では徳をつけるにはどうすればいいのか。

　一代で松下グループを築いた松下幸之助氏にこういう話がある。氏の若い頃である。船に乗っていてよろめき、海に落ちてしまった。泳げないのでアップアップしていたら、船が気づいて戻ってきてくれて、助かった。その時松下氏は、自分はなんと運が強いのだろう、と思ったという。船が戻ってきてくれなかったら、泳げない自分は溺《おぼ》れ死んでいた。また、落ちたのが春の海だったからよかった。これが冬の海だったら船が戻る前に凍《こご》え死んでいた。自分は本当に運が強い。この運の強さで自分はこれから人生のいかなる困難も乗り切っていける。そう確信したという。

　如何《いか》なる不運、不幸にも腐ったりやけになったりしない。むしろそこに光を見出していく。徳を積み、運命を発展、繁栄させていくための大切なヒントを氏は私たちに与えてくれている。

　松下氏にはこういう話もある。ある時外国人記者から、ビジネスマンにとって大事なものは何かを問われ、「愛されることです」と即答、「そのためには奉仕することです」とつけ加えている。奉仕するとは与えることである。愛されること。そのために与える人になること。ビジネスマンに限らない。これは繁栄を願う人が心掛けなければならない必須の課題であろう。

　天爵《てんしゃく》を修めて人爵之《じんしゃくこれ》に従う——と孟子《もうし》はいう。天爵は天が定める位、人爵は人が定める位である。天爵を修めていけば、それに相応《ふさわ》しい人爵が与えられる。天爵を修めていなければ、人は人爵を与えられても、その地位を失ってしまう、ということである。天爵を意識し、それを修めるべく努力していくところに、人間の繁栄はあることを忘れまい。

その時 どう動く

——二〇一七年五月号

そのとき どう動く――書家の相田みつを氏はしばしば、この言葉を書にしている。大事な折節《おりふし》にこの言葉を自問自答されたのだろう。

人生にはさまざまな「その時」がある。

学生の頃、タイトルに惹《ひ》かれて佐藤愛子さんの「その時がきた」という小説を読んだことがある。内容の詳細は忘れたが、女性の生理がなくなった時のことが書かれていたと記憶している。

加齢からくる「その時」は男女の別なく訪れる。誰にも例外なく訪れる「その時」は、死である。その時を迎えてどう動くか。人間、永遠のテーマであろう。

先日ふと見たテレビのトーク番組に、歌手の加山雄三さんが出ていた。今年八十歳と思えぬ若々しさだが、父親の上原謙さんが事業に失敗、その後始末で大変な苦労をされた時期があったという。

「ああいう時、普通は目や背中に憔悴《しょうすい》感が出るものだが、加山さんは全然変わらなかったですね。どうしてですか」

相手の問い掛けに、加山さんはこんなふうに答えた。

「おばあちゃんのおかげです。おばあちゃんはぼくが子供の頃から何かあると、おまえはいま試されているんだ、と言っていました。また、荷物が重いのではない、自分の力が足りないのだ、とも言われました。この二つの言葉がぼくを支えてくれたのだと思う」

「その時」を、加山さんはおばあさんの言葉で乗り切ったのである。

人生には三つのさかがある、とよく言われる。上り坂、下り坂、そして、まさか――。

上り坂、下り坂の時は、そういう坂にきたのだと心の準備がまだできる。だが、突然くるまさかは準備する余裕がない。まさかは人生最大、最難の時と言える。その時、どう動くか。

本誌で何度か紹介させていただいた常岡一郎氏の「その時」は、慶應大学卒業直前にきた。肺結核で喀血《かっけつ》したのだ。当時の結核は死病。訪《おとな》う人もなく、病床で悶々《もんもん》とする日々の中、ある人の「比叡山《ひえいざん》も高野山《こうやさん》ももとは奥山。そこに徳の高い人が住み、訪う人のあと絶えぬ都になった。あなたも徳を積んで病気と縁を切りなさい」という言葉に翻然《ほんぜん》とし、大学を中退。トイレの掃除道具を柳行李《やなぎごうり》に詰め、全国各地を奉仕修業、「病いを治すことをやめ、病いで自分の性格を直す」ことに全身全力を尽くして十五年、ついに結核を完治した。

その常岡氏の言葉。

「どこに投げ出されても、だるまは転がっていく。そして、踏み止まったところですっくり立ち上がる。その重心が重く、低いところにあるからである。人もそうである。どんなところに投げ出されてもよい。行き詰まる。止まったところで直ぐ立ち上がれる人にならねばならない。そのためには心に徳を積み上げていかねばならない。力に満ちた、低い、豊かな魂の人にならねばならない」

この覚悟で生きる人はあらゆるまさかを超えていく人であろう。

「而今《にこん》《じこん》」という禅の言葉がある。人生には今というこの時しかない。一瞬一瞬が勝負の時という自覚を持って生きよ、との教えである。

「その時」は突然くるのではない。いまがその時、その時がいま――この自覚をもって日々をつとめきる。そこに、「その時どう動く」の解があるように思える。

寧静致遠

二〇一七年六月号

寧静致遠《ねいせいちえん》——寧静に非《あら》ざれば遠きを致《きわ》むることなし。

『致知』が創刊十周年を迎えた頃である。『小学』の中にこの言葉を見つけ、深い感動を覚えた。さらに遠くまで歩むための指針がこの言葉に凝縮している、と感じたからである。

この言葉は諸葛孔明《しょかつこうめい》が子を戒めた手紙の中にある。

《諸葛武侯の子を戒むる書に曰《いわ》く
君子の行は静以て身を修め（静謐《せいひつ》をもって身を修め）
倹以《もっ》て徳を養う（慎みをもって徳を養う）
澹泊《たんぱく》に非ざれば以て志を明らかにするなく（私欲に淡泊《たんぱく》でないと、志を実現することはできない）
寧静に非ざれば以て遠きを致むるなし（丁寧に真心を尽くしていかないと、遠大な事業を達成することはできない）》

生きること自体が大事業である。この大事業を成す上での大事な心得が端的に示されている。拳々服膺《けんけんふくよう》したい言葉である。

安岡正篤《まさひろ》師にもこういう言葉がある。

「粗忽《そこつ》・がさつは最も人格の低劣を表す。高邁《こうまい》な人格はいかに剛健・活発にみえても、その人のどこかに必ずしっとりした落ち着きや静けさを湛《たた》えているものだ」

人物たる要諦《ようてい》は古今不変ということであろう。

歴史に名を残した偉人たちは皆、寧静致遠の体現者である。

弊社はこのほど『宣長《のりなが》にまねぶ』（吉田悦之・著）を出版した。本居宣長を敬慕してやまない人でなければ、これだけの宣長像は描けまい、と思わせる力作である。

本居宣長は松坂の木綿問屋に生まれた。子供の頃から学問を好み、商人には不向きと考えた母の英断で、二十三歳で京都に出て医学を学び、二十八歳で松坂に帰る。一日五十キロを薬箱片手に往診に歩くといった日々を重ね、一生を町医者として生きた。だが、それだけではない。宣長には同時に寧静な営みがあった。京都で学んだ折、宣長は『古事記』を購入していた。松坂に戻って一夜、国学者賀茂《かもの》真淵《まぶち》に会い、古事記解読を思い立つ。そして、『古事記』を手にして四十二年、志を立てて三十五年、六十九歳で『古事記伝』四十四巻を完成するのだ。寧静の人の偉大な面目《めんぼく》をこの一事にみる。

宣長はその著作『うひ山ぶみ』でこう言う。

「詮《せん》ずるところ学問は、ただ年月長く倦《う》まずおこたらずして、はげみつとむるぞ肝要」

禅を世界に広めた宗教学者鈴木大拙《だいせつ》は、昨年没後五十年を迎えた。本号でその人をよく知るお二人に語っていただいたが、大拙が本格的に禅の研究に取り組んだのは五十歳を過ぎてからという。それまでは自己を深めるべく寧静の時を過ごしていたのだろう。

九十を過ぎた大拙は松ヶ岡文庫に住んでいた。そこに行くには百三十の石段を上る。九十を越えて大変でしょうという人に、大拙は「一歩一歩上がれば何でもないぞ」と答えた、という。一歩一歩努力すればいつの間にか上がるものだぞ、と。——大拙の人生を象徴するような言葉である。

最後に、本号の表紙を飾っていただいたノーベル賞受賞者の大村智《さとし》さんは、その講話を松原泰道《たいどう》先生の言葉で締め括られた。

「よき人生は日々の丹精にある」

先人の示した道標を仰ぎつつ、私たちも自らの人生を歩みたい。

師と弟子

二〇一七年七月号

渡部昇一先生が亡くなられた。四月十七日午後一時五十五分。享年八十六であった。

昨年六月初旬、自宅書斎で深夜まで仕事をされた先生は、ベッドに移ろうとして転倒、右腕を骨折された。直後の六月十八日開催『渡部昇一一日一言』の出版記念講演会にはその右腕を吊り、車椅子で登場されたが、気力は極めて旺盛で、これなら完治は間近、と誰もが思ったことだった。しかし、その後も回復ははかばかしくなく、痛みは足にも及び、ことに食欲の不振は大きな懸念となった。そのような状態の中でも、先生は予定の仕事はすべて完璧に果たされた。

一月の弊社主催の新春大会にも出席され、ユーモア溢《あふ》れるスピーチで千二百人の来場者を沸かせた。三月十日には自ら塾長を務める渡部昇一塾の最終講座を見事に締め括《くく》られた。さらに三月二十五日、「日本の偉人に学ぶ一日セミナー」に登壇、持ち時間いっぱい幸田露伴《ろはん》をテーマに自らの人生を語り尽くされた。これが先生最後の講義となった。先生はよく「教養と修養は違う」とおっしゃっていた。「教養だけだと何かあった時にへなへなになる」と。修養に生きた人の仕事に懸ける気迫を、その最後に見る思いである。

先生と初めてお会いしたのは昭和五十六年。先生五十歳、不肖三十三歳。以来三十六年、親しくご交誼《こうぎ》ご指導をいただいた。先生は本誌の向かわんとする方向を評価され、『致知』の発展を心から願ってくださっていた。亡くなられたいま、その恩徳の大きさ深さに改めて思い至る。本誌にとって先生は、まさに恩師であった。

先生の思い出は尽きない。特に鮮烈に残っていることが二つある。

一つは先生の記憶力である。三十六年間、先生にはさまざまなテーマで取材したり講演をお願いしたりしたが、メモを手にされたのを一度も見たことがない。どんなテーマでも立ちどころにその場で一時間から一時間半、持論を開陳《かいちん》されて淀《よど》むことがなかった。あの抜群の記憶力はどこからくるのか。

先生には漢学の白川静《しずか》氏をはじめ、卒寿を越えられたようなその道の大家と数多く対談していただいたが、印象に刻まれているもう一つは、その折の渡部先生の態度である。まるで尊敬する師に対する学生のような謙虚さなのである。尊敬する人への畏敬《いけい》の念を生涯持ち続けた人であった。

それは高校時代に培《つちか》われたものなのだろう。高校生の渡部先生は佐藤順太先生に出会い、その書斎に遊びに行き、自分もこういう人になりたい、このような人生を送りたい、と脊髄《せきずい》がジンジンするような思いを抱いた。この出会いなくして渡部先生の人生はなかった、と断言できる。佐藤順太先生には多くの生徒が出会っている。だが、佐藤順太先生に出会ってこのような思いを抱いたのは渡部先生一人だけだった、という。ここに師と弟子のありようの原型を見る思いがする。

渡部先生の言葉がある。

「人は心底尊敬した人物から知らず知らずのうちに多くのものを学ぶ。学生でも偉い先生を心底から尊敬している弟子は器量がどんどん大きくなる。しかし、先生を批判したり表面的に奉《たてまつ》るだけになると成長が止まる」

師と弟子の関係を説いて、これ以上の言葉はあるまい。

「師は鐘《つりがね》の如《ごと》し。大鳴り小鳴りはその撞《つ》く人の力に由《よ》るまでなり」と古言（出典不明）にいう。多くの師と出会い、大きく撞いたのが渡部先生の人生だった。心からご冥福をお祈りする。

維新する

——二〇一七年八月号

「周《しゅう》は旧邦《きゅうほう》なりといえども、その命維《めいい》れ新たなり」と東洋古典の名著『大学』にある（原典は『詩経』）。周は千年以上も続いた国だが、その生命は清新で古びることがない、という意味である。

「維」は強調のニュアンスをもった指示代名詞だが、日本ではこれを生かし、「維新」という言葉を創った。古来、この言葉に心を鼓舞された人は少なくないだろう。ちなみに、維新は革命とは違う。革命は根本からやりかえること、維新はだんだんに日々変化していくこと。いわば革命は外科手術、維新は内服薬療法で徐々に治していくこと、と伊與田覺《いよたさとる》著『己を修め人を治める道』は説明している。

『大学』は先の一文のあと、こう結ぶ。

「この故に、君子はその極《きょく》を用いざる所なし」

国を清新にするためにはリーダーが停滞せず、常に最善の道、最上の力を用いなければならない、と言うのである。現代にも不変のリーダーの心得であろう。

国や団体・組織を維新し、繁栄向上に導いていくのは大事だが、さらに大事は自己を維新することだ、と安岡正篤《まさひろ》師は言っている。

「宇宙人生は日々夜々創造変化、常に停滞することがない。日に新たに日々に新たなりというのが自然の相であるから、停滞固定は造化に反する。我われは常に自己を新しくしてゆかねばならない」

維新とは絶えざる創造である。その典型的な人として、安岡師がよく取り上げた人に蘧伯玉《きょはくぎょく》がいる。『淮南子《えなんじ》』という書物に言う。

「蘧伯玉、行年五十にして四十九年の非を知る。六十にして六十化す」――蘧伯玉は五十歳になった時、それまでの四十九年の生き方を否定し、五十からまた新たな出発をした。六十になった時も六十から新たな変化をした……。では、絶えざる創造に生きるにはどうすればいいのか。安岡正篤《まさひろ》師の寸言に、そのヒントを探ってみる。

第一は理想を持つこと――「太陽の光に浴さなければ、物が育たないのと同じことで、人間の理想精神というものは心の太陽なのだ。理想に向かって、情熱を沸かすことは、日に向かう、太陽を仰ぐということだ。これがないと人間のあらゆる徳が発達せず、したがって才智《さいち》芸能も発達しない」

次は学ぶこと――「正しい歴史伝統に従った深い哲理・真理を学び、それに根差さなければ、葉や花と同じことで、四季に従って常に魅力のある生命のみずみずしさを維持していくことはできない」

第三は自己陶冶《とうや》――「最高の教育を受けた人も、その後の自己陶冶を欠いては立派な人間には成り得ない」

最後に、くさらないこと――換言すれば、あらゆる艱難《かんなん》をはねのけていくバイタリティである。安岡師の著『青年の大成』に勝海舟の話がある。海舟の青年時代は貧困のどん底だった。飯を炊くにも薪《たきぎ》がなく、柱を切って炊いた。そんな暮らしを海舟は「困難ここに到って又感激を生じ」と日記に記している。「困難ここに到って又神経衰弱を生じ」では、自己を維新することはできまい。

ガンジーの言葉が思い出される。

「明日死ぬかのように生きなさい。
永遠に生きるかのように学びなさい」

生涯を自己維新に生きた人の言葉を胸に刻み、私たちも自らを維新する人生を生きたい。

閃き

二〇一七年九月号

宇宙は自分の存在を知らしめるために人間を作ったのだ、とある科学者から聞いたことがある。そのために宇宙は人間に言葉を考えさせ、高等数学を発明させたのだ、とも伺った。生命がこの宇宙に誕生した奇跡のような事実に対し、科学者もそのように表現せざるを得ない、ということだろう。

この伝でいえば、閃《ひらめ》きもまた宇宙意志が自分の存在をいち早く人間に知らせるために、あるいは自分の意志を素早く感得させるために、人間にだけ与えた特殊能力なのかもしれない。

地球上のあらゆる創造は、人間の閃きから生まれてきた。人類の歴史は閃きの歴史、ということもできる。

四百万年前、人類は二足歩行を始めた。二本の足で立って歩き始めたことで両手が空き、空いた両手で道具を使い始めた。これによって人類は人間としての進化の第一歩を踏み出したといえる。我われの遠い祖先を二本足で立ち上がらせたもの。それは天啓《てんけい》の閃きであったに違いない。

以来、人類は閃きによってさまざまな発明発見を繰り返し、今日の人工知能に至るまで、奇跡のような大躍進を遂げてきた。閃きこそ人類の進歩進化を促してきた最高最大の力である。

科学技術だけではない。閃きは人間内面の成長の原動力でもある。

佐藤一斎の言葉がある。

太上《たいじょう》は天を師とし、その次は人を師とし、その次は経を師とす――。もっとも優れた人は人や本からではなく、天から直接学ぶ、というのである。何をもって天から学ぶのか。閃きである。最上の人は閃きによって天の心を感得するのだろう。

では、どうすれば閃きは起こるのか。

松下幸之助氏は閃きによって数々の困難を乗り越えてきた人である。その松下氏が、閃きの基本は熱意だという。

「熱意が基本にあると、絶えず、寝ている間でさえも考えるようになる。ぼくは寝る間も惜しんで仕事をしてきた。……そうなると不思議なもので新しいことが浮かんでくるものだ。浮かばないとすれば、それは熱意が足りないことにほかならない」

稲盛和夫氏が四十代の頃にされた講演の話をある人から聞いた。「来る日も来る日も顕微鏡《けんびきょう》をのぞいていたら、顕微鏡の向こうに宇宙が見えた」と話されていたという。興味深い話である。宇宙が見えたとは、宇宙の法則を感得した、ということだろう。

稲盛氏はその著『成功と失敗の法則』の中で、宇宙には知恵の蔵《くら》のようなものがあり、必死に研究に打ち込んでいると、その知恵の一端に触れ、画期的な新材料や新製品を世に送り出すことができた、と述べている。また、京都賞の授賞式の折に、世界の知性ともいうべき各分野の研究者たちは一様に、発明発見に至るプロセスで創造的な閃きを神の啓示の如《ごと》く受けている、と語っている。

では、どういう人に天は啓示を与えるのか。

「美しい心をもち夢を抱き、懸命に誰にも負けない努力を重ねている人に、神はあたかも行く先を照らす松明《たいまつ》を与えるかのように、〝知恵の蔵〟から一筋の光明を与えてくれる」

私たちもそういう条件を満たすべく、自分を研鑽《けんさん》していきたい。

自反尽己

二〇一七年一〇月号

自反尽己《じはんじんこ》とは、自らに反《かえ》り己を尽くすことである——といっても、いまひとつ分かりにくいかもしれない。平たくいえば、自反とは指を相手に向けるのではなく自分に向ける。すべてを自分の責任と捉え、自分の全力を尽くすことである。

自反は孟子《もうし》がよく説いた言葉である。『孟子』にいう。

「ここに人有り。その我を待つに横逆《おうぎゃく》を以《もっ》てすれば、則《すなわ》ち君子は必ず自らに反るなり」

ここに一人の男があって、自分に対して非道無礼な態度を取るとしたら、相手を批判するのではなく、有徳の人は必ず自分を反省する、というのである。

この自反に尽己を加え、一つの言葉として提唱したのは安岡正篤《まさひろ》師であろう。先哲の教えを凝縮すれば、この一語に帰するといってもよい言葉である。

十二年籠山行《ろうざんぎょう》の満行者、宮本祖豊《そほう》さんからうかがった話が忘れられない。

禅の名僧、山本玄峰《げんぽう》老師があるところで講演した。それを聴いていた刑務所の所長が、この話をぜひ受刑者たちに聴かせたいと思い、刑務所はすぐ近くだから、ちょっと寄って話をしてほしいと頼んだ。だが、次の予定があると侍者《じしゃ》は断った。玄峰老師はそれを制して、十分くらいなら、と刑務所に立ち寄ることにした。

にわかに集められた受刑者たちはざわめいていたが、その人たちを前に玄峰老師は開口一番、「済まんかったなあ」と謝ったという。仏法という素晴らしい教えがあるのに、坊さんが怠けて広めないでいるために、皆さんにこんな不自由をさせてしまっている、本当に申し訳ない、と詫《わ》びたのである。会場は静まり返り、涙する姿があちこちに見られたという。

見知らぬ人たちが罪を犯したことも自分の責任と捉え、自分ができる精一杯を尽くす。玄峰老師は自反尽己に徹した人であったのだ。

『致知』は昨年十月号で「人生の要訣」なる特集を組んだが、その中で三人の方が同じことを言っているのが心に留まった。

一人は渡部昇一氏。幸田露伴《こうだろはん》について語る中で、露伴の『努力論』にあるこんな言葉を紹介している。

「大きな成功を遂げた人は、失敗を人のせいにするのではなく、自分のせいにするという傾向が強い」

そして、渡部氏はこう付言している。

「失敗や不運を自分に引き寄せて考えることを続けた人間と、他のせいにして済ますことを繰り返してきた人間とでは、かなりの確率で運のよさが違ってくる」

二人目はiPS細胞でノーベル賞を受賞した山中伸弥《しんや》氏。山中氏は、「うまくいった時はおかげさま。うまくいかなかった時は身から出た錆《さび》」を信条にしてきたという。

最後に、松下幸之助氏の言葉。松下政経塾塾頭を務められた上甲《じょうこう》晃《あきら》氏が紹介している。

「僕はな、物事がうまくいった時にはいつも皆のおかげと考えた。うまくいかなかった時はすべて自分に原因があると思っとった」

自反尽己——人が生きていく上でのもっとも大事な根幹が、この四文字に息づいていると思うのである。

一剣を持して起つ

二〇一七年一一月号

このほど『森信三　運命を創る一〇〇の金言』を出版した。森信三先生の遺された膨大《ぼうだい》な言葉を渉猟《しょうりょう》する中で、改めて先生の生涯を振り返り、先生の一生を貫いたものは、「一剣《いっけん》を持《じ》して起《た》つ」の気概ではなかったか、と思い至った。

『森信三一日一語』にこういう言葉がある。

「〝一剣を持して起つ〟という境涯《きょうがい》に到って、人は初めて真に卓立《たくりつ》して、絶対の主体が立つ。甘え心やもたれ心のある限り、とうていそこには到り得ない」

二歳で何の縁もない小作農の森家の養子となった。貧しさ故に中学受験を断念せざるを得なかった。〝一剣を持して起つ〟の覚悟が芽生えたのは、その十六歳の時ではなかったか。その覚悟を貫いたのが森先生の生涯だったのではないか。そう思われる。

一剣を持して起つとは、分かりやすく言えば、自分の得意業《わざ》をもって世に立つ、ということだろう。そのためにはまず、何をもって自分の一剣とするかを見定めることが第一である。そして次は、その一剣を磨くことである。

あるアメリカ人が書いた『天才』という本の中に、一つの調査結果が出ている。一九九〇年代の初め、ある心理学者がベルリン音楽アカデミーの二人の教授の助けを得て、アカデミーで学ぶバイオリニスト志望の学生を三つのグループに分けて調べたものである。

一は、世界的なソリストになれる可能性を持つ学生。

二は、〝優れた〟という評価に止まる学生。

三は、プロになれそうもなく、学校の音楽教師を目指す学生。

初めてバイオリンを手にした時から何時間練習をしてきたか、の質問に対して、五歳から二、三年間はどのグループも似たり寄ったりである。だが、八歳になると練習時間に差が出始める。そして二十歳になると、第一のグループはより上手になりたいという強い決意で練習にのぞみ、その練習時間は一万時間に達していた。これに対して〝優れた〟グループは八千時間、音楽教師志望グループは四千時間を上回る程度だった。この事実から『天才』の著者は、「世界レベルの技術に達するには、一万時間の練習が必要」と結論づけ、これはバイオリニストに限らず、作曲家、ピアニスト、さらにはスポーツ選手、作家など、あらゆる分野に当てはまる、と明言する。

森信三先生もまた、若き日に一万時間を励行した人なのだろう。『一〇〇の金言』にこういう言葉がある。

「すべて一芸一能に身を入れるものは、その道に浸り切らねばならぬ。躰《からだ》中の全細胞が、画《え》なら画、短歌なら短歌にむかって、同一方向に整列するほどでいなければなるまい。つまりわが躰の一切が画に融け込み、歌と一体にならねばならぬ」

一剣を持して起つための秘伝は、もはや紛《まぎ》れもない。

弊社近刊『一流になる人の二十代はどこが違うのか』に最後に触れる。三十五人の各界の一流の人たちが、いかに一剣を持してきたかを語っているが、この人たちに共通するものがある。それは、皆下積みを経てきている、ということである。下積みの時代に不平不満を言わず、与えられた環境の中で最善の努力をしている、ということである。被害者意識で生きる人に一剣は与えられない。そのことを私たちは肝に銘じなければならない。

遊

二〇一七年一二月号

遊《ゆう》。遊ぶ。古くは「游」とも書いた。

漢学の大家・白川静《しずか》氏によれば、遊とは神遊びが原義で、神とともにする状態のことだという。

遊は暇つぶしではない。また何かのためにするのでもない。子供の遊ぶ姿にそれは如実《にょじつ》である。遊ぶ子供は、どんな遊びであれ、その遊びと一体になっている。夢中である。無心である。

先年、百寿を全《まっと》うされた伊與田覺《いよたさとる》氏は、七歳から最晩年まで九十三年にわたり、毎日『論語』を一章ずつ素読することを日課にされていた。氏にとって『論語』に登場する人たちは旧知の友のように感じられていたのではないか。その伊與田氏がある時、『論語』雍也《ようや》第六篇の中にある一節について、こんな話をされた。

　之《これ》を知る者は之を好む者に如《し》かず
　之を好む者は之を楽しむ者に如かず

知る者は好んでやる者には及ばない。好んでやる者は楽しんでやる者に及ばない。

古来、多くの人が愛誦《あいしょう》した一節だが、氏はこの上にもう一つの境地があるという。それが「遊」である。知には無知、好きには嫌い、楽しみには苦しみというように、知好楽には相対する世界がある。しかし、遊には相対するものがない。絶対の境地である。ここに至ることが尊いというのである。天命を知ったあとの孔子の境地は、この遊に近いものがあると思う、とも話されていた。

『礼記《らいき》』の一篇「学記」には、学問には蔵学《ぞうがく》、修学《しゅうがく》、息学《そくがく》、遊学《ゆうがく》の四つの段階があると記されている。

専《もっぱ》ら本を読み、知識を蔵《くら》にしまい込むように学ぶ。蔵学である。次に集めた知識を整理し、自分のものにする。修学である。この段階を経ると、呼吸するのと同じように学問が自然になる。息学である。そしてさらに学問が体に溶け込み、自分と学問が一体になる。遊学である。

伊與田氏も白川氏もともに息学を越え、遊学の域に達している趣《おもむき》を体全体から発していた。お二人に限らない。『致知』にご登場いただいた方々を思い浮かべると、その道を極められた達人たちは画家であれ書家であれ経営者であれ、一様にその仕事を遊んでいる風情があった。長年にわたる真剣と必死の反復がそういう人格体を生んだのだろうと推察される。

とりわけ明治に生を受けた大人《たいじん》たちには、人生そのものを遊んでいたかのような人が多い。百歳の時に三十年分の仕事の材料を買い込んでいたという彫刻家の平櫛田中《ひらくしでんちゅう》は、その典型である。その言葉がある。

「六十七十ははなたれこぞう　おとこざかりは百から百から」

どなたの言葉か不明だが、こういう言葉もある。

「五十六十鼻たれ小僧、七十八十働き盛り、九十になって迎えが来たら、百まで待てと追い返せ」

本誌に馴染みの深い平澤興《こう》先生も人生を楽しみ遊んだ人である。その言葉。

「五十六十花盛り、七十八十実が成って、九十百歳熟《う》れ盛り」

こういう境地を目指して、私たちも前進したい。

二〇一八年

一月号〜一〇月号

仕事と人生

二〇一八年一月号

「新しい自分が見たいのだ――仕事する」

陶芸家・河井寛次郎の言葉である。人は仕事を通じて成長していく。このことを端的に示した言葉である。

京都大学元総長・平澤興《こう》氏にもこういう言葉がある。

「修養と人生、仕事と人生は一つである。人生をはなれた修養はない。また仕事をはなれて人生はない」

最近、二人の方の若い頃の働き方を知って深い感銘を覚えた。

一人は〝料理の鉄人〟の呼び名で知られるフランス料理のオーナーシェフ・坂井宏行《ひろゆき》さん。坂井さんは郷里鹿児島の中学を卒業すると大阪の仕出し弁当屋に住み込みで就職。後、縁があってホテル新大阪のレストランに移る。ここから本格的な料理修業の道に入った。アパートの二畳一間が住まい。風呂なしトイレ共同。給料は家賃と銭湯代に消えた。給料日近くになると銭湯代すらなくなり、店の洗い場で体を拭《ふ》いた。仕事を終え帰宅するのは深夜十二時前後。読書したり料理の練習をしたりで、睡眠時間は四、五時間。だが、辛《つら》いとか辞めたいとか思ったことは一度もなかった。坂井さんは言う。

「俺は一生料理の道で生きていくという軸を絶対ぶらさなかったからこそ、何があっても耐えられた。描いた夢をいくつも達成できた」

もう一人は本誌十二月号で画家の安野光雅《あんのみつまさ》さんと対談された京都の名料亭の女将・桑村綾《あや》さんである。桑村さんの若い頃の働きぶりには目を見張る。二十四歳の時に初子を出産したが、その直前まで料理を運び、立ち働いていた、という。

このお二人に共通するものは、苦労を楽しむが如く、自ら発心して仕事に打ち込んだことである。やらされ感、悲愴《ひそう》感など微塵《みじん》もない。ここが大事なポイントである。やらされ感で仕事をやっている限り、いくら努力しても、その努力は何の実りももたらさない。

イチローの高校時代の野球部監督・中村豪《たけし》さんの言葉が鮮烈だ。

「やらされている百発よりやる気の一発」

選手がやらされている意識で練習しているのでは、いくら熱を入れて指導しても何の進歩もない。選手がやる気で練習に取り組めば、たとえ短時間でもやらされてやる練習の百倍にも勝る。このことを誰に言われずとも実践したのがイチローなのだろう。

一流の人は一流の仕事観を持ち、一流になる働き方をしている。その言葉がある。

「仕事は生活の方便《ほうべん》ではない。生活の目的であり、働くことが人生の価値であり、人生の歓喜である」――ロダン

「自分の仕事を見つけた人が最も幸福である。彼は他の幸福を探す必要がない」――カーライル

「この地上に同じ人間は一人もいないが、たった一つだけ同じ条件の中で人は生きている。それは一日二十四時間を平均に与えられていること。それをどう活かすかがその人の人生であり、責任である」――土光《どこう》敏夫

最後に、森信三氏の言葉を噛《か》み締めたい。

「たとえ時代がいかに推移し展開しようとも、人は自らの職業を天より与えられたわが使命達成の方途《ほうと》として、これに対して、自分の全身全霊を捧げるところに人生の真の幸福は与えられる」

活機応変

——二〇一八年二月号

人生は機《き》の連続である。機にはよい機もあれば悪い機もある。その機を受動的にではなく、積極的に活かしていくこと。それが活機応変である。『致知』にご登場いただいた多くの先達が示してくれた人生に対する姿勢がこれである。

機警虚明《きけいきょめい》という古語がある。安岡正篤《まさひろ》師がよく揮毫《きごう》された言葉である。機警とは機を見るに敏《びん》で物事の覚《さと》りが早いこと。虚明とは私心のない澄み切った心。私心のない澄み切った心で物事に対すれば、その機の本質を見抜き正しい対策が立てられる、ということである。機警虚明は活機応変《かっきおうへん》の神髄といえる。

すぐれた先人は皆、活機応変に徹した人である。松下幸之助はその典型であろう。

幸之助は和歌山の素封家《そほうか》の家に生まれた。何不自由なく育てられたが、父親が米相場に手を出して破産。尋常《じんじょう》小学校の卒業を待たず、十歳で船場《せんば》に丁稚奉公《でっちぼうこう》に入った。きょうだいは八人いたが、二十六歳までに肉親をすべて失い、自らも二十二歳の時にカタル性肺炎に罹《かか》った。その時の幸之助の決意には目を見張る。

「どうせ死ぬのであれば、養生《ようじょう》して寝ながら死ぬよりも働けるだけ働いて死ぬほうがいい。結核にかかった以上、死ぬのは避けられない。兄二人も結核で死んだのだから、自分もジタバタしてもダメだ……。しかし、ただ寝て死を待つというのは面白くない。働ける間は大いに働こう」

この決意、この機の活かし方こそ、幸之助を後に大成させる礎《いしずえ》になったものに違いない。

幸之助にはもう一つ、大きな活機がある。昭和二十年、敗戦の年。松下電器は戦時中に軍の仕事に関わったため、GHQから財閥指定を受けて一切の財産を凍結され、幸之助も公職追放の身となった。番頭の高橋荒太郎はGHQに抗議するため百回近くも上京、粘り強く交渉し、労働組合も社長の公職追放除外を求める嘆願運動を展開、数年後にこの二つの指定は解除された。この頃の心境を語った幸之助の言葉がある。

「私は敗戦で一切の財産を凍結《とうけつ》された。さらに仕事もないのに一万五千人の従業員を抱え給料を払わなければならなかったりして、日本一の借金王にもなった。人生にはどうにもならないこともある。もう逃げるに逃げられない、死ぬに死ねないということもある」

おそらく同じ頃のことだろうが、こういうことも言っている。

「素直になれない。だが素直にならなければ自分は生きていけない」

後年、幸之助は「素直の一段になりましょう」と言い続けたが、この体験に由来しているのだろう。死ぬに死ねない、どうしようもない状況、機の中から、幸之助は人間的な脱皮を遂げたのである。

カラーテレビの二重価格問題で、主婦連が不買運動を起こしたことがあった。電化製品で主婦を家事の苦労から解放してきたという思いがあっただけに、幸之助も最初は腹を立てたが、一夜明けてこれは天の声と受け止め、素早く対策を講じていった。活機応変の見事な姿をそこに見る。我われが幸之助の足跡《そくせき》に学ぶものは多い。

最後に、活機は活気でもある。機を活かすには気力が旺盛《おうせい》でなければならない。気力が旺盛でなければ、個人も国家も発展しない。この自明の理を噛み締《し》め、人生の万変に活機応変していきたい。

天我が材を生ずる必ず用あり——

——二〇一八年三月号

天《てん》我《わ》が材《ざい》を生《しょう》ずる必《かなら》ず用《よう》あり——唐代《とうだい》の詩人・李白《りはく》の言葉である。材には才能の意味もあるが、身体の意味もある。後者の意を採れば、天は自分という人間をこの世に生んだ、天が生んだ自分には必ず用、即《すなわ》ち役割、使命がある、と解釈できる。

せっかく人間としてこの世に生まれてきたのである。自らの使命に気づき、それを果たさないでは生まれてきた甲斐《かい》がない。李白は己《おのれ》の覚醒《かくせい》をこの詩に託《たく》したのだろう。

では、如何《いか》にすれば人は自らの用を知ることができるのか。明代《みんだい》の哲人・陳白沙《ちんはくさ》にこういう言葉がある。

「人七尺《ひとしちしゃく》の軀《からだ》を具《そな》うるも、此《こ》の心、此の理《ことわり》を除了《じょりょう》すれば、便《すなわ》ち貴《たっと》ぶべきなし。すべてこれ一包《いっぽう》の膿血裹《のうけつか》、一大塊《いちだいかい》の骨頭《こっとう》のみ……則《すなわ》ちこれを命《なづ》けて禽獣《きんじゅう》というも可《か》なり」

人間から心、道理を取り除いてしまうと、ひと包みの膿《うみ》と血の袋、大きな骨の塊《かたまり》にしかすぎず、鳥や獣《けもの》と何ら変わらない。換言《かんげん》すれば、人は志や理想を持って初めて人となる、ということである。志、夢、理想を持つことこそが用を知るための前提といえる。

次に大事なのは、自分の仕事に精いっぱい打ち込むことだ、とは多くの先達が教えるところである。趣味では人間は磨かれない。人は仕事を通してしか自分を磨くことはできない。その道の第一人者から本誌が学んできたことである。

森信三師の言葉がある。

「職業とは人間各自がその生を支えると共に、さらにこの地上に生を享《う》けたことの意義を実現するために不可避《ふかひ》の道である。

されば、職業即《そく》天職観に人々はもっと徹すべきであろう」

心したい言葉である。仕事を生活の資《し》を得るためにだけやっている人と天職と心得て打ち込んでいる人。その姿勢の違いは五年後、十年後、人生の充実度の大きな差となって表れてくることは論を待たない。

そしてもう一つ大事なことは、「休まず、続ける」ことだろう。「学問の大禁忌《だいきんき》は作輟《さくてつ》にあり」と吉田松陰《しょういん》はいっている。学問を修めていく上でもっともよくないのは、やったりやらなかったりすることだ、というのである。自明の理であろう。

「復《ふく》はそれ天地の心を見るか」と『易経《えききょう》』はいう。

復は繰り返すこと。繰り返すことは天地の心と同じだ、というのである。天地は悠久《ゆうきゅう》の昔から同じことを繰り返して地球を生み、その地球に単細胞生命を生み、そして人間を生んだ。この事実が語るように、一つのことを黙々《もくもく》と繰り返していくと、そこに大変な徳《とく》力《りょく》が表れてくる、という教えである。一道に一生を懸けた人のみが味わえる世界であろう。

昨年、将棋の永世《えいせい》七冠を獲得した羽生善治《はぶよしはる》氏の言葉は、このことを具現したものとして忘れ難い。

「十年、二十年、三十年、同じ姿勢、同じ情熱を傾けられることが才能だと思う」

自らの用に目覚めた人ならではの言葉である。

心に夢、理想を持ち、それを実現すべく、倦《う》まず弛《たゆ》まず、焦《あせ》らず驕《おご》らず、精神を仕事に打ち込んでいく人に、天はその用を知らしめてくれるのではないか、と思うのである。

本気 本腰 本物

二〇一八年四月号

「『致知』愛読者の集い全国大会」をこの一月二十七日、福岡のホテルオークラで開催した。参加者は千百五十名。申込みは十一月末に定員の千名をオーバーし、キャンセル待ちの人も多く出たが、幸いにも最終的には希望者全員を受け入れることができた。

第一部の基調講演は塩沼亮潤大阿闍梨《りょうじゅんだいあじゃり》。大峯千日回峰行《おおみねせんにちかいほうぎょう》という九年に及ぶ想像を絶する荒行を満行した体験もさることながら、飲まず食わず横にならず眠らずを九日間貫徹する四無行《しむぎょう》という本気・本腰の極みのような凄《すさ》まじい体験談に、満場の参加者はしわぶき一つせず聴き入った。その後、四名の『致知』愛読者、熊本商業高校簿記部の木庭《こば》寛幸先生と生徒の大森美鈴さん、鍬柄《くわのえ》翔吾さん、そしてグリーンライフ産業の中村太郎社長の「致知と私」と題する発表も迫真の響きがあり、全参加者の心を摑《つか》んだ。

それに続く懇親会でも、特筆すべきことがあった。王貞治さんが出席されたことである。鏡開きだけでスピーチはなしということだったが、会場の『致知』愛読者たちの熱気に感応されたのだろう、壇上に立ち、要旨、次のような話をしていただいた。

「ここにいる皆さんは目の色が違う。もっと自分をよくしよう、磨こうと思っているからだろう。自分も若い頃から向上しようと努力してきた。『致知』は十数年愛読しているが、多くの学びがあった。この本を読む人が増えるのはよいことだ。皆で『致知』を広めよう」

いまなお本物の野球道を探究されている人の素晴らしいスピーチに、会場には割れんばかりの拍手が溢《あふ》れた。

不肖《ふしょう》は『致知』四十年の歩みと出逢いについて話をさせていただいたが、その冒頭に坂村真民さんの詩を紹介した。

この道はあきることはない　あきる道は本物ではない
この仕事はあきることはない　あきる仕事は本物ではない

以前から好きな詩だが、四十周年を迎えるいま、この詩が以前にも増して深く心に響いてくる。四十年、あきることのない道、仕事をさせていただいている有り難さに合掌《がっしょう》するのみである。

ただ、あきることなく続ける道、仕事も、楽しいことばかりではない。苦しいことや辛《つら》いことにも直面する。坂村真民さんの人生も例外ではなかった。だからこそ、自分を鼓舞する詩がたくさん湧き出てきたのだろう。

闇があるから／光がある／苦があるから／楽がある／
闇を生かせ／苦を生かせ

苦がその人を／鍛えあげる／磨きあげる／本ものにする

追いつめられて／初めて人間は／本ものになる／だから本ものになるためには／絶体絶命の瀬戸ぎわに／立たされねばならぬ

坂村真民さんのたくさんある詩の中から一つだけを選べといわれたら、この詩を選ぶ――本気　本腰　本物。

片足だけを水の中に入れ、私は本気、と言っている人が多い。本気とは体全体を水の中に投じることである。もう逃げられないという所に身を置くことである。すると、本腰が入る。本腰を入れるから、真の力が出てくる。そして、その姿勢を何十年も続けることで本物になる、ということだろう。

人生は一度きりである。私たちも本気・本腰で事に当たり、本物にいたる道を全《まっと》うしたいものである。

利他に生きる

二〇一八年五月号

一つの精子と一つの卵子が結合する。生命誕生の始まりである。

一回の射精で一億とも二億ともいわれる精子の群れが一つの卵子めがけ、我先にと突進していく。そして一番最初に一つの精子が卵子に達した瞬間核ができ、後から来る精子を一切受けつけなくなる。もし別の精子が卵子と結びついていたら、自分という生命はない。一億何千万との競争に打ち勝って、私たちの生命はいまここにある。

これは厳粛《げんしゅく》かつ神秘的な事実だが、十年ほど前、たまたま見たテレビ番組がこのテーマを取り上げていて、さらに驚いた。それによると、大量の精子はすべて卵子に向かっていくのではなく、一群は途中でくるりと向きを変え、自分たちの仲間以外の精子が入ってくるのを阻止、撃破するのだという。仲間の選良《せんりょう》が卵子と早く結びつくのを助けるためである。

宇宙意志は原初の生命体にも他を思いやる心を植えつけているのか。この事実を知った時の驚きは、やがて大きな感動になった。

「人」という文字は、人は人によって支えられている存在であることを示している。事実、この世に一人で生きている人は一人もいない。換言《かんげん》すれば、人は皆、利他の心によって生かされているのである。利他の心は人間が生きていく上での必須条件といえる。

孔子は仁（思いやりの心）を説き、釈迦《しゃか》は慈悲《じひ》を説き、キリストは愛を説いた。ともすれば利己《りこ》に染まりがちな心を是正《ぜせい》すべく、人間存在の本質は利他にあることをその一語で端的に示したのだろう。仁。慈悲。愛。三聖人の説くところは一つである。

我が国にも利他に生きた人がたくさんいる。二宮尊徳もその一人である。『二宮翁夜話《おうやわ》』の中で、尊徳はこう言っている。

「人間の体の組み立てを見なさい。人の手はわが方に向いてわが為に便利にできているが、向こうに向けて押してやることもできるようになっている。鳥獣《ちょうじゅう》の手はこれに反して自分の方へ掻《か》くことしかできないようにできている。

だから、人たる者は他のために推《お》し譲《ゆず》るという道があるのだ。それを自分のために取ることばかりに努力して、他のために譲ることを忘れてしまった者は、人にして人にあらず、禽獣《きんじゅう》と同じである。恥ずかしいことではないか。ただ恥ずかしいだけではなくて、天理に反することであるから、ついには滅亡するだろう」

五歳の時に酒匂川《さかわがわ》が氾濫《はんらん》、所有の田畑を流され、貧困のどん底から一家を再興したのみならず、六百余の貧しい村を立て直した人の言葉は、利他に生きることの大事を説いて明快そのものである。

最後に本誌に馴染《なじ》み深い二人の先達の言葉を紹介する。

「往相《おうそう》はやがて還相《げんそう》に転ぜねばならぬ。そして還相の極は施《ほどこし》であり奉仕である」——森信三

往相とは自分を創る道、還相とは人に役立つ道であろう。自己を創った後は人に役立つ道に生きよ、との教えである。

坂村真民さんはこういう詩を残している。

どんないい果物でも／熟さなければ／食べられない／
それと同じく／どんな偉い人でも／利他の心がなければ／
本ものとは言えない

往相から還相に転じた人たちの言葉を範に、私たちも天理にかなった生き方をめざしたい。

父と子

二〇一八年六月号

父は中学校の校長をしていた。自分が負けず嫌いだったから、娘に対しても小さい時から「偉くなれ」と言って育ててきた。大きくなると、さらにその上に、「人よりも偉くなれ」と育てた。

小学校から高校まで、娘は順調に伸びていった。だが、東京の大学に進むとそうはいかなくなった。いくら努力しても自分より優れた人が数多《あまた》いる。娘は絶望し、電車に投身自殺をした。

「両親の期待にそうことができなくなりました。人生を逃避することは卑怯《ひきょう》ですが、いまの私にはこれよりほかに道はありません」

残された手紙にはそうあり、続けてこう書かれていた。

「お母さんほんとうにお世話さまでした。いま私はお母さんに一目会いたい。会ってお母さんの胸に飛びつきたい。お母さんさようなら」

これを読んだ母は狂わんばかりに娘の名を呼び号泣《ごうきゅう》した。

この父は東京家庭教育研究所の創設者、小林謙策氏（故人）。

小林さんは言う。

「子どもは這《は》えば立ちたくなり、立てば歩きたくなり、歩けば飛びたくなる。これが子どもの自然な姿。子どもは無限の可能性を持って伸びようとしている。それなのに私は愚《おろ》かにも〝人より偉くなれ〟と言い続けてきた。〝自分の最善を尽くしなさい〟だけで、娘は十分に伸びることができたはず。私は娘の死によって、家庭教育の重要性を痛感しました」

以後、小林さんは家庭教育の探求と普及に生涯を捧《ささ》げ、平成元年に亡くなられた。自分の最善を尽くしなさい——一人娘の自殺という悲痛のどん底で摑《つか》んだ父としての覚醒《かくせい》である。

ある宗教新聞に掲載されたという死亡告知も忘れられない。

「夏の休みに帰寺中の光永玄雄事《こと》、もう今日は遅いから泳ぎに行くなと申候《もうしそうろう》に、竹馬《ちくば》の友等の誘い故《ゆえ》ともかくも前の海に泳ぎに行き申候処《ところ》、二度目の水泳中、心臓マヒにて俄《にわ》かに若き人生を終り申候。存生《ぞんじょう》十八年、学は竜大在学中、今さらに夢に夢見る心地《ここち》致《いた》し居《お》り候。何ごとも宿業《しゅくごう》に非《あら》ずということなしとはお聞かせにあずかり居り候ものの凡情《ぼんじょう》やる瀬《せ》なく存じ居候。右、同窓の諸賢子にお知らせ申候。永劫《えいごう》のお別れと相成《あいなり》申候。悲泣雨涙《ひきゅううるい》」

大事な跡取りを亡くした悲しみが行間から立ち上ってくる。

十億の人には十億の父がいるが、その父と子のありようは千差万別である。父と子の理想の姿というものはあるのだろうか。

孟子《もうし》は「父子《ふし》の間は善を責めず」と言い、「父子親《しん》あり」と言っている。父と子の間はああせいこうせいということはあまり言わないほうがいい、父と子の間は親しみこそが大事だというのである。

小泉信三《しんぞう》とご子息はまさにそういう父子だったといえる。出征し戦場に行く子に宛てた父の手紙がある。

「吾々両親は完全に君に満足し、君をわが子とすることを何よりの誇りとしている。僕は若し生れ替って妻を択《えら》べといわれたら、幾度でも君のお母様を択ぶ。同様に、若しもわが子を択ぶということが出来るものなら、吾々《われわれ》二人は必ず君を択ぶ。人の子として両親にこう言わせるより以上の孝行はない」

安岡正篤《まさひろ》師はその著『日本の父母に』の中で、「父は子どもの敬の的、母は愛の座」と説いている。父は子どもの尊敬の対象であれ、母は子どもを愛で包む存在であれ、というのである。

愛だけでは人は育たない。愛とともに敬するものを持って初めて人は人となり、成長する。拳拳服膺《けんけんふくよう》したい教えである。

人間の花

――二〇一八年七月号

木が弱り衰えていくのには五つの段階がある、と安岡正篤《まさひろ》師が言っている。「木の五衰《ごすい》」である。

その第一は「懐《ふところ》の蒸れ」。枝葉が茂《しげ》り過ぎると日当たりも風通しも悪くなり、木の根幹が弱ってくる。この状態が続くと、根が上がってくる。これを「裾上《すそ》がり」という。そうなると、木は頭から枯れてくる。「末枯《うら》れ」である。「末」は梢《こずえ》のことである。梢が枯れてくると「末止まり」となる。成長が止まるのである。この頃になると、いろいろな害虫がつき始める。「虫喰《く》い」である。

この木の五衰を避けるには、枝葉が茂ってきた段階で刈り取ること、即ち省くことだと安岡師は説き、人間もまた同じだという。

人間も貪欲《どんよく》、多欲になって修養しない、つまり省かなくなると、風通しが悪くなり、真理や教えが耳に入らなくなり、善語善言を学ぼうとしなくなる。これは「裾上がり」で、そうなると「末枯れ」が起こり、「末止まり」となる。人間が軽薄、オッチョコチョイになり、進歩が止まってしまう。揚げ句はつまらない人や事に関わり、取り憑《つ》かれて没落する。「虫喰い」である。

これを「人間の五衰」というと安岡師は人間の通弊《つうへい》を突いているが、こういう人に花が咲かないのは自明の理であろう。

では、人間の花はどういう人に咲くのだろうか。あるいは、人間の花を咲かせるために大事なことは何だろうか。

安岡師の言葉に見るとおり、雑念、妄念《もうねん》を心に茂らせている人に花は咲かない。心の雑草を取り去り、よく手入れし、調和させている人、心の力をよく知る人のみが、人間の花を咲かせるのだろう。『易経《えききょう》』にこういう言葉がある。

「性《せい》を尽くして命《めい》に至る」

自分が天から授かったもの、持って生まれた能力をすべて発揮していくことで天命に至る、というのである。天命に至る道は、そのまま人間の花を咲かせる道である。このことを深く肝に銘じたい。

本誌五月号掲載の稲盛和夫氏のインタビューは、人間の花を咲かせるための示唆《しさ》に溢《あふ》れている。八十六年の人生を振り返り、人生で一番大事なものは何かの質問に、稲盛氏はこう即答されている。

「一つは、どんな環境にあろうとも真面目に一所懸命生きること……（私が）ただ一つだけ自分を褒めるとすれば、どんな逆境であろうと不平不満を言わず、慢心をせず、いま目の前に与えられた仕事、それが些細《ささい》な仕事であっても、全身全霊を打ち込んで、真剣に一所懸命努力を続けたことです」

「それともう一つは、やはり利他の心、皆を幸せにしてあげたいということを強く自分に意識して、それを心の中に描いて生きていくこと。いくら知性を駆使し、策を弄《ろう》しても、自分だけよければいいという低次元の思いがベースにあるのなら、神様の助けはおろか、周囲の協力も得られず、様々な障害に遭遇し、挫折してしまうでしょう。〝他に善かれかし〟と願う邪心《じゃしん》のない美しい思いにこそ、周囲はもとより神様も味方し、成功へと導かれるのです」

これまで本誌にご登場いただいた多くの先達が、同じことを述べている。人間の花を咲かすための原点がここにある。我が行いとしたい言葉である。

最後に、花はすぐには咲かない。凡事の徹底と長い歳月の掛け算の上に咲くものであることを忘れてはならない。

変革する

二〇一八年八月号

宇宙は絶えざる生生発展《せいせいはってん》の中にある、とは多くの科学者が一致して説くところである。言い換えれば、宇宙は絶えざる変革を繰り返している、ということであろう。

地球も宇宙の生生発展の中で生み出された。その地球四十六億年の歴史の中には八回ほどの危機があり、中でも三回は絶体絶命の大危機だったといわれる。その第一回の危機は六億三千万年以上前のある時期。地球の全表面が凍りつき、地表は厚さ三千メートルの氷で覆《おお》われたという。第二回の危機は二億五千万年前。超巨大な噴火が相次ぎ、火山灰が太陽の光を遮断《しゃだん》、実に九十六%の生物が死滅した。第三回は六千五百五十万年前。直径十キロもある隕石《いんせき》が秒速二十キロの猛スピードで地球に激突、飛び散った塵《ちり》や海水に地球は覆われ、太陽の光が遮断された。恐竜が絶滅したのはこの時である。

このような度重なる危機の中を、人類の遠い遠い先祖である哺乳《ほにゅう》類はモグラのような小さな形の生物として生き残ったのである。

さらに時は流れ、哺乳類もその時々の環境に合わせて様々な形態に変化していく。その中で重大な変化が約四百万年前に起こった。樹上で生活していたサルの一群が地上に降りてきたのである。ほかでもない。環境の変化で食糧である木の実が少なくなり、地上に食糧を求めざるを得なかったのだ。地上で暮らせば二本足で立ち上がり、歩くことになる。地上に降りたサルの二足歩行が人類誕生の黎《れい》明《めい》となるが、食糧難という逆境がサルに変革を促《うなが》したのである。

この時の脳はチンパンジー並みの四百グラム。その後様々な年代の人骨が発掘されているが、三百万年かかっても百グラムしか増えていない。ところが、その後の百万年で一千グラムを超え、現代人のような脳になっていく。二足歩行で両手が自由に使えるようになったこと、また火山の噴火などで山火事が起こり、逃げ遅れて焼けた動物の肉を咀嚼《そしゃく》するようになったことなどが脳への刺激を加速、発達を促したのである。そして人類は言葉を獲得する。

三十八億年前に地球上に誕生した単細胞生命が人類になっていく過程は、まさに変革の連続である。人類はその時々に遭遇した困難や危機を、自らを変革して乗り越えてきた。この事実は私たちに勇気と希望を与える。

話は飛ぶ。今年は明治維新百五十年である。当時日本は、外には日本を植民地化せんとする列強がひしめき、徳川幕藩体制はこれに対処しきれず軋《きし》み、まさに内憂外患《ないゆうがいかん》が日本全体を翻弄《ほんろう》していた。

あの時代幸いだったのは、当時のリーダーに才と徳を兼ね備えた人物が数多《あまた》いたことである。新体制を担った人たちは新政府誕生と同時に五箇条の御誓文《ごせいもん》を発表（一八六八年）、版籍奉還《はんせきほうかん》（全国の藩が所有していた土地と人民を朝廷に返還・一八六九年）、廃藩置県《はいはんちけん》（藩を廃止して府県にする・一八七一年）等の施策を矢継《やつ》ぎ早《ばや》に断行、日本は危機的状況から脱した。当時のリーダーたちの変革力には目を見張るものがある。

いまの日本はどうか。当時と同じ、いやそれ以上の内憂外患の時を迎えている。維新前夜、吉田松陰は、天下の大患《たいかん》はその大患たる所以《ゆえん》を知らざるにあり——いま危機にあることを知らないことが最大の危機だ、といっている。松陰のこの言葉はそのまま現代に重なる。人類の祖先が二本足で立ち上がり危機に処《しょ》していったように、我われもこの危機を変革の時として前進していかねばならない。

内発力

二〇一八年九月号

「内発力《ないはつりょく》」――この言葉は辞書にはない。本誌の造語である。「内発的」なら辞書にある。外からの刺激によらず、内からの欲求によって起きるさま、と説明されている。内からの欲求によって湧き出す力。これを称して内発力という。

内発力の弱い人に真の成長はない。自らの人生を切り開いた人は皆、内発力の強い人である。故渡部昇一先生がそうであった。

渡部先生が上智大学一年生の時である。父親が失職、授業料の目《め》途《ど》が立たなくなった。困った先生は授業料免除の特待生になることを決意する。当時、上智大の寮に井戸があった。先生は毎朝五時に起きて井戸水をかぶり、勉強に向かう。目指すは全科目百点である。必死に勉強した。結果は総合得点で二番手に二百点以上の差をつけ、特待生になることができた。

その頃、アメリカ留学の話があった。成績トップの先生が当然選ばれると思っていた。ところが選ばれたのは別人だった。「渡部は社交性がない」というのが理由だった。貧乏学生で服装はいつも着たきり雀《すずめ》。喫茶店などに入る余裕もなく、そして何よりも勉強。そんな様子が非社交的と見なされたのである。それでも先生は腐らなかった。全科目百点を目指して勉強を続け、英文法学はイギリスよりドイツが進んでいると聞き、ドイツ語の学習もずっと続けた。

大学院を卒業し、助手になった時に幸運は起きた。大学院長に指示されたドイツ語の翻訳を完璧にこなしたことで、ドイツ留学の話が決まったのである。最初の留学話から五年後のことである。学年一番の自分がはずされた現実に先生は腐ることなく、内からの欲求に突き動かされて努力し、それを持続した。まさに内発力である。

その力が実力を養い、幸運の女神が微笑《ほほえ》む要因となったのである。

『プロフェッショナル100人の流儀』（弊社刊）という本がある。各界一流のプロの珠玉のような言葉が紹介されている。この百人に共通しているのは内発力の強さである。

例えば、人間国宝の講談師、一龍斎貞水《いちりゅうさいていすい》さんの言葉。

「教えてくれなきゃできないって言ってる人間には、教えたってできない」。そして、こうつけ加える。「僕はたまに〝貞水さんはあまり後輩にものを教えませんね〟って言われるけど、僕らは教えるんじゃなくて伝える役。伝えるということは、それを受け取ろう、自分の身に先人の技を刻み込もうとするから伝わっていく」

銀座の鮨屋《すし》「すきやばし次郎」の主人、小野二郎さんも言う。

「教えてもらったことは忘れる。自分が盗んだものは忘れない」

内発力のないところにいかなる成長もないことを二人の先達の言葉は教えている。

最後に、侍ジャパンの監督を務めた小久保裕紀《ひろき》さんが、イチローについて忘れられない思い出があると『毎日新聞』に書いていた。

小久保さんはプロ二年目に本塁打王を獲得。だが天狗《てんぐ》になり、翌シーズンは散々。一方イチローは三年連続の首位打者へ驀進《ばくしん》中。

《その年のオールスターゲーム、外野を二人でランニング中に彼に聞いた。「モチベーションが下がったことないの?」。するとイチローは私の目を見つめながら「小久保さんは数字を残すために野球やっているんですか?」と言った。「僕は心の中に磨き上げたい石がある。それを野球を通じて輝かしたい」。自分はなんと恥ずかしい質問をしたのかと、顔が赤くなった。彼の一言で「野球を通じて人間力を磨く」というキーワードを得た》

内発力で生きている人間の真骨頂《しんこっちょう》をこのイチローの言葉に見る。

人生の法則

二〇一八年一〇月号

桃栗三年柿八年、柚子《ゆず》は九年で実を結ぶ。梅は酸《す》いとて十三年。蜜柑《みかん》大バカ二十年——円覚寺《えんがくじ》横田南嶺《なんれい》管長から教わった言葉である。修行時代、師匠からよく言われた言葉だという。二十年大バカにならないと、即《すなわ》ちこの一道にバカの如《ごと》く脇目も振らずに打ち込まないとモノにならない、ということだろう。

『致知』は本号をもって創刊四十周年である。大バカを二倍して今日に至っている。この四十年を振り返り、感慨がある。十年で基礎工事ができ、二十年で道の入口に入り、三十年で道の風景が見えてきた。四十年のいま思うのは、一所懸命道を創ってきたつもりが、道に歩ませてもらっていた、という実感である。そして、それぞれの機に人生の法則を教わった、という思いがある。

十年で得たそれは、人間の花は十年後に咲くということである。人間の花はすぐには咲かない。五年、六年でも咲かない。こんなに努力しているのに、と中途《ちゅうと》で投げ出す人がいるが、それでは永遠に花は咲かない。十年の歳月が教えてくれた法則である。

二十年で得たのは、人生は投じたものしか返ってこない、ということである。人生に何を投じたか。投じたものが自分に返ってくる。人前では健気に努力しているふりをしているが、人目がないところでは手を抜く。それも人生に投じたものである。そういう姿勢はその時はさほど意識されないが、数年、あるいは数十年後に必ず自分の人生に返ってくる。恐るべきことである。

三十年で得た気づきは、人生は何をキャッチするか、キャッチするものの中身が人生を決める、ということである。同じ話を聞いても同じ体験をしても、キャッチするものの中身は千差万別である。つまり人生は受け手の姿勢が常に問われる、ということである。そして、キャッチするものの質と量は、その人の真剣度に比例する。

四十年のいま抱いている思いは、道は無窮《むきゅう》ということだ。道に限りはない。人生、これでいいということはない。

この思いを示す道元《どうげん》の言葉がある。

「学道《がくどう》の人、もし悟りを得るも、今は至極《しごく》と思うて行道《ぎょうどう》を罷《や》むことなかれ。道は無窮なり。悟りてもなお行道すべし」

道を学ぶ人は、悟りを得てもこれでいいと思って修行をやめてはいけない。悟っても修行を続けなければならない、というのである。

『葉隠《はがくれ》』にもこうある。

「修行に於《お》ては、これまで成就《じょうじゅ》ということなし。成就と思う所、そのまま道に背《そむ》くなり。一生の間、不足不足と思いて、思い死するところ、後よりみて、成就の人なり」

修行に完成はない。死ぬまでまだまだと思って修行する。そういう人こそ死んだ後に見ると、成就の人だと分かるの意である。

道は無窮、とは多くの先達が一致して説くところである。

以上、四十年『致知』の一道を通じて得た学びを記させていただいたが、最近、人間学の究極はこの言葉に尽きるのではないか、と思うようになった。それを釈迦《しゃか》が端的に表現している。

「上求菩提《じょうぐぼだい》　下化衆生《げけしゅじょう》」である。どこまでも自分という人間を向上させていくこと。それが「上求菩提」である。「下化衆生」とはその自分をもって人のために尽くしていくこと。

人は何のために生きるのか。何のために働くのか。何のために学ぶのか。そのすべての問いに対する答えをこの言葉は包含《ほうがん》している。

人生の法則は常にシンプルである。それを身につけるには一生を要する。

あとがき

ここに一つの言葉があります。

「一枚の原稿も一分の話も、とても自分一人の力ではできるものではありません」

百一歳の天寿を全うされた禅の高僧、松原泰道《たいどう》師の言葉です。

いま本書の全篇を改めて読み返し、湧き起こってくる感慨は泰道師のこの一語に尽きます。

人間学誌『致知』は毎号ごとにテーマを定め特集を組む方針を採っており、その特集テーマを読み説く一文を総リードとして冒頭に掲《かか》げています。本書は、平成十三年から十七年間にわたる総リードを一冊に集めたものですが、ここに収録されている一枚の原稿も一篇の話も、自分一人の力で書いたものではない、と改めて思わずにはいられません。

古《いにしえ》の聖賢《せいけん》をはじめ無数無限の人との縁、天地の恩・恵みに助けられて書かせていただいた、というのが実感です。諸縁《しょえん》の導きに感謝するばかりです。

なお、本書に収められた総リードは数篇を除いて、すでに『小さな人生論1～5』『小さな修養論1～3』として刊行されております。それを『致知』創刊四十周年の記念として改めて出版するのは、多くの読者から「『致知』掲載時のままの形で読みたい」との声をたくさんいただいたからに他なりません。光栄の極みと存じます。

本書には数多くの先哲《せんてつ》の言葉が収められています。これらの言葉は時を超え国を超えて人の生き方を示し、不変の響きを備えています。本書のタイトルを『人生の法則』とした所以《ゆえん》です。

折々に編集子《し》の心を鼓舞《こぶ》し、あるいは慰撫《いぶ》してくれた言葉が、読者の皆様の心にいささかでも益するものがあればと願っています。

藤尾　秀昭

平成三十年九月吉日

本書は月刊『致知』２００１年11月号から２０１８年10月号に掲載された「総リード」を収録したものです。なお、単行本化に際して、一部、加筆・修正を行った箇所があります。

著者略歴

藤尾 秀昭（ふじお・ひであき）

昭和53年の創刊以来、月刊誌『致知』の編集に携わる。54年に編集長に就任。平成4年に致知出版社代表取締役社長に就任。現在、代表取締役社長兼主幹。『致知』は「人間学」をテーマに一貫した編集方針を貫いてきた雑誌で、平成30年、創刊40年を迎えた。有名無名を問わず、「一隅を照らす人々」に照準をあてた編集は、オンリーワンの雑誌として注目を集めている。主な著書に『小さな人生論1～5』『小さな修養論1～4』『小さな経営論』『心に響く小さな5つの物語Ⅰ～Ⅲ』『プロの条件』『人生の大則』『長の十訓』などがある。

人生の法則
『致知』総リード特別篇

平成三十年 九 月二十三日第一刷発行
令和 四 年十二月 五 日第七刷発行

著 者 藤尾秀昭
発行者 藤尾秀昭
発行所 致知出版社
〒150-0001東京都渋谷区神宮前四の二十四の九
TEL（〇三）三七九六―二一一一

印刷・製本 中央精版印刷

落丁・乱丁はお取替え致します。 （検印廃止）
本書の無断複製・転載を禁じます。

©Hideaki Fujio 2018 Printed in Japan

ISBN978-4-8009-1186-5 C0095

ホームページ https://www.chichi.co.jp
Eメール books@chichi.co.jp

『坂村真民一日一言』

坂村真民・著

「念ずれば花ひらく」で知られる仏教詩人・坂村真民氏。人生で口ずさみたくなる言葉が見つかる一冊。

新書判　定価＝1,257円（税込）

『安岡正篤一日一言』

安岡正泰・監修

安岡正篤師の膨大な著作の中から日々の指針となる名言を厳選した名篇。

新書判　定価＝1,257円（税込）

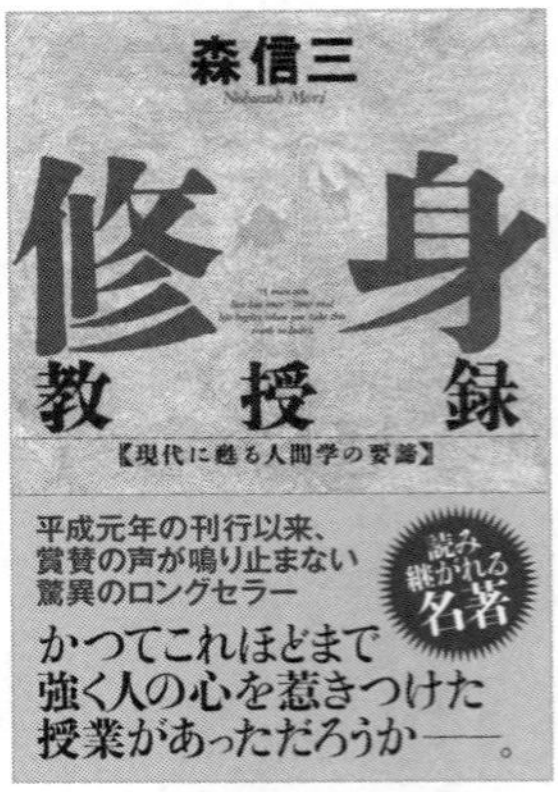

『修身教授録』

森信三・著

教育者のみならず、経営者やビジネスマンなど多くの人々に感化を与え続けている不朽の名著。

四六判上製　定価＝2,530円（税込）

不朽の名著
致知出版社のロングセラー

『生きよう今日も喜んで』

平澤興・著

折に触れてページをめくり、一語一語を味わうことで心の糧となる不朽の名語録。

B6変形判上製　定価＝1,100円（税込）

『平澤興一日一言』

平澤興・著

多くの人に感動を与えた京大元総長・平澤興先生の言葉をここに収録。

新書版　定価＝1,320円（税込）